獻給先父

霍華德·卡爾·埃理克森

（Howard Carl Erickson, 1921～2004）

Ja, må han leva uti hundrade år!

聖經研究叢書

新約評經法導引

埃理克森 著
許子韻、吳國雄 譯

基道出版社

▼

聖經研究叢書

新約評經法導引

A Beginner's Guide to New Testament Exegesis

Taking the Fear Out of Critical Method

作者

埃理克森 Richard J. Erickson

翻譯

許子韻、吳國雄

審閱

李雋

責任編輯

吳國雄、梁冠霆

裝幀設計

奇文雲海・設計顧問

■

出版／發行

基道出版社

香港沙田火炭坳背灣街26號富騰工業中心1011室

LOGOS PUBLISHERS

Unit 1011, Fo Tan Ind. Centre, 26 Au Pui Wan St., Shatin, Hong Kong

電話：(852) 2687-0331　傳真：(852) 2687-0281

網址：http://www.logos.com.hk

承印

基業印刷廠有限公司

●

4/2011 初版

Cat. No. LP178

ISBN 978-962-457-415-9

Originally published by InterVarsity Press as

A Beginner's Guide to New Testament Exegesis by Richard J. Erickson

Translated and printed by permission of InterVarsity Press,

P. O. Box 1400, Downers Grove, IL 60515, U.S.A.

Printed in Hong Kong

刷次	10	9	8	7	6	5	4	3	2	1
年份	2020	2019	2018	2017	2016	2015	2014	2013	2012	2011

麥序

身為神學院的新約老師，一方面，我觀察到神學生很渴望明白聖經，另一方面，又看到他們對釋經有無從入手之感。他們不時問我：「為甚麼你從經文看到的，我們自己看不到呢？我們怎樣才可以看到聖經的信息？」有時候我真的不知道當如何回答這些問題，因為解經涉及很多範疇和步驟，並不是三言兩語可以解釋清楚的，這確實需要一本逐步解明解經步驟的簡要課本。

因此，埃理克森（Richard J. Erickson）的 *A Beginner's Guide to New Testament Exegesis: Taking the Fear out of Critical Method* 能有中譯本面世（即本書《新約評經法導引》），對我和神學生來說，都著實是好消息。在此書出版之前，使用中文學習新約釋經的學生，很多時都要使用戈登・費依（Gordon Fee）的《新約解經手冊》（*New Testament Exegesis*）作為課本。可是，對初學者而言，《新約解經手冊》的要求有時過高，有些步驟並不容易掌握；埃理克森則成功地以《新約解經手冊》為藍本，寫成了這本對神學生而言可讀性和可用性都較高的新約解經課本。

作者於書中詳細解釋釋經的每一個步驟，而且表達得十分清楚，這可以大大減低學生對釋經的恐懼，而且，書中有些篇章的章題也很生活化：譬如第二章解釋如何分析新約書信，其副題便是「閱讀其他人的郵件」。此外，作者幽默、風趣的風格，令讀者不會感到沉悶。除了可讀性之外，《新約評經法導引》也在其他幾方面對《新約解經手冊》作出了改良。首先，近年新約學者常常運用希羅修辭學來分析新約經文，《新約評經法導引》在這方面作了一些入門簡介，而這方面的討論是《新約解經手冊》缺乏的。此外，雖然《新約評經法導引》和《新約解經手冊》都教導學員如何分析經文的句子和段落結構，但《新約評經法導引》的方法不但適用於希臘文聖經，也適用於中文聖經譯本，令不懂希臘文的學員，也可以使用忠於原文的中文聖經譯本來分析經文結構。

然而，最重要的，並不是《新約評經法導引》解決了神學生學習上的需要，又或者減省了神學院老師備課的時間，而是此書對於牧者預備講道能有莫大裨益。作者在第一章論到我們釋經時應有的態度，因為「聖經」是上帝的話語；他也帶出聖靈在釋經過程中所扮演的重要角色，而這是做學問的人要常常謹記的。作者表明上帝是透過「血、汗、淚」來傳遞祂的啟示，因此，學生在詮釋上帝的話語時，是沒有捷徑的，是要「苦苦思索，並合力為我們的時代推敲其含義」(頁4)。

第二至第五章介紹了一些基本的釋經步驟和工具書，這適用於一般新約書卷；而當中所討論的範圍包括經文鑑別學、一般的解經工具書、經文結構分析(包括段落和句子)、文化背景。在討論工具書時，作者又經常按這些工具書的示例頁向讀者詳細解釋如何有效地運用這些工具。

第六至九章簡介新約書卷的各類文體：書信、敘事、天啟文學。作者清楚解釋這些文體的特性，以及在解釋其意義時要留意的地方，並用上很多例子加以說明。在討論福音書的釋經法時，雖然其比重較多放在編修鑑別學，但作者也沒有忽略敘事策略的重要性，這使得釋經者可以從不同角度來分析一段經文。

第十章把學員從釋經帶到應用，這也是解經最重要的目的，因為惟有當神學生及教牧可以將他們的解經應用在講道和教導上，才能在屬靈上餵養弟兄姊妹。如果牧者不懂得如何解釋經文，就不能好好的在教會裏用上帝的話語來餵養弟兄姊妹。現今教會中有一個普遍現象，那就是傳道人嘗試多講幾個故事來激勵弟兄姊妹；但按我個人聽道的經驗而言，這些故事通常都與經文的重點無關。另一些牧者則嘗試從心理學或輔導學尋找答案——當他們在經文中找不到信息時。這光景實在令人婉惜。

如果傳道人以禱告的心和謙卑的態度來到上帝面前，按著《新約評經法導引》的步驟，認真地下苦工，做好釋經的功夫，明白經文的信息，致能忠心地傳講上帝的話語，那麼，筆者深信，我們的教會必定能經歷到聖靈大大的更新！

麥啟新
香港浸信會神學院新約助理教授
二〇一一年春節於香港浸信會神學院

李序

希望用原文讀聖經的神學生不少，但感到難以實行的傳道人卻更多。

作為教導新約希臘文的老師，有時並不忍心將殘酷的現實告訴諸位同學。當人人都奮力背誦詞形變化、當個個都勉力記緊文法概念、當一批又一批的新生談到多麼嚮往用原文理解聖經時，實在不願談「讀原文」的死亡率有多高。

以原文研讀聖經是細水長流、水滴石穿的工夫，即使在神學院原文科高中狀元，只要放下一天、兩天……不到半年，大半記憶必已灰飛煙滅，更遑論一眾未得原文精髓的同學——原文在腦海的流失速度可能比得上大雨下的土石流。

「時間」是研讀聖經的大敵，正如作者在序言中明言，「能夠在來日那些充滿變數的生活與事奉之中」以原文研讀聖經，實在是一大難事。但即使有心的神學畢業生要求自己在解經時用上原文、或至少參考運用原文釋經的註釋，前路也不見得一片光明。其中一個障礙就是好的參考書難尋：觸及原文的紮實註釋往往慎小謹微，長於探究經文最難處理的關節，對一些基本的文法反而甚少談及，難以幫助同學在初階原文的基礎上再進一步；另一方面，一些中階或進階的文法書籍又按文法或句式種類來編排，不太可能與預備講章或主日學等牧養工作融合，牧者也實在不可能再抽時間進一步鑽研；若參考神學院常用、戈登．費依所著的《新約解經手冊》，雖有豐富的資料和詳細的指引，但卻是一本叫人卻步的「鉅著」，步驟詳細，反而令讀者感到難以實行。

《新約評經法導引》的作者能夠掌握神學生和牧者的困局，嘗試用簡明的方法去實踐原文釋經。二至五章談到一般釋經的步驟，六至九章則專攻新約聖經的不同文體。作者善用形象化的比喻，例如將處理文本的過程比喻為割草坪、分析經文的結構比喻為分析一堵石牆，不但叫人印象深刻，也可以幫助讀者消化該章的內容。

更重要的，是作者教授釋經步驟和分析文體時，都以新約經文的原文再輔以翻譯來說明，對於學過原文的同學來說，其中的分析都是可行和實用的；對於不認識原文的讀者，也是一個很好的導論和入門，例如第五章談到經文的背景文化時，作者甚至引出原文字典的條目，讓讀者明白可以怎樣作出分析，這麼仔細的教導，可說是神學生和牧者最需要的指引，也可以讓未懂原文的讀者一窺其中的奧妙。

我得承認，當作者在六至九章處理各種文體時，對於原文的講解相對是少了；不過，若讀者有意研讀某一類文體，這些章節就正好是不錯的入門材料。其中某些內容或者在神學院的新約科目都早已觸及，但作者秉承他的寫作風格，能夠深入淺出地介紹關乎各種文體的重要議題，因此，即使神學生和牧者也可以溫故知新。

千里之行、始於足下。誠如作者在第十章所言，雖然我們還是要面對時間和能力的限制、雖然生活中仍有太多讀經以外的事情需要處理，但我們卻不可以因此而駐足不前。《新約評經法導引》雖然不能為我們解答一切與原文釋經有關的疑難，也不可能幫助我們擺脱生活的壓力，但卻成功地指出了一條可行的路徑，這條路徑不像攀登喜瑪拉雅山的路程那麼駭人，看來也沒有叫人難以跨越的摩天巨石。

這條路徑可以讓我們一步一腳印、從今天立即開始一生的讀經工作；道路，雖然仍是上坡的斜道，行程，雖然不會完全平坦，但這條路畢竟是可行的。有能力的可以快一點上前，較緩慢的也不妨一步一步跟上；解經既是「一生」的工作，只要我們堅定往前走，不管走得多快多慢，都必會得見沿途的美麗風光。

李雋
伯特利神學院聖經系教授及延伸課程主任
二〇一一年二月

原書序：請先閱讀！

一個滿腔熱情的神學生熱切期待著以原文研究聖經是一回事，他能孜孜不倦地學習所需要的方法與技巧是另一回事，而他能夠在來日那些充滿變數的生活與事奉之中，始終認真地運用那些技巧，則是第三回事。這三件「事」，正好使我們能從實際的生活中學習如何變得更加踏實。以下章節，正反映了這樣的一種踏實，而這是透過我過去二十多年教授新約解經法（New Testament exegetical method）所領悟到的。

由一九八四年開始，我已用戈登．費依（Gordon Fee）的名著《新約解經手冊》（*New Testament Exegesis*）作為課程的主要課本。[1] 在我看來，這部著作，集「實用為本」、「例子豐富」、「全面的參考書目並附評註」，以及「三重進路」（triple-level approach）於一身，可說是市面上最好的研經工具書，其長銷及不斷再版，就是最好的明證。然而，當雄心勃勃的同學一屆一屆如貫地穿越我的課堂，我卻發現自己經常要向他們解釋為何採用此書作為主要課本——但這卻不是因為同學可以提出別的建議！儘管如此，我漸漸明白到，費依這本書的長處，正正與其「效用性」(effectiveness)經常背道而馳。

並不是這部著作的出發點——實用性(practicality)——出了問題；使同學煩惱的，一方面主要是其全面又仔細慎密的進路，而另一方面，較次要的，是其複雜的三層布局(three-tiered layout)。此書因嘗試在解經上兼備導論的特點及好作日後參考手冊之用，反而顯得遜色了。此書作為一本旁身的參考工具書，我並不懷疑它對持之以恆的解經工作有極大價值。但無論如何，儘管此書的原意只是作為導論性的作品，但實際上它卻儼如一本參考工具書似的，其質素足以叫初學者吃不消。

費依的介紹也全面得使初學者不知所措。他鉅細靡遺地交代了解經者的責任，也一道列出了業界中最好的資源與工具，他的嘗試完全值得讚許；但這也意外地使一些茫然的學生陷入絕望、甚至驚恐之中。該著作勾勒出一個理想解經者(ideal exegete)的輪廓，但這卻是只有在最佳的條件下才可以實現的。(大概只能出現在神學院教授的辦公室中——但也不常有！)然而，大部分同學沒有所需的時間與資源去效法這個令人欽佩的模範，而在未來也似乎不可能做得到。他們感到十分苦惱，因他們意識到，自己的牧者甚少能慣常在講道與教導中用上希臘文與希伯來文。費依在書中那三層布局的第三部分，確實回應了這個現實的困局：他建議把預備講道的時間縮短至最少十小時，對此，同學們是十分感激的。不過，他的著作確實往往使他們感到一輩子也無法確當地完成解經的任務(毫無疑問，作者是無心的)。換言之，我從老師的角度來看，費依的《新約解經手冊》的內容豐富得像一頓葷宴，叫需要吃奶的初學者感到吃不消。

因此，本著作嘗試為初學解經者開列一張易於消化的餐單，旨在使同學們可以得到鼓勵並感到雀躍，整裝待發，踏上積極的解經生涯的新階段——無論同學們的現實環境如何。我的想法是：大家能誠實地、開放地及親身做解經功夫並實際持之以恆，與因為害怕不能勝任而不親身嘗試，前者是更好的。為此，本書區分了專業的學者式解經與專業的牧者式解經的分別，但我這樣做不是要評價這個比那個更為優越，而旨在指出兩者在上帝國度的工作中實處於不同的位置。同學無論是甚麼程度，他也可以放心享受這趟學習過程，開始享受親身解經的樂趣——**在其中尋找樂趣**。一旦他們的解經功夫變得紮實，一旦他們對這任務建立起信心，那時，拿起費依的《新約解經手冊》作溫習與改善技巧的指南之用就最好了。無論如何，我要把本書歸功於費依的著作，這一點，對所有熟悉兩部著作的人來説都是顯而易見的。

我在位於華盛頓州西雅圖（Seattle, Washington）的福樂神學院西北區校舍（Fuller Theological Seminary Northwest）的二十年教學生涯，孕育了這本著作。福樂神學院實行學季制（而非每學年兩個學期），是以本書分為十章（即每週一章）。同學一再提醒我，該課程所涉及的資料總量，可以輕易延伸成較長的課，甚至可作學期制之用（十三至十五週）。有創意的老師能輕易把討論某些文體（genres）的章節（如書信、敍事文體、天啟作品）加以擴充；而致力於結構分析與歷史文化分析者，也可照樣把相關內容加以擴充。

雖然本書的最終目標是要幫助讀者打好**希臘文**新約解經的基礎，但書中援引及參考的希臘文與經文均會輔以英文譯文〔編按：本書則盡量輔以中文譯文〕，好讓所有通曉英文的人也可以使用本書並從中得益，因此，本書同時適合大專及神學院程度的讀者。當然，任何人只要他是渴望打下穩固的解經根基，以致能肩負認真研究經文的責任的，都必能從本書得益。

附加練習與專欄（按相關章節的需要來編排），可於美國校園出版社（InterVarsity Press, IVP）的網站〈www.ivpacademic.com〉

以本書英文原書名搜尋取得；請導師與同學自由取用這些資料，以豐富本書各章的內容。歡迎對本書與網頁提供改善建議，詳情參見網站相關連結。

同學在沒有「導師」指導的情況下作個別或小組研習，也是可以有效地運用本書與相關網站的。當然，如果能夠有一位富經驗的人在旁回答大家提出的具體問題，總是好的；不過，(我有信心)本書的可讀性(或者除了幾處地方以外)與清晰度，足以使同學在沒有老師在場的情況下，也能理解與掌握本書大部分內容。

有無數如雲彩般的見證人在解經的道路上曾給我極大鼓勵：昔日的教授、同事、我服事過以及曾向他們講道的教會會眾、家人與朋友，以及眾多的學生。在最近幾年，他們當中好些人曾對本書作出直接貢獻；那主要是在成書階段，他們對本書全部或部分內容給予評閱和批評(不論是否有意為之)，從而刺激我重新思考書中的論點。

於此，曾給予我特別幫助的人，值得我逐一提名，我將以英文字母順序列出他們的名字：邁克．埃文斯(Mike Evans)、凱茜．約翰遜(Cathy Johnson)、邁克．穆爾(Mike Moore)、約耳．羅威信(Joel Nordtvedt)、湯姆．帕克(Tom Parker)、阿特．柏斯阿(Art Patzia)、查理．斯卡利思(Charlie Scalise)以及史蒂夫．楊(Steve Young)。我盼望沒有任何遺漏！美國校園出版社的編輯丹．瑞德(Dan Reid)在本書出版的整個過程中皆與我同行，使我能一路堅持下去，並讓我確信這項工作是別具價值的。

我特別衷心感謝忠誠地與我親密度過超過三十五載的愛妻蘭德(Randee)，以及我們新婚的女兒英格麗德．斯蒂爾(Ingrid Steele)，她倆已清楚表達了她們對我所付出的無條件的愛。我還企求甚麼呢？

最後，我把這本小書獻給先父霍華德．卡爾．埃理克森(Howard

Carl Erickson），他為人十分風趣。他在家人環繞下安息了。他除了教曉我把誘餌放於魚鉤上然後慢慢拖曳等事之外，最後還教曉我人的價值是超過任何**事物**的。人及其永恆的價值，是惟一令我努力寫作的原因。

註釋

1. Gordon D. Fee, *New Testament Exegesis: A Handbook for Students and Pastors*, 3rd ed. (Louisville: Westminster John Knox, 2002)。早期的版本：一九八三年；修訂版：一九九三年。

目　錄

圖表目錄

專欄目錄

第 1 章

建構你的思考框架
ZMRZLINA 這個字怎樣唸

「約翰的兒子西門，你愛我嗎？」
彼得因為耶穌第三次對他說「你愛我嗎」，就憂愁，
對耶穌說：「主啊，你是無所不知的；你知道我愛你。」
耶穌說：「你餵養我的羊。」
（約二十一 17）

論到基督教會的健康與福祉，我認為鮮有東西比能抓緊深植於（embedded）聖經的信息更為重要。聖經的信息就像聖嬰被包裹在歷史、語言和文化的襁褓帶子裏。我們需要牧者、老師及委身的解經者共同組成一支不斷更新的軍隊以解開這信息。我們需要的解經者，是知道他們的工作並知道怎樣做好這些工作的人。本書旨在協助裝備這隊軍隊。

我要先交待兩件事。首先，我在過去二十年間，向著數以百計的學生，教授新約解經法，由此，（我認為）我漸漸明白到甚麼會讓他們感到興奮，甚麼會讓他們感到恐懼。我特別針對這些問題來

寫作本書。第二，我是基督徒。我是為了使其他基督徒、為了使耶穌基督的教會直接受益而寫作本書的。因此，我大膽假設某些事情是真實的而不覺得需要自辯；當然，我現在這樣說，多少也帶點辯護的意味。以下就列出我的這些假設（assumptions）。

1.1 要先列出來的若干假設

1.1.1 上帝所靈感的道

舉例說，我假設整本聖經——新約和舊約——是上帝所靈感的道（the inspired Word of God），那不是單單傳遞給原來的受眾，也是傳遞給歷史上所有人類羣體的。身為新教（Protestant）傳統的繼承者，我宣認我效忠於新教的聖經；但對於新教稱之為舊約次經（Apocrypha）和羅馬天主教稱之為第二正典（deuterocanonical Scripture）的書卷（當中如《多比傳》〔*Tobit*〕、《猶滴傳》〔*Judith*〕、「馬加比書卷」〔*Maccabees*〕與《便西拉智訓》〔*Wisdom of Sirach*〕），我也甚為欣賞。事實上，我認為這些書卷是任何希望更全面了解新約聖經的人之必讀材料。

1.1.2 聖經與「生命的道」

我也假設：聖經作為上帝所靈感的道，對教會與世界來說，這是通往生命及理解的一個基本途徑（a medium of life and understanding）。我說「**一個**基本途徑」，是因為我從不否認耶穌的自我宣稱的重要性：據約翰福音所言，「我就是道路、真理、生命」（約十四 6）。我坦然宣認相信拿撒勒人耶穌，而祂就是那位被釘死在十字架上然後復活的彌賽亞，祂是生命與真理之終極源頭。然而，我隨即想起我**只能透過聖經的話語認識祂**。事實上，在整部聖經中就只有保羅（腓二 16）及「約翰」（約壹一 1；其實作者並沒有表明自己是使徒約翰）用上「生命的道」（λόγος [τῆς] ζωῆς）這個短語——縱然他們似乎並非是在指向相同的事：保羅談論的是教導之傳遞；反之，約翰想要表達的，卻是上帝在位格人（human person）耶穌身上以肉身彰顯自己（incarnated manifestation）。可是，我們卻明白到，兩者所說的**生命的道**都是指向能賦予人生命的話語或信息。在耶穌這人身上，上帝以肉身體現自身；對人類而言，耶穌這人亦成為賜生命的**道**（life-giving word）。保羅與約翰以他們**自己的**文字重述「生命的道」——正如馬太、馬可、路加所作的。現在我們發現這種重述性的解釋（restated interpretations）都是被置於聖經成文的**道**中（written words）。今天，如果我們希望了解上帝怎樣透過祂偉大的作為以及祂怎樣透過祂的兒子向我們說話，我們就一定要查看聖經這些成文的道。（當然，你的牧師與你的母親同樣以他們自己的文字來重述「生命的道」，但我們不會以對保羅、約翰、馬太等人同樣的虔敬來對待他們的重述。）

保羅證明了他自己是深深意識到這種重述的動力的。當他狠狠地對人性——猶太人與外邦人亦然——作出評斷之後，他宣稱了一個大膽的解決辦法：上帝就憐憫我們，介入並來到我們中間（羅三 21）。上帝親自出馬，不只是為了猶太人，也是為了外邦人，使他們藉著信靠拿撒勒人耶穌這位被釘死並之後復活的彌賽亞，能夠找到出路，藉此消除了人與上帝之間不正常的疏離。這種有利外邦人的觀點驚動和困擾著保羅時代的猶太人。保羅引用經文證明他是有道理的。當然，他不是第一次這樣做，但這次他用上一條具修辭作用的問題，而這條問題在今天依然是很有分量的，就正如當年對保羅那樣：「經上說的是甚麼呢？」（“τί γὰρ ἡ γραφὴ λέγει”；羅四 3）保羅引用創世記十五章的經文，讓讀者看到，即或是猶太先祖亞伯拉罕的人生，也在在顯示出上帝對世界列國的開放性。經文指出，亞伯拉罕在上帝面前之所以蒙悅納，並不是藉著他的行為，更不是藉著他是猶太人這一特點，（畢竟，根據創世記十五章

6節，他還未算得上是「猶太人」!）而是藉著他對上帝的信心以及對上帝的應許的信心。這信心是公開給全人類的，不論他是否猶太人。

當然，對保羅來說，亞伯拉罕已經離世，而留給保羅的，只有「經文」（“ἡ γραφή”;“the text”）。因此，在接著的幾節經文中，他堅稱這些關乎遠祖的話，也是為「我們的」緣故而寫成的（羅四23～24）。今天，對我們來說，保羅已經離世，而留給我們的，亦只有「經文」。在「新的日子」來到以前，對我們而言，這經文就是我們的「終審庭」，就如對保羅那樣。

1.1.3 羊羣與牧人

來到第三方面。基於聖經對教會生活的重要性，我假設在地上每一處基督的身體彰顯的地方，都需要有人獻身於聖經研究的工作，並把其信息盡量完整和準確地傳遞給羊羣。當然，所有識字的人都可以自行研究聖經，至少可以自行研讀聖經的譯文；不過，要完整和準確地看清楚、聽清楚聖經所說的，涉及很多事情。聖經的信息可以簡單得連一個小孩也能明白，也同時可以複雜得使不同學派的學者們忙得不可開交。稍後，我們會再看看箇中的原因。

1.1.4 聖靈作為解釋者

然而，我所說的一切，並沒有否認或忽略聖靈於解釋聖經上所發揮的力量（interpretive power）。因此，我最後的假設，是聖靈親自在小孩的心裏以及在學者的心裏動工。不過，在上帝那莫測的智慧之中，祂認為啟示祂的信息、祂的奧祕的最合適的方法，是人的血、汗、淚。先知把話說出來和寫下來——有時甚至要為此賠上他們的性命；但我們現今讀這些話語時，會苦苦思索，並合力為我們的時代推敲其含義——可有時甚至卻**不帶**半點激忿。

我們可以從這些基本假設總結出幾個在以後章節所要鋪陳的要

點。這些要點會幫助我們，使我們看清楚現在所作的是甚麼。而當中大都是談及我們身為解經者，於探究聖經時究竟要抱怎樣的態度和具備怎樣的思考框架。

1.2 解經的思考框架

家父常說：「沒有不勞而獲這回事。」身為小孩子，我從未真正欣賞過這種民間智慧，因為他常常在我最聽不進去的時候發表這些偉論（而我最聽不進去的時候，其實正是我最需要它的時候）。然而，現在事隔多年，我體會到家父的話說得多麼正確。事實上，我深深體會到把這格言應用在解經上是最合適不過的。安妮．拉莫特（Anne Lamott）為有抱負的作家寫了一本文筆風趣以及有深刻洞見的寫作指南，她於書中鼓勵讀者採取「寫作的思考框架」（the writing frame of mind）。[1]這實在是一針見血！寫作是件難事，解經亦然。任何人若不同意，他大概沒有真真正正解過經。可是，解經的成果是榮耀；我的意思是**榮耀**(glory)，而不是名譽(fame)。

1.2.1 解經的優先性

如果我們意識到我們手頭上有的就只有聖經經文，那麼，對於我們這些把最終的盼望與期待繫於聖經信息的人來說，了解經文的意思，變得至為重要。我們宣認那位宇宙的創造者和全人類的審判者，祂曾藉與以色列交往及藉祂兒子拿撒勒人耶穌向我們啟示祂自己。倘若以色列和耶穌的故事被置於聖經的文字裏，且具權威性，那麼，正確地明白那些文字，便是明白我們的創造者與審判者的本性所不可或缺的了。那是件值得去做的事，雖然它不無風險。

然而，聖經的文字是**外來的**文字（foreign words）。經文先向一個我們感到**陌生的**文化說話（至少，對我們而言，這個文化是陌生的）：以千年計的時間隔閡、並沒有人再使用的陌生語言及文化鴻溝，把我們與體現在聖經裏的信息分隔。要明白家人向我們說的話，已經相當困難；然而，當我們嘗試了解的信息是指向古代閃族（Semites），或者是指向一世紀那羣剛從異教信仰歸信基督的哥林多人，此時，其了解的難度可說增加到差不多超出我們所能理解的範圍了。不但如此，我們不滿足於只了解古代信息，還必須找出
21 這信息對我們現今有何意義。我們在指望上帝藉聖經說話時，我們需要首先聽得懂在原來的處境裏的聖經文字，至少，總得要有人使用這個方法替我們去聆聽並幫助我們看清其含義。這意即我們要想盡辦法去設想我們是回到了（project back）古代那原初的背景之中（original setting），並同時盡力用上原初聽眾的耳朵，好聽懂那些古老文字。這就是解經的任務：**設想我們回到了古代世界**。如果沒有解經，我們就會容易「聽到」一些完全偏離經文初次宣告時要帶出的信息。換言之，回到過去並設身處地的解經（backward-projecting exegesis）是由語言開始的。

1.2.2 原文的重要性

當我們談論「**原文**」（original languages），並不是指亞當、夏娃、該隱和亞伯晚上圍著營火時會唱著希伯來文民歌，或者，他們用午後的時間創作希臘文動詞的詞形變化規則；當我們談論「原文」，是指從古時已存留下來，並以希伯來文、亞蘭文和希臘文寫成的經文。我們也可以放心假設當中的大部分作品（如非全部的話），首先都是以這些語文寫成的——例如保羅就是用一世紀常用的希臘文來寫信給哥林多的基督徒的，也即我們今天所說的**通俗**希臘文（koine Greek）。這種講法聽起來可能會嚇怕人，但這其實是又合宜又方便的：**正正因著**保羅、馬太、路加是在特定的情境（situation）下**寫東西**給特定的對象的，這些給寫下來的文字讓我們非常容易推斷作者要表達的意思。

在當代的英語文化中，聖經**譯本**的數量多得令人眼花撩亂。假如我們不喜歡某個譯本所提供的譯法，我們可以選擇別的譯本；又假如我們發現第二個譯本也不稱心，我們可以找來第三個或第四個譯本。在這個得天獨厚的環境背後隱藏著的問題，是不言而喻的：我們怎樣決定哪一個譯本較另一個譯本好呢？我們所指的「較好」是甚麼意思？如果我們的選擇是基於該譯本能否支持我們的教義取向的話，那麼我們如何能從聖經中學到我們不懂的東西呢？我們假設聖經的信息（若我們的理解是正確的話）在今天會像先知一樣說話，批判我們以及「賜生命」給我們；但倘若我們早已自定了聖經該說甚麼，聖經又怎可能批判我們（以及從而賜生命給我們）呢？

另一個有關語言的問題，不用動甚麼腦筋也可想到：設想我們在一所大學裏修讀法國文學，但大學裏卻沒有一位教授是懂法文的；又設想他們完全依賴英譯本的莫里哀（Molière）與卡繆（Albert Camus）的作品，那會怎樣？然而，我們經常聽聞甚至時而親身經驗到的，卻是北美有很多教會的聖經教師和牧者，解經時極少用上他們曾在神學院學過的希臘文和希伯來文——如果他們有用過的 22 話。這有不同的原因。有些是情有可原的。無論如何，縱使他們無力運用紮實的解經方法從聖經之井的深處取水，我從不懷疑上帝的靈能為自己存留忠心作見證的羣體；但這也正正就是重點所在：若不訴諸原文，就不能完全發揮紮實的解經方法的潛力。我發現大部分質疑下功夫研習希臘文原文（例如馬太福音）的價值的人，實際上也很少在原文上下功夫，甚至根本是完全沒有下過甚麼功夫。我們或許會抗拒要潛入冰冷的泉水，然而，一旦我們身處其中，泉水卻會使我們恢復活力、精力充沛。發現新事物所帶來的喜樂，以及因看到在譯本上看不到的東西而帶來的豐碩成果，不久就會蓋過我們為研習這種語言所要付出的時間與精力了。那麼，這種作先知的責任，與日常生活並事奉中的種種需索，此二者之間該如何取得平衡？筆者將會在本書第十章探討這課題。但於此我想指出：我們能看見上帝的信息活現於古時原作者的文字裏，這經驗實在是沒有任何東西可與之相比的，而也沒有任何東西比這更振奮人心的了。一個「心被振奮」的解經者或者教師，其熱忱使他有能力從古代的處境中把上帝話語的大能感染一羣人或者會眾。一個充滿熱忱的廚子端上一頓家常便飯，其果效一定比他加熱罐頭豆與冷藏的瑞士牛排更好。請不要被電視廣告騙到，這兩者是**不**同的。

1.2.3 委身與開放性

或許我們真的可以把自己算作一個愛主耶穌基督、又委身於上帝的道的人；然而，對上帝的道，我們也會雀躍有時、仔細分析有時；感到自豪有時，搜索枯腸有時；懷抱有時，不懷抱有時；委身投入有時，保持開放有時。事實上，委身於上帝的道**意味著**對上帝的道開放。或許，有些天才既能夠保持對聖經的熱心與委身，同時又能對聖經進行一絲不苟的分析；但我們當中許多人卻辦不到。

我們惟有刻意經營，才能分辨到「我們**認為**聖經在說甚麼」，與「**實際上**聖經在說甚麼」這兩者間的分別。我們通常會為著「我們認為那是聖經所說的」而感到雀躍與自豪；或者，我們會為著「權威人士教導我們相信聖經在說甚麼」而感到雀躍與自豪。這是十分自然與正常的；否則，我們根本就不會為之而感到雀躍與自豪。然而，我們都知道有很多熱心的基督徒誤解了聖經的教導，其誤解的程度，由輕微至嚴重不等。事實上，我們很多人的「熱心」(passion)正正成了障礙，使我們聽不到有別於自己的觀點的聲音。

23 解經是**紀律的鍛鍊**(discipline)，要我們暫時與經文保持距離，把我們的熱心與喜悅暫放一旁。我們這樣做，是為了使我們可以看得更清晰，可以看到我們的熱心有時會妨礙我們，使我們未能看清楚**另一個觀點**——這個觀點有別於、甚至會威脅我們原有那更為安舒的立場。我們或許最終都不同意這個具威脅性的觀點，但這個觀點永遠值得我們持平地去聆聽，除非我們事前堅信惟獨我們的觀點才是正確的——可是，但願我們不會這樣想。我們不用害怕尋求真理。這種探求本身，不會奪去我們對上帝和對聖經的愛。只有那些為著「別的原因」而一心想逃避聖經的「壓迫」的人，才會陷入失去對道的熱愛與熱心的危險之中。對那些真正愛慕聖經和聖經的主的人，他們不會因聽到了別人的想法而陷入丟失了熱心的危機之中。他們對聖經的愛慕，到了一個地步，以致他們願意冒險，押上了「他們認為聖經在說甚麼」，好讓他們能更準確地發現「實際上聖經在說甚麼」。

我們可能熱愛自己的牧師對一段經文的解釋。但在解經的過程中，我們要暫時與他的觀點保持距離，好讓我們可以重新考查經文。（還記得使徒行轉十七章 11 節中那「甘心領受的」庇哩亞人嗎？）然後，我們或許會驚愕地發現，其實經文本身支持著別的說法和解釋；現在，我們會熱愛對這段經文的新的理解。畢竟，我們最終要關心的，應是熱愛經文實際所教導的——至少，應盡我們所能去分辨、而不是熱愛我們**希望得到**的教導。

試想想一個女人對她丈夫的愛是怎樣的。她為了更了解他，她對他的愛是否足以使她願意冒險？使她夠膽「質疑」一些她一直持守著的寶貴的概念，即她以為她的丈夫正就是這樣的——例如，他是喜歡園藝的。她需要怎樣做，才可以使她可以接納一個新的、給修正了的概念？難道她向自己承認「他其實是很討厭園藝的」，那就會使她對他的愛少了一點嗎？她究竟是在愛一個**真正的**他，還是只在愛著一個她「想當然」的他？熱心，可以幫助她還是阻礙她更認識他？如果她真的愛**他**，那麼更認識他，會破壞她對他的熱愛之情嗎？熱心，當然有其合適的位置；但在另一些場景下，熱心需要暫時被擱在一旁，這幾乎是一個先決條件，是增進了解的第一步呢！解經，正就是這樣的一種場景。無論如何，解經的目標，是要找出一些可以為之而生發熱愛之情的東西，並從聖經真箇所說的，找尋真理。

讓筆者舉一個真實例子來說明這一點。那是關乎我自己的解經
生活的。多年來，我一直相信，上帝饒恕人的罪，是個別地饒恕
的，也就是只要一個獨立個體「相信」或者「接受基督作為個人的
24 救主」，他就能夠、也惟有這樣才能夠蒙上帝饒恕。如果靈魂「進
到地獄」，那就是因為他們沒有尋求或沒有蒙上帝饒恕。被定罪
的人進到地獄，未蒙饒恕 —— 而實際上正是**因為**他們未蒙饒恕而
要進到地獄。教會的福音信息，在這時就會呼召人個別地前來，
好祈求上帝饒恕。可是，有一年，我全面地研究羅馬書。我的發
現，令自己目瞪口呆。羅馬書五章 12 至 21 節的教導，似乎在說
亞當是代表了全人類而被定罪，同樣，基督也代表了全人類而被
稱義。最初，我嘗試在我的傳統教義立場中弄懂經文的意思，然
而，當我愈仔細分析這段經文，愈把這段經文與其他經文作比對，
我就愈發確信自己一直以來都是反其道而行的。我對神人交往有
一個全新的理解。我漸漸體會到，上帝饒恕世人以致使世人得稱
為義，是祂邀請人悔改的基礎；福音的信息不是「到上帝那裏**得**饒
恕」，而是「到上帝那裏，因為祂**已經**饒恕了世人。」基督代表了全
人類。因著祂，就算是被定罪的人「進到地獄」，也是完全蒙饒恕
地（fully forgiven）進到地獄！同樣地，亞當也是我們的代表，因
著他，就算是蒙饒恕的人「進到天堂」，他也是完全被定罪地（fully
damned）進到天堂。於此，我的用意不是要說服任何人認同我對羅
馬書五章的解經結論，而是要親身給讀者作示範，也就是如果我們
的解經可以做到「保持距離」以及保持嚴謹，那甚至有能力改變我
們所珍視的教義的理解。事情本該如此。對保羅如是，對馬丁．
路德（Martin Luther）如是，對你也可以如是。但不要為此感到憂

慮！你永不會孤軍作戰。我們馬上就會談到，這實在是一個羣體工程（community project）。

我們可以放心。我們不會因為「嚴謹」而失去「熱心」；反而我們的熱心會因而漸臻成熟，以至能衷心欣賞與愛慕上帝的道。熱心與聆聽並不互相排斥。儘管要同時操練好兩者，實在困難，可它們卻是互為因果的：真正的熱心（相對於盲目的熱心）驅使我們從「遠距離」去徹底探究我們所熱愛的東西；那種尋求真理的聆聽，則會重燃我們心裏的愛火。本書的要旨，是謀求以審慎及嚴謹的方式，準確了解上帝成文的道，不管我們是否經常——或曾否——完全達到這個目標。我們追求這種「審慎」的態度，是**因為我們熱愛**上帝的道；然而，在實際解釋聖經的時候，我們要暫時把熱心擱在一旁，好讓我們可以把道看得更清楚。對解經而言，把熱心擱在一旁、保持距離，是很基礎性的行動。解經要求我們**保持開放**，以聆聽我們熱情地**委身**其中的聖經的信息。解經是一種長期的探索、無 25
休止的追求。我們不能保證可以得到「最終的答案」——這種最終的答案會永遠使得進深的解經成為多餘；但缺少了不斷的探索，我們會逐漸變得陳腐，然後死去。本書正旨在追求上述那種「保持開放」的解經法。

1.2.4 羣體性的解經

正如我剛才所說，在這個解經的任務上，我們不是孤軍作戰的。我們若希望更準確了解上帝成文的啟示，這過程的其中一部分，就是要與其他聖經讀者進行宏大的對談（grand conversation）。這裏所指的其他讀者，包括那些仍然在生並活躍的讀者，也包括那些把話說完後並比我們早一步進入「將來」的讀者，而他們或許是多個世紀前的人；這甚至會包括那些還未出生的讀者；這也包括那些我們認識並愛戴的讀者，以及我們不認識的人；也包括那些我們認同其基本論點的讀者，以及那些我們不認同其論點的人——或許是極為不認同的。在我們這些對談的伙伴之中，可能有少數人會刻意把自己對聖經教訓的期望，強加於經文的解釋之上；只是，我們絕大部分都是懷著善意去解釋聖經的，只是**無意中**逼使聖經配合我們的期望罷了。但無論如何，我們發現彼此經常處於一種對立的狀態之中。我們可能會因而感到沮喪，因為上帝容許這種混亂存在於教會之中。可事實卻是這樣：其實，我們在上帝的國度裏所要擔當的角色，不是「我總是對的」，也不是「總要彼此意見一致」，而是縱使我們的意見不一致，我們都要彼此相愛（耶穌稱之為**祂的**命令；參約十五 12）。外此，彼此要以公平與同感的態度去傾聽對方的觀點。如果我們不這樣做，這就代表我們過早認定——而且常是表現得十分熱心的——上帝再沒有甚麼要教導我們了。這斷不是好事。

與解經羣體其他成員共聚——無論是已離世的或在生的、男或女、平信徒或聖職人員、謙卑的或傲慢的、卓越的或平凡的——也會引起另一些問題。我們忽然踏上了舞台。在我們私人的、小小的研究裏咕噥著是一回事，但要在羣體裏公開發表意見，就有可能把自己置於嘲笑以至欽佩的情況之中了（嘲笑或欽佩，究竟哪個情況較壞？實在很難說）。當我們發現自己正身處於世界級學者以及其著作之林，我們可能會感到巨大的威脅。我們可能會想：在這個宏大的對談中，我們根本就沒有貢獻可言，因為這個或那個大師，已經就某段經文說盡了一切值得說的話了。與專家相比，我們或會認為自己根本就不能勝任。我們恐怕自己永遠無法像布魯斯（F. F. Bruce）、何蒙娜（Morna D. Hooker）或賴特（N. T. Wright）般博學。這一點或許是對的，但**這卻不是重點**。

問題的重點倒是：當我們面對這些威脅並變得膽怯，這情境便會誘使我們完全訴諸於專家之言。我們乾脆引用他人解經的結果來取代自己的見解；我們為了一碗給重新加熱了的紅豆湯，結果賠上了長子的名分。上帝知道我們可以找到很多其他藉口讓自己走上這條路。事實上，我們經常會面對這種威脅。但那不是壞事。我們是不可靠的受造物，我們會把羣體搖身一變，變成了競技場。我們會找標準好去互相量度（和量度自己）；若找不到合適的標準，就會虛構一些出來。我們與其在解經桌上追逐愈來愈大的名譽，我們只需找一處地方 —— 任何一處也可以 —— 然後開始工作便成了。所有蒙召承擔這任務的人，（以及大部分沒有被呼召的人！）與任何大師一樣，都有其天賦的能力與常識，他們每一個人都曾站過你現在所站的地方。假如你正在閱讀本書，那麼，有很大機會，上帝在呼召你承擔這工作。祂所呼召的人，祂會裝備他們；而祂所裝備的人，祂會使用他們！你可能經常會感到受威脅（我也會），但你要知道：上帝也會加你力量。你可能會懷疑你是否掌握到所需要的技術，但你要知道：你有能力。你有能力去聆聽，也有能力將你從聆聽中所學到的教導出來。你是上帝給予祂子民及給予世界的恩賜。**那**正是你為何在這裏的原因。

羣體的壓力也有「好」的一面：它防止我們恃強凌弱。會眾視我們為上帝的使者，這可以是令人衝昏頭腦的經驗。我們甚至開始相信自己就正如他們所說的那樣。教會歷史充斥著領袖陷入這種網羅的事迹。近年特別明顯的例子，我想到的計有瓊斯（Jim Jones）和柯瑞施（David Koresh），但肯定還有成千上萬的例子是我們從沒有聽過的。事實上，一些傑出的福音派學者，出版了一本又一本的註釋書，帶著權威地解釋上帝的道；而他們的傾慕者會視他們的著作為該議題的最終定案。無論怎樣，坐在講壇前的聖徒，對上帝的道之宣講聽得入神，甚或筆記抄得勤快，這總是一件美妙的事；可是，這境況又太容易墮落成一種不健康的倚賴，也就是倚賴惟一

的聖經闡釋。要解決這困境，實在沒有比在解經桌上來個「國際性
的、跨年代的、跨宗派的對談」更好的方法了。查經小組、進修課
程、研討會、註釋書及閱讀經典著作，全都管用。在本書往後的章
節，我們會陸續處理其中的大部分方法。請不要賠上長子的名分！
也不要賠上你的聆聽權和發言權。要聆聽聖經和聆聽教會的討論。
27 要甘心作出你自己的貢獻，亦要樂意聆聽別人作出的貢獻；要甘心
據守你的立場，也要樂意改變你的想法；要知道何時堅守，也要知
道何時放手；要成為教會的一分子。

1.2.5 相遇的層次

換言之，解經的工作，可以在不同的層次上與我們相遇（engages us）。解經不僅是學者研究聖經的工具，也不只是預備講道的一個階段；基本上，解經是幫助我們聆聽的一種裝備，也是一個按部就班的過程，讓我們可以回到過去，把自己設想為回到聖經作品出現時的文化背景（cultural settings）之中。我們一旦身處其中，就可以更準確地聽到作者原初要表達的信息；而我們愈清楚這個信息的意思，我們就愈能夠聽到聖經針對我們當下的背景所要說的話。聖經可能會對我個人說話，並再次向我保證，上帝對我的愛是不變的，或者，聖經會譴責我，因我今天早上曾向配偶說過尖刻的話，又或者兩種情況都同時出現。聖經也可能向我的會眾和向我說話，提醒我們應擔當的角色是「世界的光」，又調整我們的觀點，諸如我們存在的目的、我們最終的結局和上帝如何寬宏地對待恨祂的人。聖經也可以在學者的層次上與我們相遇：他們的討論時而熾熱，時而帶著書卷氣，時而稍嫌瑣碎，但總會使我們從古時的習慣、態度和期望之中找到有新的亮光。因此，無論我們在甚麼層次上與聖經相遇，或者聖經在甚麼層次上與我們相遇，解經都給我們提供了所需的過程，讓我們可以聆聽

聖經向我們所說的話。

上文開列的一連串議題與心態，組成了我們所說的解經的思考框架——這要感謝安妮．拉莫特的啟發。有一次，一位在布拉格長大的朋友告訴我，他說捷克語的時候，嘴巴要弄至某個形狀。（我沒法告訴你那是怎樣的！）美國人說捷克語時帶有美國口音，部分原因歸咎於他們未能把嘴巴擺正。這與解經的功夫非常相似，只是現在我們需要把思想擺正——所謂「把框架建構得正確」（framed right）。因此，開始運用這個思考框架作為實際的解經工具，確實有點像在布拉格買冰淇淋時嘗試唸出捷克語“zmrzlina”（冰淇淋）這個字。

1.3 鳥瞰

在拿起種種新約解經工具以先，讓我們以鳥瞰的方式檢視這解釋的任務（interpretive task），並以此結束這個導論。「圖 1.1」（頁 17）表達了一遼闊的解釋過程——至少就本書所理解的。這圖析可作為一幅地圖，也就是由整個遼闊的解釋過程及解經在其中的位置所組成的「大圖畫」。讓我來解釋一下。

首先，「圖 1.1」以「段落 1.1」（頁 2）為前提，尤其是新約聖 28
經（正如整本聖經一樣）把上帝的信息告訴世人，無論他們是屬於甚麼文化背景的——縱然這信息原本是傳給某些特定歷史—文化背景下的某些特定羣體的，但我們仍然持定這一假設。「圖 1.1」所描繪的過程，理論上也適用於凱撒（Caesar）的《高盧戰事》（*Gallic Wars*）及喬叟（Chaucer）的《巴斯婦的故事》（*The Tale of the Wife of Bath*）。我們通常不會覺得這些文學作品對當代是十分重要的，就如新約聖經之於基督徒羣體那樣。絕少有評論家會嘗試在凱撒或喬叟的著作裏為「台灣的客家人」尋些甚麼信息，就像基督教的宣教士為台灣客家人在新約聖經裏尋找信息那樣。既澄清了這一點，我們便可以正式看看這幅圖析了。

這幅圖析的起點是「古代的信息」，那是給古代的人的，是「給處境化了的」(contextualized)，不熟悉古代處境的現代讀者大概無法理解。而這幅圖析以同樣的信息作結，只是如今該信息「經重新處境化」(re-contextualized)並改換成切合其他文化與羣體的信息。由一種信息形式(form of the message)，轉換到另一種信息形式，涉及兩個步驟。其中一個步驟是解經。可是，在展開解經步驟之前，一個解釋者(interpreter)必須承認：從他自身所身處的世界的角度看來，他所進入的陌生世界是那麼難以預料的。對於「地球是圓的」或者「政府必須立刻禁止奴隸制度」這等觀念，古代作者或許「會」、又或許「不會」視之為理所然。這種預設的詮釋向度(hermeneutical preorientation)，使解釋者能以同理心及謙卑的態度去聆聽古代的經文。這構成解經的思考框架的一部分。

既具備正確的詮釋態度(hermeneutical attitude)，那麼，我們由古代經文邁向當代意涵的第一步，就是要盡量聆聽清楚該古代經文實際上要告訴第一代讀者的信息是甚麼。解釋者必須讓經文穿越「解經的圍欄」(exegetical grid)——然而，實際上，正是解釋者要讓**自身**穿越這解經的圍欄。解釋者利用解經工具，設想自己回到古代文化之中，並**盡其所能**以經文和語言開始去重新建構原初的背景(the first setting)。列於圖析上方的橢圓形中的各項解經「評鑑學」(criticisms；或譯「鑑別學」、「批判法」、「評經學」等)，標示出解經的任務中好些較為重要的組成部分。解釋者藉解經工具進到古代的處境，由此，解經者便能明白「經解經分析」(exegetically analyzed)的聖經信息了。

解釋的「大圖畫」
INTERPRETATION: THE BIG PICTURE
給古代聽眾的古代信息，不熟悉古代處境的現代讀者無法理解
信息：給處境化了的信息（contextualized）
詮釋向度（hermeneutical orientation）識別古代與現代的各種前設
經文評鑑學
翻譯、文法分析
定義界限
結構與論述分析
歷史—文化背景
字詞研究
文學語境
神學語境
編修分析
敘事評鑑學
修辭評鑑學
解經的圍欄：讓現代讀者進入古代處境
給古代聽眾的古代信息，可以為業已進入了古代處境的現代讀者所理解
信息：經解經分析的信息（exegetically analyzed）
文化
意識形態
哲學
再處境化的圍欄：連繫古代的處境與現代的處境
古代信息的含義，改換成切合現代讀者的信息
信息：經重新處境化的信息（re-contextualized）

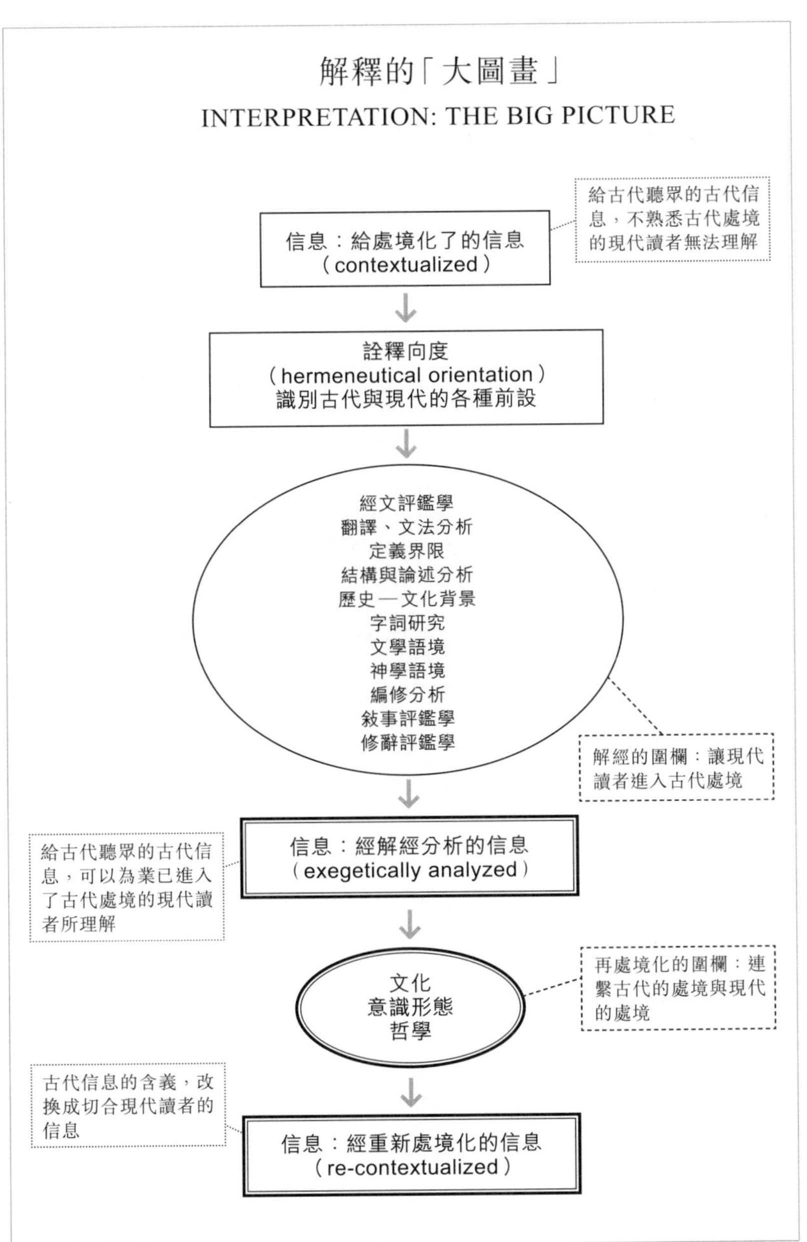

圖 1.1：解釋的「大圖畫」

30 倘若解釋者希望於解經上對保羅的信息（例如，給哥林多基督徒的信息）的本義領會得多一點的話，解釋者就要再進一步通過「再處境化的圍欄」（recontextualization grid），以把古代的處境與現代的處境聯繫起來。在這個過程中，解釋者要考慮一世紀哥林多文化與他自己當代的文化之間的異同。而與正在著手處理的問題相關的一眾議題，如語言、社會政治環境、哲學、意識形態、經濟、文化價值觀，以及眾多其他相關因素，在這再處境化的過程中都要一併處理，最終，希望由此帶出的聖經信息，對身處其自身文化背景中的另一些人亦能適用。這一過程把古代對哥林多人宣講的信息的意涵「再處境化」，改換成切合新的處境並對這新的處境有意義的信息，而這信息在某程度上又是與原來的信息相容的（compatible）。

可是，我們要緊記，這兩個重要的解釋過程（即解經的過程與詮釋的過程）所得出來的結果，始終是要服膺於羣體的評檢的，它本身亦沒有任何數學或哲學意義上的必然絕對性的。我們始終是在面對著歷史研究的基本特性：即我們是在衡量著各種或然性（probabilities）。

本書大部分篇幅均致力於這兩個重要的解釋階段中的第一階段。這是有雙重原因的：首先，若要做好解經這一階段，其高度之複雜性，實在已超過像這樣的一本書所能詳述的了。事實上，相對來說，較少人可以完全掌握解經的技巧，因為，當他們一旦達到了這種境界，就幾乎會看到一些新的發展冒起來了，使其餘的都變得過時！於此，我們**簡介**一下解經的方法就已經足夠了。同樣地，本書主要集中在「解經階段」而非「詮釋階段」的另一個原因是：後者同樣太複雜——以及太具爭議性了，這實在要花上超過本書一半篇幅才能講解得清楚。然而，到了本書第十章，我們仍會扼要地看看這個課題。無論如何，於此，我們會有系統地檢視解經的方法。

1.4 內容預告

本書餘下的篇幅大致可分為兩部分，而它們彼此是相輔相成的。第二至五章所處理的，是與所有新約作品（New Testament literature）有關的解經議題；而第六至九章則集中處理關乎新約文獻中特定文體的各種議題。第二章論及我們實際要處理的東西：即經文與各種解經工具。這章討論經文鑑別學（textual criticism），以及會簡介經文彙編、註釋書、聖經詞典、合參本等各種工具書的 31
使用方法。第三章論及經文如何由較小的部分組成，而較小的部分又如何由更小的部分組成。而各部分之於整體的關係，以及整體之於各部分的關係，都對經文的意義有極大影響。第四章以第三章的理解作為基礎，論及如何分析經文的整體結構，當中的「整體」（the whole）可指全卷書以至僅僅句子中的一個片語。經文會以各種方法把「各個整體」串連成為融貫的單位（coherent units），而這一事實亦對如何理解信息的意義有重要影響。第三章與第四章這兩章，就是用來處理這類文學及語言學問題的。第五章轉到歷史與文化處境的問題。所有新約經文，都是對應著特定的、真實的歷史人物，以及對應著特定的、真實的歷史背景而寫就的。今天為了明白這些經文，我們必須細心留意那些代表著該特定時空的歷史和文化。

本書的後半部會轉而論及各種特定文體及其個別需要考量的地方。第六章專注於新約書信。一般敘事性的材料（如福音書及使徒行傳）放在第七章，而敘事性經文的某些特殊的「副文體」（subgenres）會於第八章處理。新約天啟作品這個陌生的世界是第九章的主題。最後，第十章要問一個問題：現在該怎麼辦？——先不要說我們究竟要怎樣處理解經所得的結果——我們究竟要怎樣處理這些資料？我們怎樣一輩子都能孜孜不倦地作個解經者？而我們又為何要這樣做？

好了，那麼我們要處理的東西，究竟是甚麼？

註釋

1. Anne Lamott, *Bird by Bird* (New York: Anchor, 1994), 95.

第 2 章

經文及工具
替新約草坪割草

我在特羅亞留於加布的那件外衣，你來的時候可以帶來，
那些書也要帶來，更要緊的是那些皮卷。
（提後四 13）

在我十來歲的時候，我的零用錢都是靠給鄰居的草坪割草而得 32
的。工作的首要條件是：這得**有**一片草坪。沒有草坪？就沒有工作 —— 也沒有薪水！第二個條件就是：要有工具。沒有人期望我跪下來就徒手一條一條的把草捏下來。雇主提供割草機、草耙、剪刀和掃帚 —— 工作時要用上的工具。身為新約經文的解經者，我們要有工作和工作所需的工具。沒有經文？就沒有解經 —— 也沒有信息！我們**有**經文呀！但問題是，那是怎樣的經文？此外，我們有很多資源可用；但這是怎樣的資源？當我們工作時，這些資源可以替我們做些甚麼工作？這一章會用較多篇幅探討經文的問題，然後簡略地看看一些現成的解經工具。好了，那麼實際上我們要處理的東西究竟是甚麼？

2.1 新約經文：原稿、抄本、譯本和版本

到底甚麼是上帝的道？甚麼是聖經，或者（正如我們這本書要探討的），甚麼是新約聖經？新約聖經與上帝的道，在某種意義上是一樣的嗎？如果是的話，我們要如何理解約翰福音一章 14 節所說的道成了肉身，住在我們中間——就像住在會幕一樣？如果我們需要區別新約聖經與上帝的道，我們該如何作描述這區別？甚麼才算是新約聖經？是《英王詹姆斯譯本》（King James Version）嗎？如果是的話，是哪一個版本呢？是路德的德語聖經嗎？希臘文原文又怎麼樣？真正的上帝的道，又是否只限於最初出於馬可或保羅手
33 筆的「親筆手稿」（autographs）？又或者，反而是一些仍然流傳的古抄本，像《梵蒂岡抄本》（Codex Vaticanus）？又或者，是一些現代的版本，像奈瑟勒和亞蘭（Nestlé-Aland；我們很快就會提到這個版本）的希臘文新約聖經？如果「真正的」新約聖經其實是我們所假設的「原來的親筆手稿集」，而這些手稿又業已遺失，那麼，我們經常帶著出入教會和課室的那部書——無論那是希臘文或是別的——又有甚麼吸引力呢？

如果我們宣稱新約聖經是上帝向我們所說的話語，我們就需要回答這些問題。但無論我們怎樣回答這些問題，也要了解新約經文的**原稿**（originals）、**抄本**（copies）、**譯本**（translations）和**版本**（editions）之間的分別。新約文獻（New Testament documents）的**原稿**——即作者們手執的那些書卷（「親筆手稿」）——顯然永不復見；但這或許是件好事，因為如果它們仍然存在的話，我們就會崇拜之並為之相爭。現存的，卻是大概三千份**抄本**，這些抄本是業已遺失的希臘文原稿的抄本（或者是「抄本的抄本」），大概經過了十九個世紀，它們給保存下來，傳遞到我們手中——仍是希臘文的。我們也有大約二千份其他古代文獻可作為佐證，這包括**譯本**（或「聖經譯本」〔versions〕）的一些抄本。為了讓不懂希臘文的

讀者可以讀懂聖經，這些希臘文作品給翻譯成各種語言。在教會歷史早期，已經有人開始翻譯新約文獻（例如，拉丁文譯本至少早在二世紀已經出現），而新的譯本也在我們的時代陸續出現了。有一些語言，特別是英語，以擁有不同新約譯本自豪；而其他語言可能只得一個聖經譯本，或聖經的部分譯文。最後，我們也有**版本**。例如，我們有不同譯本的不同版本。《修訂標準譯本》（Revised Standard Version）於一九五二年完成；到了一九八九年有新的「聖經譯本」面世，稱為《新修訂標準譯本》（New Revised Standard Version）；這個新的聖經譯本本身又在一九九一年及一九九四年以研經**版**（study edition）的形式出現。同樣地，在連綿的世紀中，也出現了無數希臘文新約版本；奈瑟勒和亞蘭的《希臘文新約聖經》（*Novun Testamentum Graece*），僅在二十世紀就已經出版了超過二十五個版本。[1]

換言之，數以千計手寫的希臘文新約**抄本**，最後可追溯到**原稿**文獻。基於現存的各個抄本，不同**版本**的希臘文新約聖經得以面世。同樣地，學者們以希臘文新約抄本（較早期的）及版本（較近期的）為藍本，帶給我們數以百計的**譯本**，包括許多英語譯本，其
中大部分英語譯本的印刷量，是數以萬計，甚至數以百萬計的。這 34
些譯本大多會出版各種版本，這大概都是為了要改善上一個版本，或者增添一些別的版本所沒有的特色。不懂希臘文的新約學生，必須倚靠譯本及各種工具，使他們可以「半接觸」希臘文經文。然而，任何倚賴新約聖經譯本的現代讀者，與新約作者及其信息之間，卻已經有五重阻隔：作者、原初的親筆手稿、希臘文抄本、希臘文經文版本、譯本、現代讀者。懂希臘文的同學，起碼可以減少一重阻隔。

消除一重的阻隔緊要嗎？那實在是緊要的，縱然，如果我們聲稱只有懂得希臘文技巧的人才可以正確解釋新約聖經，那顯得有點

過分；但解經實在往往需要洞悉字裏行間的微妙差異。當然，讀者可以在註釋書中找出很多這些微妙差異的討論，那都是基於研究希臘文而得的；可是，實在沒有任何喜悅，及得上親身發現新約信息的那種喜悅。無論如何，如不使用希臘文經文，我們就沒有方法有效地評估一部註釋書所說的或沒有說的到底如何——或者，於評估某個譯本的準確性時，這亦同樣真實。單單為了這些原因，研究新約的同學，就應盡他們所能學好新約希臘文了。

那麼，要研究新約聖經，我們大部分人都要處理的東西是：至少一個譯本；而最理想的，是一個希臘文經文的版本。但該個經過編修的希臘文經文版本有多可靠？新約聖經譯本的讀者，有時會留意到一些註腳或一些對非傳統讀文（alternative readings）的旁註參考（marginal references），經常以「有古卷作……」的形式出現。以這種形式出現的標記，使讀者注意到**經文鑑別學**這難題的存在，而我們亦即將會討論這個問題。讀者要評估他們手上的聖經的這些旁註，並不容易，除非他們參考並使用近期的希臘文新約聖經版本。但就算讀者們不懂希臘文，他們也可以玩味這些難題背後的議題；例如，他們可以認識到為何《英王詹姆斯譯本》羅馬書八章1節的附文（proviso）——「就是不隨從肉體的人，而是隨從聖靈的人」——不見於其他較晚後的譯本之中。

2.2 經文鑑別學：把經文確定下來以作解經之用

那麼，問題來了。我們從古代承繼了數以千計不同的新約手稿（manuscripts），當中各卷經文的不同記載，也是數以千計的；我們無法立刻得知馬可、保羅或約翰原本所寫的是甚麼。任何一頁NA^{27}〔譯按：即奈瑟勒和亞蘭的《希臘文新約聖經》第二十七版〕
35~37 的下方，或聯合聖經公會（the United Bible Societies）《希臘文新約聖經》（*Greek New Testament*）第四版（UBS^{4}）的下方，[2] 都顯示

了大量的「註腳」資料（即**經文校勘欄**〔textual apparatus〕），它們都是用來幫助我們，讓我們透過經文鑑別學這門「學問」去恢復那些原來讀文（original readings）的原狀的（見「圖 2.1」及「圖 2.2」，頁 26～27）。那些資料看似電腦產生的亂碼，這突出了經文鑑別學其實可以是個一門嚇人的學科，或者至少是一門令人感到困惑的學科。

因此，於開始的時候，請記住：**不要害怕！**沒有人期望你必須親自重構（reconstruct）整部新約經文，才可以成為一位忠心的解經者！這項龐大的工程，已經在不同的同工手中，經歷了連綿的世紀，並且大概會繼續下去，直至一天我們不再需要聖經為止。當中有一些人以經文鑑別學作為志業，他們奉獻了大部分工作生涯予經文鑑別學；其他人（包括絕大部分的解經者）則未有足夠的時間與訓練，使他們能夠達至那個境界，但他們仍盡力而為，我們可以稱之為「牧養式解經」（pastoral exegesis）。我們可以把「牧養式解經」定義為：為了個人研讀聖經，或者為了撰寫一篇解經論文（exegesis paper）、講章或者要做其他簡報而做的解經功夫。重構新約經文的任務，並不是落在任何一個人的肩膀上的，也肯定不是在你與我的肩膀上的。對我們大部分人而言，解經是一種牧養式的追求，多於一種純學術的研究。當然，在另一些情況下，就算是專業的經文鑑別學者，都會透過他們的工作服事教會，那是十分寶貴的**牧養式**服事，但我們要面對的經文鑑別問題，其複雜程度肯定比不上他們所要面對的。

始終，這仍是屬於**我們的**經文；不管是甚麼信徒，當我們服事他們，對他們而言，我們都是專家。因此，我們至少要明白當中涉及的議題，以及對學者處理這些難題的程序有基本的認識。我們可以放心使用 NA^{27} 及 UBS^{4} 的編輯給我們建立的新約經文；而他們於各難題點（problem points）究竟如何取捨，他們亦會給出理據。

615 ΙΩΑΝΝΟΥ Α′ 1,1–7

καὶ ⸀γνώσει τοῦ κυρίου ἡμῶν καὶ σωτῆρος Ἰησοῦ Χρι- 1,2! Ph 3,8! ·
στοῦ⸆. αὐτῷ ἡ δόξα ⸂καὶ νῦν καὶ⸃ εἰς ⸀ἡμέραν αἰῶνος⸃. 1,11! · R 16,27! · Sir 18,
°[ἀμήν.] 10

⸂ΙΩΑΝΝΟΥ Α′⸃

1 1 ⸆Ὃ ἦν ἀπ᾽ ἀρχῆς, ὃ ἀκηκόαμεν, ὃ ἑωράκαμεν τοῖς 2,13 J 1,1; 15,27 Is 43,13 𝔊 · Act
ὀφθαλμοῖς ἡμῶν, ὃ ἐθεασάμεθα καὶ αἱ χεῖρες ἡμῶν 4,20 J 1,14; · 20,20. 25 L 24,39
ἐψηλάφησαν περὶ τοῦ λόγου τῆς ζωῆς – 2 καὶ ἡ ζωὴ
ἐφανερώθη, καὶ ⸆ ἑωράκαμεν καὶ μαρτυροῦμεν καὶ ἀπαγ- 4,9 J 1,4 R 3,21
γέλλομεν ὑμῖν τὴν ζωὴν τὴν αἰώνιον ἥτις ἦν πρὸς τὸν 5,20
πατέρα καὶ ἐφανερώθη ἡμῖν – 3 ὃ ἑωράκαμεν καὶ ἀκη- J 1,18
κόαμεν, ἀπαγγέλλομεν °καὶ ὑμῖν, ἵνα καὶ ὑμεῖς κοινω- 7
νίαν ἔχητε μεθ᾽ ἡμῶν. καὶ ἡ κοινωνία °¹δὲ ἡ ἡμετέρα Ph 1,5
μετὰ τοῦ πατρὸς καὶ μετὰ τοῦ υἱοῦ αὐτοῦ Ἰησοῦ Χρι- 1K 1,9
στοῦ. 4 καὶ ταῦτα γράφομεν ⸀ἡμεῖς, ἵνα ⸆ ἡ χαρὰ ⸀ἡμῶν 5,13 · J 15,11! 2K 1,24 2J 12
ᾖ πεπληρωμένη.

5 Καὶ ⸉ἔστιν αὕτη⸊ ἡ ⸀ἀγγελία ἣν ἀκηκόαμεν ἀπ᾽ αὐ- 3,11; 2,25; 5,11 ·
τοῦ καὶ ἀναγγέλλομεν ὑμῖν, ὅτι ὁ θεὸς φῶς ἐστιν καὶ σκο- Jc 1,17
τία ⸉¹ἐν αὐτῷ οὐκ ἔστιν⸊ οὐδεμία. 6 Ἐὰν εἴπωμεν
ὅτι κοινωνίαν ἔχομεν μετ᾽ αὐτοῦ καὶ ἐν τῷ σκότει περι- 2,11 J 8,12! ·
πατῶμεν, ψευδόμεθα καὶ οὐ ποιοῦμεν τὴν ἀλήθειαν· 7 ἐὰν 2,4! · J 3,21

18 ⸀ πιστει P 69 *pc* | ⸆και θεου πατρος 630. 1505. 1852 *al* sy | ⸂ *2 3* K 2464 *al* vg^{mss} ¦ κ. το κρατος νυν κ. Ψ (*pc*) ¦ νυν κ. αει κ. 623 (sy^{ph}) | ⸃-ρας -νος 630. 1241. 1505 *pc* vg^{ms} sy$^{(ph).h}$ sa ¦ -ραν -νος θεου πατρος 614 ¦ τους αιωνας των αιωνων 623 *pc* | °† B 1241. 1243. 1739*. 1881. 2298 *pc* vg^{mss} ¦ *txt* 𝔓^{72} ℵ A C P Ψ 33. 1739^{c} 𝔐 vg sy co

Inscriptio: ⸂ I. επιστολη (+ καθολικη 323. 614 *pc*) α′ (ℵ) Ψ 33. 69. 81. 945. 1241. 1739 *al* (K 614. 630. 1505 *al*) ¦ επ. καθ. του αγιου αποστολου I. (L 049) *al* ¦ I. του ευαγγελιστου (θεολογου *pc*) και αποστ. επ. α′ P *pc* ¦ *txt* (ℵ A B)

¶ **1,2** ⸆ ὅ B *pc* • **3** ° 𝔐 t vg$^{cl.ww}$ sa^{ms} bo ¦ *txt* ℵ A B C P Ψ 33. 81. 945. 1241. 1739 *pc* z vgst sy$^{p.h**}$ sa^{mss} | °¹ C* P 33. 81. 323. 630. 945. 1241. 1505. 1739 *al* sy^{h} sa • **4** ⸀υμιν A^{c} C 1739 𝔐 t vg sy sa^{ms} bo ¦ *txt* ℵ A*^{vid} B P Ψ 33 z* sa^{mss} | ⸆ gaudeatis et vg$^{cl.ww}$ | ⸀ υμων A C K P 33. 81. 323. 614. 630. 945. 1505. 1739 *pm* t vg^{cl} sy^{h} bo; Aug ¦ *txt* ℵ B L Ψ 049. 69. 1241 *pm* z vg$^{st.ww}$ sy^{p} sa • **5** ⸉ A 33. 81. 323. 945. 1241. 1739 *al* sy^{hmg} | ⸀επαγγελια C P 33. 69. 81. 323. 614. 630. 945. 1241. 1505. 1739 *al* sa^{ms} bo ¦ αγαπη της επαγγελιας ℵ^{2} Ψ ¦ *txt* ℵ$^{(*),1}$ A B 𝔐 | ⸉¹ *3 4 1 2* B 33. 69. 81 z; Or^{pt} Eus

圖 2.1：NA^{27} 中的樣本頁（約壹一 1～6）（蒙原出版社允許使用）

頁面下方的「註腳」是經文校勘欄。這版面的評註部分，分為兩部分：一部分是關乎彼得後書最後幾句話的，這幾句話正於本頁上方結束；另一部分則是關乎約翰一書的，並以標題（*inscriptio*）的異文（variants）作開始。版面的右白邊，下至校勘欄，均布滿旁註參考。而餘下的，就是奈瑟勒和亞蘭所選取的經文（preferred text）。

ΙΩΑΝΝΟΥ Α

The Word of Life

1 Ὃ ἦν ἀπ' ἀρχῆς, ὃ ἀκηκόαμεν, ὃ ἑωράκαμεν τοῖς
ὀφθαλμοῖς ἡμῶν, ὃ ἐθεασάμεθα καὶ αἱ χεῖρες ἡμῶν
ἐψηλάφησαν περὶ τοῦ λόγου τῆς ζωῆς – **2** καὶ ἡ ζωὴ
ἐφανερώθη, καὶ ἑωράκαμεν καὶ μαρτυροῦμεν καὶ ἀπαγ-
γέλλομεν ὑμῖν τὴν ζωὴν τὴν αἰώνιον ἥτις ἦν πρὸς τὸν
πατέρα καὶ ἐφανερώθη ἡμῖν – **3** ὃ ἑωράκαμεν καὶ
ἀκηκόαμεν, ἀπαγγέλλομεν καὶ ὑμῖν, ἵνα καὶ ὑμεῖς κοι-
νωνίαν ἔχητε μεθ' ἡμῶν. καὶ ἡ κοινωνία δὲ ἡ ἡμετέρα
μετὰ τοῦ πατρὸς καὶ μετὰ τοῦ υἱοῦ αὐτοῦ Ἰησοῦ
Χριστοῦ. **4** καὶ ταῦτα γράφομεν ἡμεῖς[1], ἵνα ἡ χαρὰ
ἡμῶν[2] ᾖ πεπληρωμένη.[a]

God is Light

5 Καὶ ἔστιν αὕτη ἡ ἀγγελία ἣν ἀκηκόαμεν ἀπ' αὐτοῦ
καὶ ἀναγγέλλομεν ὑμῖν, ὅτι ὁ θεὸς φῶς ἐστιν καὶ σκοτία
ἐν αὐτῷ οὐκ ἔστιν οὐδεμία.[b] **6** Ἐὰν εἴπωμεν ὅτι κοινω-
νίαν ἔχομεν μετ' αὐτοῦ καὶ ἐν τῷ σκότει περιπατῶμεν,
ψευδόμεθα καὶ οὐ ποιοῦμεν τὴν ἀλήθειαν· **7** ἐὰν δὲ ἐν
τῷ φωτὶ περιπατῶμεν ὡς αὐτός ἐστιν ἐν τῷ φωτί,
κοινωνίαν ἔχομεν μετ' ἀλλήλων καὶ τὸ αἷμα Ἰησοῦ τοῦ

---

[1] **4** {B} *ἡμεῖς* ℵ A^{*vid} B P Ψ 33 it^{z} cop^{samss} // *ὑμῖν* A^{c} C 81 322 323 436 945 1067 1175 1241 1243 1292 1409 1505 1611 1735 1739 1844 1852 1881 2138 2298 2344 2464 *Byz* [K L] *Lect* it$^{ar, t}$ vg syr$^{p, h, pal}$ cop$^{sams, bo}$ arm eth geo slav Augustine

[2] **4** {A} *ἡμῶν* ℵ B L Ψ 322 436 1067 1175 1241 1409 *Lect* it$^{ar, z}$ vg$^{ww, st}$ cop^{sa} geo // *ὑμῶν* A C 33 81 945 1243 1292 1505 1611 1735 1739 1844 1852 1881 2138 2298 2344 2464 *Byz* [K P] *l* 422 *l* 598 *l* 938 *l* 1021 vg^{cl} syr$^{h, pal}$ cop^{bo} arm eth slav Augustine Bede // *ἡμῶν ἐν ὑμῖν* syr^{p}

---

[a] **4** NO P: TR // P: WH AD M NRSV // MS: NJB [b] **5** SP: WH NA

---

1 *Ὃ ἦν ἀπ' ἀρχῆς* Jn 1.1, 2; 1 Jn 2.13, 14 *τοῦ ... ζωῆς* Jn 1.1, 4, 14 **2** *ἡ ... ἑωράκαμεν* Jn 1.14 **4** *ἡ ... πεπληρωμένη* Jn 15.11; 16.24 **5** *ὁ θεὸς φῶς ἐστιν* 1 Tm 6.16; Jas 1.17 **6** 1 Jn 2.4 *ἐν ... ἀλήθειαν* Jn 3.21 **7** *ἐὰν ... φωτί* Is 2.5 *τὸ ... ἁμαρτίας* He 9.14; Re 1.5; 7.14

圖 2.2：UBS^{4} 中的樣本頁（約壹一 1～7）（蒙原出版社允許使用）

版面上方，是UBS^{4} 所選取的經文，而那是與NA^{27} 所選取的經文一樣的。下方則分為（a）經文校勘欄、（b）各個譯本與版本的不同讀文（readings）的符號，以及（c）旁註〔串珠〕參考（marginal [cross-] reference）。

他們大部分的理據，都已詳列於這兩個標準希臘文新約聖經版本的任何一頁的下方的經文校勘欄內。編輯提供的資料，都深嵌於這個巧妙的系統裏；而這個由符號與縮寫組成的巧妙系統，是經多年演化而成的，而在希臘文新約聖經的導言中，會詳細講解這個系統。

在某種程度上，這些希臘文新約聖經版本集草坪與割草機於一身。它們既提供經文，同時也是進行研究的基本工具。購買一台新的迪爾（John Deere）割草機後，第一件要做的事，就是立刻閱
38 讀說明書。**沒有任何東西能代替細心閱讀 NA^{27} 或 UBS^{4} 的導言**（讀者請留心，NA^{27} 提供的導言有德語及英語兩種，情況有如今天售賣工具與機件時，很多時都附有多國語言的說明書一樣。當我閱讀新買的照相機的說明書時，我發現只需閱讀當中的五頁，而不是全本五十九頁的小冊子，我會感到如釋重負）。雖然這程序需要你花一點點時間，但當你感受到這是甚麼一回事的話，又或者當你忘記了甚麼而又知道可以翻到哪裏，這時，你大部分潛在的畏怯與困惑，都會一掃而空。接下來，當我們討論各等問題，都**假設**你已經讀過希臘文新約聖經的導言了。然而，若我們在開始時先闡明幾件事，就會更易弄清楚這些東西。

2.2.1 闡明一些術語與概念

想像一下柯南道爾（Arthur Conan Doyle）的推理小說：一宗兇案和幾個疑兇；福爾摩斯（Sherlock Holmes）和華生醫生（Dr. Watson）一起進行調查工作。也想像一下，在另一個平行的世界裏（parallel universal），新約經文 —— 例如馬太福音一章 18 節 —— 在古代聖經手稿以及其他「佐證」的文獻中出現了多種形式。你是調查員；你要就著經文中某既存的**難題點**，在現存不同的讀文中決定哪一個最有可能是原來的那一個。當然，這迴避了一條問題，那就是為何原來的讀文（original reading）那麼重要 —— 甚

至我們所謂的「原來的讀文」，究竟是甚麼意思。我們已在本書第一章作出了假設：就某種意義而言，上帝的信息存留在聖經經文中，而聖經經文意指書卷的原作者（或編者）所寫的經文。但那些原初的親筆手稿現已散失了，而在連綿的世紀的抄寫與再抄寫的過程中，在某些手稿中，經文的用字已被更動。那麼，我們要問，是哪一個手稿保留了某特定經文的原來用字？如果我們要信得過我們所擁有的經文實際上與原稿的形式近似的話，那麼我們就得重構經文。當然，我們不會達至完美，但我們可以就著我們擁有的，盡我們的能力做到最好。讓我們回頭再看看福爾摩斯的類比。

經文問題，即難題點。**經文問題**（textual problem）就像推理小說、就像兇案般難解。（人們也會稱經文問題為「經文**異文**」（textual variant）——但我卻認為這會產生混淆，因為**異文**這個術語亦可指「非傳統讀文」，這一點我們很快就會談及。）一個「經文問題」，是特定的、單一的**難題點**，若要讓經文好好保留下來，必須要解決這個難題，那就像馬太福音一章 18 節的第三及第四個字所涉及的問題。（見「圖 2.3」，頁 30；不懂希臘文的讀者請見諒！）福爾摩斯想知道這幾個疑兇中哪一個才是兇手，而我們則想知道就著一特定的經文，在兩個或更多的讀文當中，該選擇哪一個？哪一個才是正確的讀文？馬太福音一章 18 節的原來經文，究竟是
「耶穌基督」還是「基督耶穌」還是「耶穌」還是「基督」呢？於此， 39
校勘欄顯示出全部四個古代手稿傳統。我們想知道，在這四個「疑兇」當中，哪一個「罪犯」代表了作者原來的用字。（請注意，我知道把兇手與上帝的道作類比，是很奇怪的；但請讀者稍稍忍耐，這只是一個類比！）

每當你看到一個 NA[27] 的經文符號（textual symbols；○□⊤⸀⸂等，在希臘文新約聖經的導言中都會加以說明！），或者看到一個 UBS[4] 經文的註腳記號時（footnote marker），就代表有一個

18–25: L 2,1-7 **18** Τοῦ δὲ ⸂Ἰησοῦ Χριστοῦ⸃ ἡ ⸀γένεσις οὕτως ἦν. μνη-
L 1,27 στευθείσης τῆς μητρὸς αὐτοῦ Μαρίας τῷ Ἰωσήφ, πρὶν
20 L 1,35 ἢ συνελθεῖν αὐτοὺς εὑρέθη ἐν γαστρὶ ἔχουσα ἐκ πνεύ-
ματος ἁγίου. **19** Ἰωσὴφ δὲ ὁ ἀνὴρ αὐτῆς, δίκαιος ὢν
καὶ μὴ θέλων αὐτὴν ⸀δειγματίσαι, ἐβουλήθη λάθρᾳ
2,13.19 ἀπολῦσαι αὐτήν. **20** ταῦτα δὲ αὐτοῦ ἐνθυμηθέντος ἰδοὺ
ἄγγελος κυρίου κατ' ὄναρ ἐφάνη αὐτῷ λέγων· Ἰωσὴφ
υἱὸς Δαυίδ, μὴ φοβηθῇς παραλαβεῖν ⸀Μαρίαν τὴν
γυναῖκά σου· τὸ γὰρ ἐν αὐτῇ γεννηθὲν ἐκ πνεύματός
18! | Gn 17,19 ἐστιν ἁγίου. **21** τέξεται δὲ ⸆ υἱόν, καὶ καλέσεις τὸ ὄνομα
L 1,31; 2,21 αὐτοῦ Ἰησοῦν· αὐτὸς γὰρ σώσει τὸν ⸂λαὸν αὐτοῦ⸃ ἀπὸ
Ps 130,8 Act 4,12 τῶν ἁμαρτιῶν αὐτῶν. **22** τοῦτο δὲ ὅλον γέγονεν ἵνα

11 ⸆τον Ιωακιμ, Ι. δε εγενν. Μ Θ *f* ^{1} 33 *al* sy^{h**}; Ir$^{lat\ vid}$ ¦ (*ord. invers.* του Ιεχονιου του Ιωακιμ του Ελιακιμ *add.* D^{luc}, *i. e.* L 3,23-31) • **16** ⸉ω μνηστευθεισα παρθενος (– q), Μαριαμ εγενν. Ιησουν τον λεγομενον χριστον Θ *f* ^{13} it ¦ , Ιωσηφ, ω μν-θεισα ην Μ. παρθ., εγενν. Ι. τ. λ. χρ. sy^{s} ¦ ω μν. ην Μ. παρθ., ἣ ετεκεν Ι. χρ. sy^{c} ¦ *txt* 𝔓^{1} ℵ B C L W (*f* ^{1}) 33 𝔐 aur f ff^{1} vg sy$^{p.h}$ co • **18** ⸉ *2 1* B ¦ *1* W ¦ *2 pc* latt sy$^{s.c}$; Ir^{lat} | ⸀γεννησις L *f* ^{13} 33 𝔐; Ir Or ¦ *txt* 𝔓^{1} ℵ B C P W Z Δ Θ *f* ^{1} *l* 2211 *pc*; Eus • **19** ⸀παραδ- ℵ$^{*.2}$ C L W Θ *f* ^{13} 33 𝔐; Eus ¦ *txt* ℵ^{1} B Z *f* ^{1} • **20** ⸀ Μαριαμ ℵ C D W Z Θ *f* ^{13} 33 𝔐 ¦ *txt* B L *f* ^{1} 1241 *pc* co • **21** ⸆σοι sy$^{s.c}$ | ⸉κοσμον sy^{c}

圖 2.3：NA^{27} 的馬太福音一章 18 至 21 節（蒙原出版社允許使用）

「經文問題」、一個「難題點」——即所謂「兇案」現場。馬太福音一章 18 節其實有**兩**宗「兇案」。參考「圖 2.3」，看看你是否能識別第二宗兇案，以及其中究竟有多少個「疑兇」（如果你找到兩個疑兇，那就對了）。NA^{27} 和 UBS^{4} **兩者**在這節經文中，同樣在處理**兩個**經文問題，這個情況不常有。在馬太福音一章 19 至 25 節，NA^{27} 指出不少於十二個經文問題；但同一段經文，在 UBS^{4} 中卻只有一個經文問題，那就在 25 節。有此分別的原因，在於 UBS 的經文基本上是為聖經翻譯者而設計的，所以它只會處理一些編輯認為在翻譯過程中有意義的經文問題。例如，在馬太福音一章 19 節，UBS^{4} 的編輯完全不理會一些古代手稿的異文讀文，這些古代手稿用“παραδειγματίσαι”而不是用“δειγματίσαι”（「明明地羞辱」）。UBS^{4} 考慮到這兩個字在這段經文裏的意義太過接近，以致在**翻譯上**根本沒有實質的分別；但 NA 的經文（NA 的所有版本）卻在有限的篇幅裏盡量收錄異文。這是因為這個版本是以新約學者為對象；而徹底地收錄異文，則標誌著良好與可靠的**學術研究**。

異文。對任何經文的難題點而言，每一種被保存下來的讀文（「兇案」裏的疑兇）都是一個**異文**（或作「異文讀文」〔variant reading〕）。這包括編輯的**選取讀文**（preferred reading），即印刷在 NA^{27} 和 UBS^{4} 正文裏的經文（而其他沒有被選取的讀文，都會標示於頁面下方的校勘欄內）。所有這些異文都是「疑兇」，我們要從中選取一個最有可能的原來「罪犯」。

假如莫里亞提教授（Professor Moriarty）老早就承認他謀殺了瑪波小姐（Miss Marple），而又沒有其他疑兇可考慮的話，那麼，福爾摩斯就沒有懸疑性、也沒有「問題」要解決了；另一方面，若莫里亞提教授與他的男管家，在案中都有可疑，若他們都不認罪的話，那福爾摩斯就有問題要解決了：究竟是誰幹的？多個疑兇，使故事產生懸疑性。同樣地，某一特定的經文的難題點之所以是難題，正因為在這段引起問題的經文裏，古代的證據給我們保存了至少兩個不同（異文）讀文；如果只有一個重要的參賽者去爭奪「原來讀文」的位置，那就沒有重要的經文問題要解決了。

選取讀文（「經文」）與非傳統異文。在某經文問題中出現兩個或兩個以上異文，我們自然會稱某特定的「調查員」（例如，你、奈瑟勒、亞蘭、麥子格〔Bruce M. Metzger〕、某個委員會、任何人）所選取的讀文為**選取讀文**。這意即某個調查員，像福爾摩斯，在其他異文或「疑兇」中，選擇了這個異文或疑兇。當然，華生可以選擇其他疑兇。NA^{27} 與 UBS^{4} 將所選取的讀文作為「經文」看待（像作出裁決一樣），並把所有其他假定為無辜的「疑兇」歸類到頁面下方的校勘欄。在某調查員的分析裏，所有「無罪釋放」的疑兇就是**非傳統異文**，而非**選取**的異文。基於編輯主旨不同，NA^{27} 比

UBS^4 調查了更多疑案；然而，NA^{27} 和 UBS^4 的（部分重疊的）編輯委員會，都同意在希臘文新約裏「選取」相同的讀文。縱使兩者的校勘欄設計有別，但所選取的經文卻是一致的。而其他當代的鑑別學者對希臘文新約經文則有不同的「選取」，事實上，NA 與 UBS 早期的版本也是如此。理論上，每個經文的難題點，都仍然是未有定案的，而且一直會是如此。

41 ### 2.2.2 回答問題

那麼，在研究經文時，當我們碰到一個經文問題時，我們該做些甚麼？也就是說，我們該如何解決這問題？正如我們將會看到的，事實上，不是每一個經文問題都值得我們關注。但要識別出那些值得關注，我們需要對選取經文的過程有多一點了解。可是，要回溯原本的新約文獻最有可能的用字，這門藝術與學問是極其複雜的；要解釋得清楚，實需要遠多於本書的篇幅。（除了希臘文新約聖經版本裏的導言外，我們也有一些標準導言；例如，由麥子格與俄爾曼（Bart D. Ehrman）所寫的導言，以及由亞蘭所寫的導言。）[3] 無論如何，我們在這裏會給大家一個概覽，以說明學者在一組異文中如何決定哪一個是最有可能的原來的讀文，並指出需要考慮的要點是甚麼。這些考量可分為外證與內證（eternal and internal evidence）；我們會先看外證，也就是所謂的經文的**證據**（textual witnesses）。

外證：經文的**證據**。經文鑑別學者用以重構新約經文的資料，其數量之繁多，遠多於其他古代作品。這眾多的資料可分為**四大類**：（1）希臘文新約聖經的手稿；（2）新約經文的古代譯本（聖經譯文）手稿；（3）早期神學家（教父〔the church fathers〕）所引用的新約經文引文；以及（4）保存在古教會經課集（lectionaries；聖經禮儀經文集）內的新約經文選讀。雖然，也有很多例外的情況，但普遍的準則是「希臘文經文」的權威高於「譯本」，而「聖經書卷抄本」的權威高於「經課集」與「教父著作的引文」。

我們運用這普遍準則時會遇到一些例外情況：其中包含一種可能性，那就是當我們把一個經小心處理的譯本或引文，與另一些希臘文手稿作比較，前者可能是源自一份較能忠實反映原來用字的希臘文手稿的（而這份手稿業已遺失了）。例如，假設教父俄利根（Origen）寫了一部約翰福音註釋，他在整部著作的不同地方均仔細引用福音書的句子；我們又假設俄利根所用的約翰福音是一個早期的抄本，其用字頗為接近原稿，但俄利根所用的這個約翰福音抄本已經永遠遺失了；其間，我們有另一個約翰福音的古抄本，但這 42
份抄本的經文經常與俄利根的引文不符。那麼，到底我們應否僅僅「按準則」來選用這份福音書古抄本的用字，而不理會註釋裏的引文並視之為不重要？不一定。因為不是所有希臘文手稿都具有同等價值。部分手稿的經文是保存得較其他手稿為佳的——縱使所有可能保存得較佳的經文，都是出於俄利根或其他古代作者留下的引文。

至此，你已經看過希臘文新約聖經的導言了，該知道希臘文手稿分為三個小組別（subgroups）：（a）「蒲草紙抄本」（papyri），那是寫在蒲草紙上的（古時所用的「紙」）；（b）「大楷體抄本」（uncials），通常寫在皮卷上（經特別處理的動物皮）並只以大楷體書寫；以及（c）「小楷體抄本」（minuscules），以草書體希臘文（cursive Greek）書寫。只有非常少的手稿會包含整部——甚至大部分——新約的內容。有些手稿包含少至一卷書的幾節經文，而其他則可能包含單一作者的著作集（例如保羅的著作），或者包含一部或一部以上的福音書。這些手稿的原樣大多已毀壞，或多或少失去了不同的部分。小楷體抄本手稿，在數量上超過蒲草紙抄本和大楷體抄本兩者總和的八倍以上，但非常少小楷體抄本是早於十世紀的。以組別來看，蒲草紙抄本普遍早於大楷體抄本一到兩個世紀（比小楷體抄本早至少六到七個世紀）。因此，蒲草紙抄本這個組別較具權威。這是基於一個原則，那就是抄本愈是早期，便代表著發生錯誤的機會愈少。換言之，**證據愈舊愈可靠**。

同樣地，也有很多原因會使例外的情況出現，我們運用這準則時應留意這一點。因為新約經文是分為不同組別的（或「譜系」〔families〕），代表著不同的「經文類型」（text-types）；而組別內的手稿大致會選用相關聯的異文，這便成為該組別經文的特徵。當一個手稿出現了錯誤，除非被發現及得到糾正，否則，其後的手稿，都會因著最終依據了錯誤的母手稿（parent manuscript）而傾向犯上同樣的錯誤，並把錯誤一代一代傳下去。經文鑑別學者會為不同的「經文類型」命名——如亞歷山太經文類型（Alexandrian）、西方經文類型（Western）、拜占庭經文類型（Byzanine）以及有時是該撒利亞經文類型（Caesarean）——他們會評估它們的相對可靠性。這些名稱也凸顯了它們的歷史的**地域性**元素（geographical elements）：亞歷山太類型的讀文，主要與埃及有關；而西方類型的讀文，大概以羅馬一帶作為中心。西方類型的讀文，傾向較為完整和冗長，因此，與精簡的亞歷山太經文類型相比，西方經文類型是較受質疑的。因此，一個西方經文類型的手稿，可能在日期上早於另一個亞歷山太經文類型的手稿，但較後期的亞歷山太經文類型，卻可以勝過較早期的西方經文類型手稿。**換言之，手稿屬於甚麼年代，不及手稿屬於哪個經文類型譜系那麼有影響力；反之亦然**。

43 **絕大部分**個別的經文證據，包括大部分的小楷體抄本（草書體）手稿，均屬於拜占庭經文類型；但作為一個譜系，它們顯然是最為晚近的。經文校勘欄經常稱這一類經文類型的證據為「主流經文」（Majority Text；顯然那是因為數量眾多！），又慣常以哥特體（gothic）的“𝔐”字代表這些經文。這些手稿大部分代表著可靠性較低的拜占庭經文類型，它們最早出現於十世紀。因此，諷刺地（但不意外），較晚期、較不可靠的經文類型，成了主流手稿。這個事實說明了一個原則，就是**決定某個異文原來是甚麼樣子，不能像選舉投票般靠手稿的數目作為解決方法**。在一千個證據當中，可能只有一個是正確的，其餘九百九十九個，都是錯誤的。

當然，若要「閱讀」希臘文新約聖經的經文校勘欄，認識經文類型，用處相對不大，除非我們對某個證據（尤其是手稿）是屬於那個經文類型有所認識。事實上，在單一的手稿裏可以包含不同的經文類型，因為手稿的不同部分（例如當中的不同書卷）最初可以由不同經文類型的**原抄本**（exemplar；或譯「樣本」）衍生出來。（「原抄本」就是文士用以謄寫新抄本的原抄本。）《西乃抄本》（Codex Sinaiticus）由符號“א”或“01”代表，其年代可上溯至四世紀，包含了整部希臘文新約聖經，而當中大部分都屬亞歷山太經文類型。（**抄本**〔codex〕這個名稱，意指我們今稱之為「書」〔book〕的東西，有書頁和書脊，與捲軸式書卷〔a rolled up scroll〕相對。）然而《西乃抄本》約翰福音最初的八章，卻比較像西方經文類型。我們當中若有人進行「牧養式解經」，就需要由相關的學者替我們預備部分這類資料了。「圖 2.4」（頁 36）為「經文的證據」 44
的基本分類以及一至兩個例子。

這些都是鑑別學者處理手稿的證據時要考慮的主要議題。可是，這些經文**外證**，只是圖畫的一半。就某一個經文問題而言，於外在的手稿傳統證據之外，也有另一類證據。來到這裏，我們要問，哪個異文較能夠解釋其他異文如形成？這種考量即關乎**內證**了。一個異文若同時得到外證**與**內證的有力支持，那麼它就順理成章被選取以替代其他讀文了。

	蒲草紙抄本	大楷體抄本	小楷體抄本	古代譯文	教父	經課集
亞歷山太經文類型	𝔓 46 𝔓 66 𝔓 75	ℵ B	33 81 579 892 1739	沙希地語（Sahidic）（部分） 波海利語（Bohairic）	革利免（Clement）/ 俄利根（部分）	
西方經文類型	𝔓 69 𝔓 29 （使徒行傳）	ℵ（約一～八章） D W（可一～五章）	383 614 1739（全屬使徒行傳）	古拉丁文 庫熱頓敘利亞文（Curetonian Syriac）	特土良（Tertulian） 愛任紐（Irenaeus） 《以法蓮抄本》（Ephraem）	
拜占庭經文類型	沒有	A G Π Ω 福音書：E F	大部分小楷體抄本都屬此類	《別西大譯本》（Peshitta） 哥特語譯本（Gothic）	屈梭多模（Chrysostom）	大部分教會經課集屬此經文類型

圖 2.4：經文的證據與經文類型的例子

（資料來源：Metzger, *Textual Commentary,* 14 ～ 16；Black, *New Testament Textual Criticism,* 63～65；見參考書目）

內證：文士。鑑別學者把內證的價值分為兩類：（1）抄傳的可能性（transcriptional probability）；（2）內在的可能性（intrinsic probability）。**抄傳**的可能性，是關於文士抄寫的方式與他們有可能犯的錯誤。他們所犯的錯誤，有些是**非故意的**（unintentional），例如，因著原抄本裏有兩行文字，而某些地方看上去很相像——而那往往是在每行的結束或開端——因而略過了一段經文。同樣地，一個文士可能心不在焉，把他熟悉的《七十士譯本》（Septuagint；或"LXX"，即舊約聖經希臘文譯本）的一個字或一個詞組加進經文之中，又或者，他無意間把要抄寫的福音書經文，錯誤地謄寫為另一段福音書的平行經文。此外，另一些錯誤是**故意的**，那就是當文士認為某段經文遺漏了甚麼，或者更甚是他認為某段經文的神學需要修正（上文所言的羅馬書八章 1 節可能就是一個例子）。當一個文士看到原抄本有旁註，他顯然要面對兩難的窘境了：究竟是早期的抄寫員意外地漏抄了這一段，還是這個旁註只是一個有助解釋的備註？為求穩妥，困惑的文士可能會把旁註納入他所謄寫的經文裏。這可能是約翰福音五章 4 節（《英王詹姆斯譯本》）那段經文背後的原因：天使攪動畢士大池裏的水。要處理好各種相類似的可能性，經文鑑別學者傾向選取**較難解的讀文**（因為文士會希望把經文變得更易於理解，而不是變得更難懂）以及**較短的讀文**（因為文士較有可能添加經文，而不是刪去經文）。這是要考量「抄傳的可能性」的例子。

內在的可能性，則關乎一個異文與上下文以及與作者（或文體）於詞彙、風格及文學上的整體傾向，究竟有多吻合。例如，羅馬書中一個經文問題的異文，可能與保羅經常在別的地方所寫的很相像，而別的異文則與保羅所用的字彙格格不入；這情況似乎支
持第一個異文才是原來的讀文。當然，一個文士仍然有可能因感 45~46
到他手上的羅馬書原抄本有點「古怪」，作出了修飾，希望使之與保羅其他的書信更為相像。因此，作為判斷原來讀文的準則，「內在的可能性」與「抄傳的可能性」**實際上有時會有衝突**，因為後者會選取較困難的讀文，多於選取較容易的讀文！

2.2.3 經文問題與解經上的意涵

大部分新約經文鑑別學的討論，都集中在一個較寬闊的議題上，也就是重構整部新約經文，因而忽略了異文在其他層面上的重要性；誠然，這是給教會的至關重要的事奉。可是，並不是每個經文問題都有其**解經上的意涵**（exegetical significance），這一點，對牧養式解經——相對於專業的經文鑑別學者的工作——非常重要，因這使得牧養式解經這一任務，成為可以應付得來的合理要求。

我們經已看過，UBS[4] 只會列出影響聖經翻譯的經文問題，這暗示了牧養式解經不必解決希臘文新約聖經頁面下方的每一個

她往哪裏去？

其中一個為人熟悉的福音故事，是關於耶穌與一個行淫時被拿的婦人及指控她的人的(約七 53～八 11)。耶穌用指頭在地上畫字這個形象，使我們困惑了多個世紀，而「甩出第一塊石頭」(casting the first stone)則變成了諺語。然而，大部分現代的新約聖經譯本都把這個故事從約翰福音刪去；若繼續保留的話，就會把這段經文置於括號內，以顯示它很可能不應該在那裏。讓我們想一想箇中原因：

- 早期的和廣為流傳的手稿傳統，均沒有記載這個故事。
- 不是所有記載這個故事的手稿都把它置於「慣常」的位置。它也分別出現在約翰福音七章 36 節，二十一章 24 節；路加福音二十一章 38 節，二十四章 53 節。
- 很多手稿與古代註釋書，都會對此段經文加上評註以及註上星號或別的標記，以表示對這個故事的懷疑。
- 它的風格，與約翰慣常的表達方式有相當距離。
- 如果我們把它刪掉，約翰福音七章 52 節至八章 12 節的記載就會很流暢。事實上，這個故事與七章 52 節的語境不甚配合。

經這些考量，結論是：雖然這個故事或許確實保留了耶穌生平的真實事迹，但這卻不是約翰福音的原來記載。

由異文引起的問題。**只有那些關乎意義與解釋**(meaning and interpretation)**的經文問題，才值得我們關注**。但我們怎樣決定哪個經文問題需要解決呢？即使我們用上較具選擇性的 UBS[4]，我們仍然要面對這個問題；不是每個會對**翻譯**造成影響(UBS 校勘欄的焦點)的異文，都同時會影響**解經**。(可是，反過來說，卻可能是對的：一個具解經意涵的異文，也會有翻譯上的意涵。)我們馬上會看到一些例子。

在牧養式解經裏，經文問題可分作三**大類**。我們可以形象化地以「圖 2.5」來表達這種劃分。這圖表把具解經意涵(與否)的異文，以及有充足(或不充足)經文支持的異文作出區分。

+ 解經上的意涵 − 經文支持	+ 解經上的意涵 + 經文支持
− 解經上的意涵 − 經文支持	− 解經上的意涵 + 經文支持

圖 2.5：經文問題的解經意涵

首先，**對有些經文問題而言，有些異文（於經文的意義上）是不會對解經造成影響的**。在大部分的情況下（若為了解經），我們（身為解經者）是否解決到經文問題，並不重要，因為若我們把不同的「非傳統讀文」替代了「選取讀文」，對解經的結果也沒大影響甚或完全沒有影響（參看「圖 2.5」的下半部分，即淺灰色的部分）。讓我們參閱 NA^{27}，留心約翰一書一章 5 節a（“ἔστιν αὕτη”對比“αὕτη ἔστιν”，同樣解作「這是」），以及 5 節c、8 節b、10 節b中的異文，都是次序給倒轉了的。像這類經文問題，在「牧養式解經」中可以不用理會。類似的情況，也出現於約翰一書一章 9 節a，有些抄本不必要地加入了所有格代名詞（processive pronoun）「我們的」（ἡμῶν），顯然是要表明那蒙饒恕的是我們的罪。同樣的問題或許也出現於約翰福音九章 35 節及 37 節，在那裏，手稿時而加進、時而刪減耶穌名字之前的定冠詞。此外，與異文相關的其他微不足道的問題，則關乎拼字上的不一致（spelling discrepancies）。

我可以想像到，拼字上的不一致，自有其**歷史上**的意涵；又若 47
語言學者可以發展出一套可靠的理論，說明希臘文的論述中定冠詞的用法以及字序所帶出的意義，那麼，這些解經上「可以不用理會」的異文，就會變得更加重要。可是，現在我們乃會跳過拼字上的不一致，不予以評論 —— 即使是在一篇解經論文之中，又或者得到經文的有力支持。

對某經文問題來說，有些異文對解經的影響很輕微，甚至不會造成任何影響，但於**翻譯上**卻是有分別的。例如，NA^{27} 的約翰一書一章 7 節c，可譯作「他兒子耶穌的……」，而其他三個非傳統讀文就可以得出不同的**翻譯**：「他兒子的……」、「他的兒子耶穌基督的……」和「耶穌基督的……」。即使譯文不同，解經上的差異大概不大。我們可以放心並對這個問題不加理會 —— 除非我們認為忽略了兒子的位分或基督的稱謂會影響經文的意思：這個議題可以反映一種分歧，也就是與當時還發展得不大成熟的諾斯底觀點（gnostic opinions）的分歧，即認為這位屬地的耶穌與屬天的基督不是同一個人；而父上帝和耶穌建立關係，與父上帝和基督建立關係，兩者是完全分開的！

其次，**有些經文問題的非傳統讀文（於經文的意義上），確實意味著解經上的差異，但經文的支持卻很薄弱**。而**對解經造成具意涵的影響**的經文異文（參看「圖 2.5」的上半部分），可以分為兩類：第一類是只有很少、甚或幾乎沒有證據支持的（圖左上）；另一類則擁有較有力的支持，以稱聲它們就是原來的讀文（圖右上）。經文支持程度薄弱、但在解經上值得注意的非傳統讀文的一個出名的例子，就是約翰一書五章 7 至 8 節。麥子格講述了這樣的一個故事：[4] 大約在一五二〇年，一個熱心維護拉丁文《武加大譯本》（Vulgate）的人，明顯捏造出一個希臘文手稿來，以支持《武加大譯本》於約翰一書五章 7 至 8 節提及父、道及聖靈（見《英王詹姆斯譯本》的讀文）。伊拉斯姆（Erasmus of Rotterdam）面對著這個手稿，這雖與他的判斷背道而馳（但他要忠於他的承諾），他把偽造的希臘文經文納入了希臘文新約聖經的第三版之中（一五二二年）。然而，沒有明顯的證據證明這希臘文經文在一五二〇年以前就已經出現。因此，雖然這個明確提及三位一體的讀文極具解經意涵，但在欠缺古代傳統的支持下，可以不用理會。作為一個不太可能的「疑兇」，不管其吸引力如何，在一篇解經論文中都不值得注意。它有確實的不在場證據！

另一方面，**有些經文問題的異文，擁有多於一個有力的證據支持，並且具有解經上的意涵**。約翰一書一章 4 節c的希臘文經文證
據，可以支持把經文讀成「使**我們的**（ἡμῶν）喜樂充足」或「使**你們** 48
的（ὑμῶν）喜樂充足」。於解經的意涵上，這兩個讀文未必能帶來甚麼翻天覆地的改變，但事實上它們的確是有分別的。這關乎作者的態度：究竟他（或她？）採取了一個稍具優越感的語調（「你們的喜樂」）？還是採用了稍具包容的語調（「我們的喜樂」，這個「我們」包括「你們」和「我們」）？還是採用了稍為排他的語調（「我們的喜樂」〔不是你們的〕）？倘若其中一個異文在傳統裏的證據十分薄弱，我們大可放心不用理會。但它們的證據都十分平均。如果我們在乎作者對讀者所說的話，我們就要作出定奪——無論你有多猶豫——但總要在兩者之間作出取捨，並承擔後果。這也是解經任務的一部分。

試試看

查看你的希臘文新約聖經，並在NA^{27}腓立比書三章 12 至 13 節中，根據「圖 2.5」的分類，把下面四個經文問題分為三大類。就「牧養式解經」而言，它們當中哪一個值得你深入探討呢？

12a　把「**已經稱義了**」（ἢ ἤδη δεδικαίωμαι）加在「**已經完全了**」（ἢ ἤδη τετελείωμαι）之前。

12b　把「**可以得著**」之前的「**和/甚至**」（καί）刪去。〔注意：《新修訂標準譯本》沒有把“καί”的存在反映出來。〕

12c　把「**基督耶穌**」讀成「**基督**」。

13　把「**不是**」（οὐ）讀成「**還未**」（οὔπω）。

請核對答案。

註釋：NA[27] 只在 12 節a中的非傳統讀文提供「否定校勘欄」(negative apparatus)，顯示它的支持很薄弱(參 NA[27] 的導言，頁 50*)，但其解經的含義卻值得我們考慮。我們可以把這個異文歸類為圖中的左上格：有趣但沒有充分的支持。12 至 13 節其餘的三個非傳統讀文擁有「肯定校勘欄」(positive apparatus)，其經文支持比 12 節a充分。事實上，13 節的經文校勘欄的上方的細小十字(superscript cross)，代表較早的 NA 版本選取這個讀文。那麼問題是：這三個經文問題於解經上是否值得我們花時間呢？13 節肯定是；但 12 節b和 12 節c就未必。我們需要對它們作出個別的判斷。我們把 13 節歸類在右上格(有趣而又有充分支持)；而另外兩個經文問題，大概應歸類於右下格(有充分支持但不太有趣味)。換言之，在解經論文中，我們只需討論 13 節的經文問題。

在一些情況本來是可以不用理會的，但因其他原因而變得重
49 **要**。我們可以識別第四類的經文問題。一些沒有充足支持的讀文有可能是重要的，因為它們有獨特的**歷史**(約翰一書五章 7 至 8 節的「三位一體」經文就是一個好例子)；或者，因為它們對解經上的重要議題具有啟發作用。後者的例子有約翰一書二章 20 節，《英王詹姆斯譯本》寫道：「你們從那聖者受了恩膏，**並且知道這一切的事**(πάντα)。」現代的譯本作出不同的翻譯，這是《新修訂標準譯本》所寫的：「你們從那聖者得著膏抹，**這是你們全都**(πάντες)**知道的**。」粗體字的部分，反映了兩個不同的希臘文讀文。無疑，《新修訂標準譯本》的經文較有可能是原來的讀文(但這仍然**有些**疑問)。但兩個異文的對比，強調了作者所要面對的難題，根本是**諾斯底主義**的問題。若說「你們**全**都知道的」，即他向他的讀者保證：有些人自稱擁有獨特的屬靈知識，並聲稱這是那些「沒有特權的信徒」沒法獲得的；當約翰一書的讀者面對著這種人，他們不用感到低人一等。一些證據不足的非傳統讀文忽略了這個細微的差異。若能夠留意到**這一點**，將有助**我們**找出細微的差異！

2.2.4 把它們拼合在一起

我在這裏介紹的眾多複雜因素，沒有一個會單獨出現，因此，我們要把它們拼合在一起。解決一個經文問題，有點像解開一個複雜的繩結：小心追蹤各股繩子，先解這股，然後那股。就這樣，研究經文的學者們，用上前文剛簡介過的各項準則，朝經文問題發展的相反方向逐步前行。每一個經文問題都必須獨立處理。對於一個難題，我們需要重視「內在的可能性」的證據，而對於另一個問題，則需要較重視諸如蒲草紙抄本的證據。偶爾幾個經文問題會互相連結；然而，任何「奧祕」，終究都沒有一個簡單的、公式化的解決方案。

專業的經文鑑別學者所扮演的角色，是致力解決新約經文的問題，以及優化當中的程序。而進行「牧養式解經」的人，於經文鑑別上的角色，則是要明白經文鑑別學者編輯新約希臘文經文的工作是如何進行的。兩者角色並不相同！因此，容我再說，**不要害怕！**不要恐懼。即使希臘文聖經的經文校勘欄就在這裏供我們使用，但我們大部分人仍然是極倚賴專家們的智慧的 —— 正如面對所有事情一樣。我們要盡一己所能好好運用我們手上有的，然後，便處之泰然。

2.3 工作時要用到的工具 50

我們剛剛看過新約這片草坪的狀態，現在我可以展示其中幾件管用的割草工具，也就是新約解經的工具。其中很多工具都會在本書往後各章重複出現，因為應付往後的各種任務時，這些工具會大派用場。

除了 NA^{27} 和 UBS^{4} 這兩個聖經版本及其經文校勘欄外，其他用以確立新約經文的合用工具包括麥子格的《希臘文新約聖經經文評註》（*A Textual Commentary on the Greek New Testament*）。[5]

（這部書，有別於上文提及過的《新約經文鑑別學》〔*The Text of the New Testament*〕，而《新約經文鑑別學》是一部篇幅標準的導論性作品。）《希臘文新約聖經經文評註》的導言（「使用手冊」！），提供了關於經文鑑別的過程其又精簡又有用的導引（包括按「經文類型」對各種證據作簡單分類），[6]而評註的正文解釋了 UBS^4 編輯委員會作決定的原委。為了一窺這門學問/藝術如何運作，沒有東西比研習一下其中若干評註的條目更為有效的了。事實上，其中有些是很有趣的。

經文彙編

新約作者（及早期教會）使用的聖經，是今天我們稱為舊約聖經的書卷（事實上，這很多時都是指舊約的希臘文譯本，即《七十士譯本》），所以，若要好好了解很多新約經文，擁有一部《七十士譯本》是極為重要的。[7]（新約聖經的篇章，較少直接引用希伯來文舊約聖經。）新約作者旁徵舊約經文時，往往沒有打算提供明確的參照出處，但無論如何，他們卻有方法讓讀者得悉他們在明確引用舊約。我們會在稍後的章節中看到一些例子。在這樣的情況下，要找出這些旁徵（allusion）的出處，一部《七十士譯本》**經文彙編**（concordance）[8]絕對不可或缺，這樣，更可以反過來闡明整個新約經文的論證。我們會在稍後的章節中看到這類例子。

51 **新約經文彙編**[9]讓我們可以找出重複的說話模式、遣詞用字、文法現象、相關概念等等。我們可以找到希臘文新約聖經以及其他譯本的經文彙編，而有些譯本的經文彙編甚至已經與希臘文（和希伯來文）聖經掛鈎。自從個人電腦出現後，就推出了幾個具經文彙編功能的軟件，當中好些優秀的軟件，能處理高度複雜的搜尋方式，並涵蓋整部希臘文新約聖經以及《七十士譯本》，以至希伯來文舊約聖經、眾多聖經譯文、約瑟夫作品（Flavius Josephus）、昆蘭作品（Qumran literature）、使徒（後期）教父著作和其他各類相關資料。如果你有能力購買其中一款軟件的話，那將是很有價值的投資。語法彙編研究所（Gramcord Institute；參〈www.gramcord.com〉）研發的一款用於蘋果電腦（Macintosh）的軟件，實在非常出色；可用於個人電腦（PC）的軟件，功能同樣十分強大，特別是“BibleWorks”及“Logos”兩款軟件（可參〈www.bibleworks.com〉及〈www.logos.com〉）。

事實上，在這一領域中，以這類數碼資源作工具已愈來愈普遍：不單單有聖經經文、與聖經相關的文本（甚至包括經文校勘欄），也有全套字典、百科全書、詞典、註釋書、語文學習等等，這種「閃電般快速」的產品，還有更多。互聯網給人提供了與學科相關的文本與資訊，而且數量驚人，而它們又往往免費供讀者使用。我不願意相信印刷時代——也就是幾千年的「書本」時代——將逐步結束，但我們肯定不再需要在大量沉甸甸的書本中尋尋覓覓，才可以從中得到我們需要的資料。大部分程序，只需我們用手指按按鍵盤便行了。當中的挑戰倒是我們要追趕著不斷推陳出新的產品。如果我們真的希望監察著有甚麼新產品推出的話，最好就是定期瀏覽上述網站。但也不是只有這些網站呢。

與此同時，我們得回到印刷品上。在 NA^{27} 及 UBS^{4} 中一個異常有用的功能（在 UBS^{4} 中，其功能相對沒那麼強大）是旁註參考（marginal reference）的系統。（在 UBS^{4} 中，這些參考經文出現在頁面最下方，即下方三組註腳中的第三組。）若運用得當（請參閱導言！），這組參照經文，就經文之間的比較（intertextually；跨經文的）以及經文之內（intratextually；經文內的）的比較，可以給我們提供異常有用的建議。某些參考經文定焦在引文及旁徵；而其 52
他則定焦在平行詞彙、甚至整個平行段落或故事（特別是福音書）；亦有一些參照是追溯在新約別處地方或在新約聖經以外的地方出現過的概念。如果你已有 UBS[4]，你可能需要為了旁註參考，而考慮找來一個近期的 NA 版本。這部書是物有所值的。

字典、百科全書和地圖集

進行希臘文新約解經，一本可靠的**希英詞典**（Greek-English Lexicon）是必備的工具。有兩部書特別值得介紹：（a）一般被稱為「鮑爾」（W. Bauer；或 BDAG [10]）的希英詞典，以及（b）Louw-Nida字域字典（domain dictionary；譯按：由洛〔Johannes P. Louw〕和奈達〔Eugene A. Nida〕所編，以下簡稱“Louw-Nida”）。[11] BDAG（四個字母代表編者鮑爾〔W. Bauer〕、鄧可〔F. W. Danker〕、阿爾恩特〔W. F. Arndt〕及金里奇〔F. W. Gingrich〕；比起早期的版本 BAG〔1957〕及 BDAG〔1979〕，二○○○年版明顯改善了不少）收入希臘文新約聖經與二世紀使徒（後期）教父時代的詞彙。它是新約詞典的最高權威；它也是負責任的解經所必備的工具。Louw-Nida 字域字典基本上旨在幫助聖經譯者用 UBS[4] 翻譯經文。其主要特點與吸引力，在於把新約希臘文整理成意「域」（semantic“domain”or“field”）；比方說，把所有與某個範疇——如「知識」或「工作」——相關的字詞統統編在一起。我們稍後會詳細討論這些工具。

要概覽新約研究這領域當中非常專門的題目，並同時可以看到十分概括性的題目，一部優秀的**聖經字典**（bible dictionary）或百科全書，是很好的解決方案。新約（不必提及舊約了！）成書的處境對我們來說是全然陌生的；可是，作者與他們首批讀者卻非常熟悉這處境；因此，他們不需要事事再作解釋。閱讀馬太福音二十二章 16 節時，我們會問：誰是「希律黨的人」。馬太沒有為此再行解釋，因為他的首批讀者都知道這是甚麼人。只要我們翻開任何一本優秀的聖經詞典查一下，我們就可以從馬太福音（或馬可福音；馬可福音也曾提及他們）以外的資料得知他們是甚麼人。新約導論或新約神學（或神學**體系**）這類獨立專著，也可以提供類似的資訊，而它們往往是以獨立專著的方式編排的。今天，要藉著這些工具（至少在北美及歐洲）而獲得這類資訊，實在易如反掌。字典與百科全書所涉及的範圍則較為廣泛。現代解經者可以拿到一切資訊，由簡介整部聖經的小手冊，到關於聖經部分內容或課題的沉甸甸的著作（如福音書、保羅、五經、新約背景），到多冊的鉅著，現代 53
解經者可以拿到的，是前所未見的。於解經上，請你在幫幫自己，以及幫幫你受託要照管的人：把金錢投資在一部好的聖經字典吧。美國校園出版社（IVP）的叢書[12]及《安喬聖經詞典》（*Anchor Bible Dictionary*），是兩個非常好的選擇。[13]

聖經地圖集對解經同樣有幫助。大部分聖經版本，包括 NA^{27} 和 UBS^{4}，都會加插一些與聖經作品相關的地圖。但一部全面的地圖集，它提供的豐富地理資料甚至考古學資料，能清楚闡明新約文獻的背景、環境。[14] 例如，在約翰福音四章，為何耶穌回加利利途中，會跑到撒馬利亞？給四千人吃飽（馬可福音八章 1 至 10 節）的事迹，當中的地理環境，如何闡明這事件的意義？——若把這事件與給五千人吃飽（馬可福音六章 32 至 44 節）的事迹關聯起來。由此，聖經地圖集亦能使我們對當時的文化理解得深一些，而這種文化上的理解，是聖經作者與他的首批讀者共有的。

福音書合參本

四卷福音書之間的相互關係是怎樣的？其實早於二世紀，基督徒讀者對這問題已感興趣。約在公元一七〇年，敍利亞護教士（apologist）他提安（Tatian）編纂了著名的《四福音協調本》（*Diatessaron*），他把四福音協調成為一部書。今天，我們用福音書合參本（Gospel synopsis）作為研經工具，同時欣賞四卷福音書的相互關係，**以及**欣賞每一卷福音書的**各別的、未能協調的整體性**。合參本把每卷福音書的經文並列出來，幫助讀者作比較。要了解每卷福音書的獨特信息，以及每卷書的編纂手法，這些比較是不可或缺的。

一手文獻：古代著作

無論我們研究哪段歷史時期的文獻或哪類型文獻，與其成書時期或處境關聯最深者，即為一**手**文獻（primary literature）；而對應
54 的二**手**文獻（secondary literature），就是——其成書時間往往晚後得多——**關乎**那段較早時期或關乎該資料的一些文獻。例如，如果我們正研究一段新約經文，最好的一手文獻就是新約聖經本身；而二手文獻，就是或多或少與我們的時期差不多的、**關於**新約以及新約處境的作品，如布特曼（Rudolf Bultmann）寫過的很多註釋書和專著。如果我們要寫一部書，是關於布特曼的生活及事業的話，那麼，我們的一手文獻，就不是新約聖經，而是他的註釋書和專著了。同樣地，布特曼同期的其他學者，特別是那些於布特曼生前與布特曼交往過的人，他們自己的著作，也會成為研究布特曼生平的一手文獻。新約研究也一樣：古時留下了極多珍貴文獻及其他文字資料，都直接或間接地與耶穌、及其第一代追隨者的時代與生活相關。這些文獻數量很多，它們與新約一樣，為我們提供了一手文獻，讓我們可作新約解經之用。

對闡明新約文獻有幫助的一手資料，可說是汗牛充棟，除了極其委身的學者之外，根本沒有人可以完全掌握。當然，字典的專文可以幫助我們；而學者如埃文斯（Craig Evans）[15]或賴特（N. T. Wright）[16]等，他們廣泛且全面的二手論述，也是十分有用的。但若要親身感受一下一世紀地中海的世界是怎樣的，沒有其他方法比直接投入以下精選的古代非聖經作品，來得更加有效和更加有趣。

這些古代非聖經作品大致分為猶太與非猶太兩類，但這不是說，它們沒有重疊的地方，或者沒相互的關係。**猶太作品**[17]涵括由耶穌出生前的好一段日子，到隨後的好幾個世紀。《七十士譯本》是這一類別中極為重要的資料，當然，這也包括我們稱之為舊約次經（又稱「第二正典」）的書卷。情況雷同的計有死海古卷（Dead Sea Scrolls）、所謂的舊約偽經（pseudepigrapha）、約瑟夫與斐羅（Philo）的著作（有些作品是同時屬於兩個類別的，他們二人的作品正好是這類作品的例子），以及後期的拉比作品（rabbinic literature；米示拿〔Mishnah〕及他勒目〔Talmud〕）。**非猶太資料**則包括來自希臘與羅馬的歷史學者（例如塔西圖斯〔Tacitus〕、蘇埃托尼烏斯〔Suetonius〕、兩位皮里紐〔Plinys〕）、哲學家（特別是來自希臘化時期的哲學家，如伊比德圖〔Epictetus〕）、宗教作品（諾斯底與希耳米〔Hermetic〕的著作，以及關於神祕宗教的討論），以及碑文與蒲草紙的遺迹（包括來自希臘化的埃及的日常生活書信及文獻）。巴列特（C. K. Barrett）的著作《新約背景》（*The New Testament Background*）為這些豐富的資料提供了出色的導引。[18]埃文斯的《典外著作及新約解釋》（*Noncanonical Writings and New Testament Interpretation*），對認識這整個範圍的作品，非常有幫助。閱讀這些作品的最好起步點是舊約次經，大概是因為當中包含了一些有趣的故事，如猶滴的故事、蘇撒拿（Susannah）的故事和多比的故事，或《馬加比一書》、《馬加比二書》的有趣記載。

於此，我再一次強調，我們不是要精通這些作品（就好像我們是在日常生活中就能辦得到似的），而是我們要知道它們是有用的和容易拿到的；又若可行的話，我們可常常閱讀它們。我們希望不斷增加對古人生活的了解。我們希望能增加聆聽新約的能力（就像當時首批讀者那樣），以擴大我們對他們生活中共有的前設的理解。閱讀這些作品，有如藉著錄音帶聆聽他們的聲音；有如觀看早期的新聞影片，看著威廉大帝（Kaiser Wilhelm）頂著插上了羽毛的頭盔，掛著鬍鬚，趾高氣揚地走來走去一樣。

二手文獻：註釋書、期刊及專著

我們有大批新約研究的**二手文獻**，這包括了**註釋書**、**學術期刊**及**專著**（字典內的文章也可歸入這個類別）。**註釋書**的篇幅不一、範圍不一、目的不一。有些是單本的大眾化讀物，涵蓋整部聖經；有些則處理個別書卷，甚或只處理該書卷的其中一部分；有些則有特別的主旨，例如，幫助牧者預備講道，或者解釋怎樣以兩性平等的角度去思考以男性為主導的新約文獻；也有其他著作嘗試列出當代所有學者對某段經文的見解；而有些則採取了靈修的路線。上述所有例子，均表明了這些註釋書嘗試為當代讀者闡釋經文。**期刊**也有不同的目的與範圍，縱然期刊主要還是為學者提供論壇。期刊內
56 的文章很多時都代表著某個聖經研究的難題的「最近期看法」。而這些文章本身的可信性與實用性差異很大；當然了，愈不近期的期刊，就愈不能代表**最近期**的看法！某個學者所寫的期刊文章，往往代表了其著作或專著的不同發展階段。**專著**代表對某個議題作詳盡的處理，無論是專門地還是廣泛地。在預備講道時，你可能沒有時間讀完整部與經文主題相關的專著，但你總有時間閱讀一章吧。另一方面，如果你決定在幾個月內宣講一系列關於加拉太書的講道，那麼，你可能需要考慮閱讀一部關於保羅及律法的新近著作，讓這部書成為你長期預備講章的一部分。

在接著的各章，我們會再談到這些工具，並詳細說明它們在整個解經過程中每一個特別階段的用處。現在，我們先會看看「整體」與它「各部分」的關係，以及這種整體與部分之間的動力（dynamic）如何影響經文的意思。

註釋

1. *Novum Testamentum Graece: post Eberhard dt Erwin Nestle*, 27th ed., rev. by K. Aland et al. (Stuttgart: Deutsche Bibelgesellschaft, 1993, c. 1898)；一般簡稱為NA^{27}。
2. *The Greek New Testament*, 4th ed. B. Aland et al. (Stuttgart: United Bible Socities, 1993)；一般簡稱為UBS^4。
3. Bruce M. Metzger and Bart D. Ehrman, *The Text of the New Testament: Its Transmission, Corruption, and Restoration*, 4th ed. (New York/Oxford: OxfordUniversity Press, 2005)；B. Aland and K. Aland, *The Text of the New Testament: An Introduction to the Critical Editions and to the Theory and Practice of Modern Textual Criticism*, 2nd ed. (Grand Rapids: Eerdmans, 1995).
4. Metzger and Ehrman, *Text of the New Testament*, 146～147.
5. Bruce M. Metzger, *A Textual Commentary on the Greek New Testament*, 2nd ed. (Stuttgart: Deutsche Bibelgesellschaft, 1994).
6. 一個較詳盡的證據（按經文類型），出現在大衛．艾倫．布萊克（David Alan Black）一部有用的小冊子中：*New Testament Textual Criticism: A Concise Guide* (Grand Rapids: Baker, 1994)；見頁 63～65。
7. 標準版本為 A. Rahlfs, ed., *Septuaginta: Id est Vetus Testamentum graece iuxta LXX interpretes*, 2 vols. (Stuttgart: Württembergische Bibelanstalt, 1935)。
8. 長期的標準印刷版為E. Hatch and H. A. Redpath, *A Concordance to the Septuagint and the Other Greek Versions of the Old Testament (Including the Apocryphal Books)*, 3 vols. in 2 (Grand Rapids: Baker, 1983; original: Oxford, 1897)。
9. H. Bachmann and H. Slaby, eds., *Computer-Konkordanz zum Novum Testamentum Graece von Nextle-Aland, 26. Auflage, und zum Greek New Testament*, 3rd ed. (Berlin: Walter de Gruyter, 1980)。長期備用的為W. F. Moulton and A. S. Geden, *A Concordance to the Greek New Testament According to the Text of Westcott and Hort, Tischendorf and the English Reviser*, 5th rev. ed. (Edinburgh: T & T Clark, 1978)。
10. W. Bauer, *A Greek-English Lexicon of the New Testament and Other Early Christian Literature*, ed. F. W. Danker, 3rd ed. (Chicago: University of Chicago Press, 2000)。起首字母“A”及“G”，代表代早期編者“W. F.

Arndt"及"F. W. Gingrich"的縮寫。

11. J. Louw and E. A. Nida, eds., *Greek-English Lexicon of the New Testament Based on Semantic Domains*, 2 vols., 2nd ed. (New York: American Bible Society, 1989).
12. 新約系列有四部：Joel B. Green et al., eds., *Dictionary of Jesus and the Gospels* (Downers Grove, Ill.: InterVarsity Press, 1992)；Gerald F. Hawthorne et al., eds., *Dictionary of Paul and His Letters* (Downers Grove, Ill.: InterVarsity Press, 1993)；Ralph P. Martin and Peter H. Davids, eds., *Dictionary of the Later New Testament and Its Developments* (Downers Grove, Ill.: InterVarsity Press, 1997)；Craig A. Evans and Stanley E. Porter, eds., *Dictionary of New Testament Background* (Downers Grove, Ill.: InterVarsity Press, 2000)。第五冊則是由前四冊所收的一些出色文章所組成，由理德（Daniel G. Reid）所編，名為：*The IVP Dictionary of the New Testament: A One-Volume Compendium of Contemporary Biblical Scholarship* (Downers Grove, Ill.: InterVarsity Press, 2004)。而舊約系列正在出版中。
13. D. N. Freedman, ed., *Anchor Bible Dictionary*, 6 vols. (New York: Doubleday, 1992)。這套工具書涵蓋整部聖經。
14. 例如，H. G. May, ed. with assistance of G. N. S. Hunt and in consultation with R. W. Hamilton. *Oxford Bible Atlas*, 3rd ed. (New York: Oxford University Press, 1984)。
15. Craig A. Evans, *Noncanonical Writings and New Testament Interpretation* (Peabody, Mass.: Hendrickson, 1992).
16. 例如，賴特關於基督教起源與上帝的問題的著作。這套龐大的多卷出版計劃的首冊是：*The New Testament and the People of God* (Minneapolis: Fortress, 1992)。其餘兩冊則是：*Jesus and the Victory of God* (Minneapolis: Fortress, 1996)以及*The Resurrection of the Son of God* (Minneapolis: Fortress, 2003)。這三冊作品，具創意地運用了第二聖殿時期的一手文獻。
17. 一本有用的指南是：Larry R. Helyer, *Exploring Jewish Literature of the Second Temple Period: A Guide for New Testament Students* (Downers Grove, Ill.: InterVarsity Press, 2002)。
18. C. K. Barrett, ed., *The New Testament Background: Writings from Ancient Greece and the Roman Empire That Illumine Christian Origins*, rev. ed. (New York: HarperSanFrancisco, 1987)。這部書滿載了生動的節錄。

第 3 章

經文及其結構

石牆

就如身子是一個，卻有許多肢體；
而且肢體雖多，仍是一個身子；
基督也是這樣。
（林前十二 12）

我們在第一章看過，就某種意義而言，**經文是我們所擁有的一切**。因此，了解語言結構及語意結構是解釋方法不可或缺的一部分——這些結構賦予經文溝通的能力。就著我們要處理的問題，這會以兩種形式出現：(1) 明白作者怎樣**綜合**（synthesize）、**建立**（build up）或**建構**（construct）經文，也就是作者們怎樣把較小的元素聯繫起來，以組成較大的單元；以及他們怎樣把那些較大的單元連結起來，以組成更大的單元。(2) 怎樣**把經文拆解**（take apart），怎樣把經文的各個組成部分加以**分析**（analyze），也就是由較大的單元走向較小的組成單元。只要我們對整體與部分之間的相互作用稍為掌握，也能提升我們的解釋技巧，也就是解釋**任何**以語言組成的事物的技巧。本章將從**綜合**與**分析**這兩個角度去查考經文。

3.1 綜合法：結構及整體

3.1.1 融貫性：連成一體

在進入經文及經文綜合法（synthesis）這個課題之前，我們需要清楚理解何謂「融貫性」（coherence），因為這個概念在以下的討論佔重要角色。《鐵證懸案》（*Cold Case*）中有一位偵探莉莉．羅希（Lily Rush），若果她說疑兇的敍述缺乏融貫性，那就代表她認為當中的
58 一些部分與其餘的部分並不吻合。在法庭上，不融貫一致，足以證實一個證人是不可信的。假若花瓶的碎片不能黏合得妥貼，那不是我們錯用黏著劑，就是我們把碎片排列得不夠仔細。同樣地，若各部分配合得宜，經文就會前後融貫一致，互相緊扣，形成一融貫的整體。形構得妥當的經文，各部分配合得宜，可以傳遞一統合的信息。融貫性把各部分連繫起來，而結果是一篇「融貫一致」的信息。

經文會用上整套語言學工具（linguistic apparatus）去營造融貫性。這章會論到的很多手法，例如，重複法（repetitions）及其他模式（patterns）、共同詞彙或主題、代名詞、動詞的時態、邏輯關係、從周圍的語境（context）而來（或與語境關連）的隱含假設（implied assumptions）等等。在接下來的討論中，我們要緊記一點：經文的融貫性是**可識別的**（recognizable）；若我們願意的話，那是我們可以加以分析的。但我們可能甚少思想到這一點，直至我們遇見一篇不融貫一致的經文；就算是這樣，我們也未必會花氣力去找出不融貫性的源頭，反而很容易會感到沒甚興趣，然後離開。但現在，請牢記這一點以及思考一下「石頭」的問題。

3.1.2 具結構性的經文及石牆

事實上，試想像你前面有一堵石牆。從遠處觀看，石牆似乎令

人生畏：堅固的障礙，龐大的體積；但走近看看，我們看到的並不只是一堵石牆；這也是一堵由石塊組成的牆，是一堵由大小不一、形狀各異以及成分不同的石頭所組成的牆；個別的石頭或許是藉灰漿黏合起來，組成了一堵單一的石牆；但我們仍可看到一塊石頭於何處終止，下一塊石頭於何處開始。灰漿不單單令石塊黏合起來，也標誌著石塊與石塊之間的界線（boundary）。「圖 3.1」是由**磚**砌成的建築（荷蘭斯羅坦〔Sloten〕的村莊教會）；磚頭不像石頭般不規則，但運作的原理一樣。

圖 3.1：荷蘭斯羅坦的村莊教會

若我們走近這堵石牆並鑿下其中一塊石頭，我們會看見該塊石 59
頭是由較小的粒子或層層的沉積物組成的，而水泥則以獨特的模式（particular pattern）把它們接合起來，組成為單一塊石頭。我們甚至可以挑出各種雲母和長石的小片，而它們全靠像灰漿一樣的另一些物質把它們連接在一起——這是從**另一個層面**把牆連接在一起，使其**融貫**起來。若我們退後一步，我們可以看見牆壁是由各個較大的部分組成的，而每一部分則再由一**組**石頭以獨特的模式組合而成。這些較大的部分（北翼、大門口、南翼）有賴鋼筋及其他使內部得以強化和接合著的裝置連繫在一起。這些裝置使牆壁的不同部分連繫起來，成為一**融貫**的單位，並防止牆壁倒塌碎裂。各種把石頭與磚頭組合起來的模式——例如人字形的圖案——使牆壁有各自的特色。牆壁的「位置」（location）也具有同樣功能，我們稍後討論語境這課題時就會談到這一點。

於這點上，經文與牆壁沒有分別。經文由各個獨立的（discrete）部分以獨特的模式連合並「建立」而成，以傳遞某個信息。這些不同部分，藉不同的文法及推論方式——例如連接詞、代名詞、重複、主題、改變角色及場景等等——經綜合而形成單一的經文。解經的任務的其中一部分（一個非常基礎性的和重要的部分），就是要分辨出這些獨立的片斷和模式——由此模式，細小部分便被拼湊成為經文了。因為，**這些融貫的模式**（coherent patterns）揭示了經文信息的重要部分。同樣地，經模式化了的經文本身（patterned texts），在較大的整體中發揮功能，與其他經文結合，以建立更大片的經模式化了的經文，正如牆壁上的石頭一樣。

3.1.3 把經文積木組合起來

於構成印刷本聖經經文的單元而言，在其不同的複雜程度之各個層次中最基本的層次，（按本書所要論說的）就是個別的**字母**（alphabetic letters）。在石牆的比喻裏，經文的字母相當於沙粒般的物質，它們聚成一團而成為個別的石頭。在印刷本的經文裏，字母聚在一處，組成了「牆上的石頭」；它們相互並列，之間沒有空隙（就如你現在看著的文字一樣）。這些聚集成一組一組的字母，構成經文單元的**下一個層次**，我們稱之為**字**（words）。

這適用於所有我們要解釋的經文。像牆上的石頭，由一組一組字母構成一組一組字，再構成高一層次的**片語**（phrases）及**子句**（clauses）。雖然，不同的片語（及/或子句）彼此有別，但它們卻在更高的層次中聯合而成為**句子**（sentence）。然後，不同句子組 60
合成為**段落**（paragraphs），而不同段落組合成為**章節**（sections），如此類推，一直上推至**整篇論述**（discourse）。我們可以把同樣的組合規則再應用到任何層面上——即由字母上溯至段落以至更大的範圍——這種能力就是語言的**遞推能力**（recursive power），也就是使有意義的、綜合性的組合，不斷遞推再現（recur），拾級而上。

語言除了擁有遞推的能力外，也在建構經文上發揮**相互性的作用**（reciprocity）。就像石牆上的灰漿那樣，用來標誌經文單位**界線**的語言技巧——在任何一個層次上——也**把那些單位連合起來**，以把經文連繫在一起。這些技巧（包括現代的標點法）顯示了這些界線與銜接點的位置及性質，也替不同單位彼此間的關係作出定義，以指出它們怎樣融貫起來並形成一較大的經文。一個逗號，可以把子句與子句分開；但同一個逗號，在某些語境裏，卻表明第二個子句其實是以不同的詞語重述第一個子句。那麼，在一組文字裏，一個單元的存在（例如「**灰色的**」這個詞語），在某程度上決定了鄰接的單元的部分界限（或許是「**天空**」）。但同時，這個詞語與其他單元合作，執行更大的任務。剛才對**灰色的**所說的，也同樣適用於**天空**這個詞語。**灰色的**與**天空**這兩個詞語，互相給對方定下界線，然後它們彼此合作，說出「比任何一方單獨說出的」更大的一些信息。每個字都成為另一個字的**語境**，至少，上述這個例子就是這樣（當然，不是每個例子皆然）。我們稍後會再論及這個觀念。

3.1.4 經文像「羣體」般發揮「融貫的整體」的作用

論到「建立」的方式，經文就像石牆一樣；論到如何**發揮作用**（function），即各部分互相合作去表達一融貫的信息，經文就像**羣體**一樣。一個羣體，就是一羣人（或螞蟻、蜜蜂、海怪等等）像一個「單元」（single unit）般發揮作用，就如「我們教會這一羣體，在每個星期日晚上都會一起崇拜」一樣。但除非我們能識別出羣體是由個體所組成，否則，我們就不能識別出羣體本身是一**羣體**了。惟有辨認出羣體裏的個體（individuals）與小組（groups），我們才能開始為他們彼此間的相互關係（mutual relationships）下定義；而這些相互的關係（interrelationships）令羣體擁有其形態與特性（shape and character）。我們可以把相同的原則，應用於羣體這一觀念中的不同程度的複雜性之各個層次上。舉例說，我們可以談教會裏的小羣體（subcommunities）：主日學、家庭、小組或委員會。於層次上，我們可以再往下走，分析個別成員的身體：心臟、肺部、皮膚和骨骼。於層次上，我們也可以往上走，依據一間本地教會的特點來分析整個宗派，諸如此類。

61 同樣的原則，也適用於溝通性的論述（communicative discourse）。**經文就像羣體**。如果我們要掌握一個論述的整體意義，即其信息，就先要分辨（無論是自覺地或不自覺地）各個構成部分及它們之間的關係，即這些不同部分如何**發揮作用**。我們或會想到，定下界線（lines of delimitation）會破壞整體性（wholeness）與統一性（unity）；但缺乏了定界，我們就不能定義或掌握到這種整體性的性質。這種一致性，即這個論述的**內在融貫性**（internal coherence），一般是用來傳遞信息的。融貫一致的並互相連接的整體，也構成**語境**的一部分；而各個獨立組成部分對打造整體的信息也有其各自的功能。如果我們誤解或改變一部分論述的功能，就會使論述的信息出現顯著差別。看看這個例子：

飛來飛去的鳥兒弄得廚房一團糟。

這句話是描述事情怎樣發生，還是在描述甚麼事情發生了、究竟是誰在飛來飛去？誤解了**飛來飛去**（flapping and fluttering）於這句話的功用，分別將是顯著的。這句子——作為一個整體——是描述麻雀入侵，但牠們是否都要為這一團糟負責？還是這句子只是想指向一個紊亂的廚子？我們不能分析這個信息及解決這個難題，直至我們確定到這句子各單元的界限與功能。加上標點符號，可以有很大幫助；而一、兩個連接詞，也可以是很有用的。

若以羣體這一比喻來說明，那在解經中處於複雜程度最高級別的「羣體」，當然就是整部聖經（無論我們如何定義，整部聖經當然也是在其文學及歷史的語境之中）。聖經本身及其構成部分，就像羣體般運作。當我們預備講道或討論聖經，或者個人研經時，無論我們查閱哪一段融貫的經文，我們都需要盡量查看這段經文在聖經的整體信息那更大的語境中究竟如何發揮功用。很自然地，我所說的較大的語境，是指我們**當下**對整部聖經**的理解**，而這一理解會隨著我們不斷重讀聖經的個別部分而改變，並得出新的見解。我們對聖經的**既有**理解，在某程度上，決定了我們如何理解諸如羅馬書，或傳道書的方式。相反，我們對羅馬書或傳道書的研讀，又會**改變**我們先前對聖經的理解。但我們怎樣研讀羅馬書呢？我們一點一點地研讀。我們把整封書信分為各大小段落，逐一**分析**，並在較大的語境以至整部聖經中，慢慢學習聆聽。無論我們是仔細地逐一分析經文，還是只是把整部書（聖經）從頭到尾讀一遍，這都是適用的。這是一種線式的經驗（linear experience），但也是建立——和不斷重新建立——一種全面視野（global perspective）的經驗。

62

3.2 分析法：結構及組成部分

一整卷較大的書卷如羅馬書，當中融貫的片斷稱為**經段**（pericope；讀作“per-ICK-o-pee”；它不是與“periscope”押韻的，雖然你的電腦拼字檢查程式會建議你以“periscope”來代替“pericope”這個字）。縱然**經段**這個詞語可以應用在一部書中那大小不一的融貫的組成部分，但一般來說，這是指一個段落或一小組的段落，例如，講道時選用的一段經文。負責任的解經，是要以恰當的、持平的以及對經文敏銳的方法來**識別經段的界線**、經段的定界（delimitation）並內在與內在的輪廓（delineations）。某特定經段的合理開端與終結在哪裏呢？其內在的結構是怎樣的呢？內在的結構又怎樣構成一融貫的單元？

當說到以一個「恰當的、持平的以及對經文敏銳」的方法去識別一特定經段的界線與內在結構時，這不是說，這裏只有一**個**恰當的、持平的以及對經文敏銳的方法。有時這些定界是明顯的：有甚麼明顯得過馬太福音一章1節作為一個經段的開始呢？但在大部分情況，這都有討論餘地。我們要討論的，是一門藝術，不是一種可以預料的化學反應。要從事這門藝術，則涉及到**語境**這課題。

3.2.1 語境及意思

一段經文的「語境」（context），可以決定經文的形態（shape）與作用（function）**及**意思（meaning）。**語境深深地影響著任何事物的意思**。「形式」（form）相同的經文，會隨著每一次語境的改變而改變其意義——至少在理論上如此。晚上穿上睡衣在客廳裏走來走去是一種意思，中午穿上睡衣在鬧市中的辦公室走來走去是另一種意思。（對於一些在家裏工作的人來說，不會碰上這種意思上的麻煩。）差別在於**語境**；差別在於**位置**（location）。

任何一個字，或者任何一個字的一部分，任何一句片語、一句子句、一句句子、一個段落、一個部分、一個章節，或者一部文學著作中的主要部分，均有其意思**和**形態，而這意思與形態，部分取決於它在整部作品的**宏觀結構**（macrostructure）中的位置。它是屬於哪個較大的單元？在其所屬的層次裏，它前後有哪些單元？而各個單元又如何共同發展出更大的單元？整部「書」在總體上一致的信息，怎樣決定了較小的單元的角色與意思？事實上，**整體的意思，會幫助我們決定各部分的意思**。但整體的意思是甚麼？如果我們不是藉著理解一卷新約書信中較小的部分的意思，我們可以認識到整卷書的整體意思嗎？我們不可以！我們需要先知道**各部分**的意思，才能知道**整體**的意思。

那麼，在理論上，我們就被困了。我們既沒有雞，也沒有蛋， 63
但家人已坐在桌旁等待著。當然，這比喻誇張化了我們所面對的困境。在現實的處境中，我們是在改進已知的事情，而非從一無所知中挖掘出一些東西來。這是一個同時著手處理經文與語境的一個過程，永遠由一方改善對另一方的理解，前前後後，來來回回。其運作就像螺旋一樣：經文闡明語境，語境進一步闡明經文，這樣，藉著一方而不斷增加對另一方的理解。我們總需要在某處開始，那麼，我們在哪裏開始呢？一般而言，我們會知道一卷「書」的外在界線：例如，腓利門書 1 節和 25 節。但我們要說明書中那些較小的（和更小的）部分，在全書的發展中擔當甚麼角色，我們就需要決定這些較小的部分的界線在哪裏。問題是：我們如何識別出那些較小的單元的「合適」界線。

3.2.2 結構的標記

任何一本優秀的學期論文指南，都會教我們如何組織文章，以及如何作標記，以讓讀者明白這個結構（例如，使用羅馬數字、阿拉伯數字、縮排、標題及副題、粗體字與斜體字等等）。我們日常使用的語言也有方法給文本組識（「非書面」的文本組織亦然）的各項特徵**做標記**（marking）。「做標記」的「方法」，是指一套文本的記號（signals）系統，這套系統可以標示出任何需要標示的東西（時態、語氣、名詞格、性別、功能、關係等等）。我們能夠識別用來標示文本的**結構**與**限制**的常用記號，於本文的分析是不可或缺的。讓我們來看看幾個較重要的記號。

成書目的

認識書卷的寫作目的與主題，能幫助我們確定經文中較小部分的語境界線（contextual boundaries），並為我們提供一個閱讀的方向。有時候作者體貼地詳細說明其寫作目的。這樣的例子有路加福音一章1至4節，以及約翰福音二十章30至31節。假如我們不那麼幸運（這是正常的），我們就要嘗試用其他幾個方法，以決定著作的主題與目的了。這裏有三個方法：（1）我們可以留意作者向讀者說出了甚麼**命令**（尤其在書信裏），因為作者很可能要引導讀者走進其寫作的整體目的。（2）我們可以留意作者**選擇**與**安排**的敘事方法。福音書希望以耶穌復活的事迹作為故事的高潮來打動我們，這點我們是不會弄錯的，因為所有作者（甚至是馬可福音）都把復活及其餘波置於**他們述說的故事**的高潮。（3）我們也可
64 以分析構成書卷各段落和各章節的**論題或主題句子**（topic or theme sentences）。毫無疑問，這些句子總體上構成了全書的主旨。至少，這個想法是合理的。

用來識別出界線與接縫的標記或記號

我們既可以用上述這三種方法來辨認書卷的「主題」，即意味著我們已識別出全書「各組成部分」的界線與接縫（這是一種典型的相互性）。但我們怎樣識別這些接縫和分界？這裏有一系列由比克曼（John Beekman）和卡洛（John Callow）[1] 所提出的經文界線的記號（或「標記」）。這不是一份業已完整無缺的清單，卻旨在提供一些較易識別的例子。

- 重複的單元：措詞、片語、子句、句子、句法結構；
- 文法上的線索（grammatical clues）：連接詞、語氣變化、時式、時態；
- 具修辭作用的問題（rhetorical question）：尤其是「一連串」具修辭作用的問題；
- 時間的變化、背景（場景）的變化、參與者（角色）的變化；
- 呼格（vocative forms）：尤其當由一人或一組人轉向別人；
- 主語（subject）的變化、賓語（object）的變化、論題的變化；
- 在一個段落或一個章節的開始（或結尾）宣告（新的）主題。

若能識別出這些界線標記（boundary markers），再加上至少初步明白一卷書的整體成書目的，我們就可以（建基於可靠的基礎）開始著手發掘書卷的信息，以及各部分在該信息裏所扮演的角色。

當你翻看希臘文新約聖經或者一個譯本，請察看後頁的例子，這些例子是在它們的語境內的界線標記。避免在此停滯不前；我只想你**看看**經文中的這些記號，而不是要你在此時仔細分析經文。再者，下面開列的例子清單，也並非一份詳盡無遺的清單。

重複的單元。參下面句子：

- 「耶穌講完了這些話……」(“Καὶ ἐγένετο ὅτε ἐτέλεσεν ὁ Ἰησοῦς...”; 太七 28，十一 1，十三 53，十九 1，二十六 1)；
- 「你們聽見有話說……」(“ἠκούσατε ὅτι ἐρρέθη...”; 太五 21、27、31、33、38、43)；
- 「我**看見**……**出現**……他**指示**我……」(啟十二 1，十三 1、11，十四 1、6、14，十五 1 等等)。

順道一提，值得留意的是，若果譯者對這些模式的規律性
(regularity)不是十分留心，或者譯者沒有把這些模式小心保存下
65 來，這些規律性就會在翻譯中喪失了。當然，如果「在翻譯中喪失」
了這些規律性，那麼，它們的功用也就不能在譯文中發揮出來。這
是我們要學習希臘文的另一個原因。

文法上的線索。參下面例子：

- 連接詞：羅馬書一章 16 節(「因為」；“γὰρ”)，二章 21 節及五章 1 節(「所以」；“οὖν”)，三章 21 節(「但如今」；“νυνὶ δέ”)，八章 1 節(「因此如今」；“ἄρα νῦν”)；
- 動詞語氣(verb mood)的變化：留意腓利門書 8 至 16 節是使用直述語氣(indicatives)，之後於腓利門書 17 至 22 節轉用祈使語氣(imperatives)。

具修辭作用的問題。見羅馬書三章 31 節(是一部分的開始還是終結?)，六章 1、15 節，七章 7 節(「這怎麼樣呢?」；“Τί οὖν...”)。

場景、角色、時間的變化等等。見馬太福音五章 1 節，八章

1、5、14、16 節，十七章 1 節。

主語、賓語、論題的變化。請留意當中的轉變：由「破冰」(門 4～7 節) 到實際著手處理眼底下的事情 (門 8～22 節)。

呼格 (直接地説話，如「嗨，鮑勃！」)。見以弗所書五章 22、25 節，六章 1、4、5、9 節 (參西三 18～四 1)。

明確地宣告新的主題。見哥林多前書七章 1、25 節，八章 1 節，十二章 1 節，十六章 1 節。

以界線標記作為融貫性的標記

我們弄清楚那些較小與較大的單元究竟如何相互關連，從而組成融貫一致的一個整體，是很重要的。剛才列出的界線標記的種類，像牆上石頭之間的灰漿，能使較大的單元連繫在一起——縱然它們同時也把其較小的組成單元彼此區分。以馬太福音五章為例，由五章 21 節開始，耶穌一再指出前人的傳統與祂的教導的不同之處，在五章 21、27、31、33、38 及 43 節，經文都分別以「你們聽見」或類似的詞語作為各「單元」的開始，接著則用上「只是我告訴你們」這組字。如果我們留意到這一點，便可以從其鄰接的單元分辨出這六個單元中的每一個；但**正是這一種模式** (重複)，在其所屬的層次上，使一個單元與另一個單元區分出來，同時也在另一個更高的層次上，把這些給連在一起的單元 (由重複出現的模式連在一起)，與較大的融貫的整體連繫起來。事實上，其融貫性，在某程度上，正是由這一種模式 (重複) 所構成的——這一模式 (重複) 亦正正是把其自身內部各組成部分加以區分的模式。這個較大的單元，關乎耶穌以新的進路來看律法；而這個較大的單元，是由六個例子組成的。以下的標記，其功用完全一樣：羅馬書六章 1、15 節和七章 1 節當中那些互有關連的具修辭作用的問題；哥林多前書 7 至 16 章，連續宣告出要「論到」的主題。

實例：約翰一書的界線標記

請翻開希臘文新約聖經及一個譯本，翻到約翰一書，參看下列從書中選出來的一些界線標記及其他結構指示。讓我再重申，請大家記著，在這個過程中，沒有任何方法可以免除你自身的價值判斷。很多分辨文學結構的技巧，都是從練習中習得的；而你亦將會有很多改變主意的機會。但上帝也會為此而賜下恩典與空間！

- **說明目的**？留意所使用的措辭：「我寫/我們寫/我已寫了這些事」（ταῦτα γράφω / γράφομεν / ἔγραψα）。參約翰一書一章4節，二章1、（7、8、12、13、14、21）、26節，五章13節，這些經文暗示書卷的成書目的。
- **重複「若……若」**的句法結構：約翰一書一章6至7、8至9節，一章10節至二章2節，二章4至5、9至11節。舉例說，從「若」到「若」的結構，除了把一章6至7節與一章8至9節兩個單元分開，這種結構也暗示了一章5節至二章2節（也可能是一章5節至二章11節）構成了一個較大的單元。
- **重複的「考驗」**（「從此我們知道」）：約翰一書二章3、5、18〔？〕、29〔？〕節，三章10、16、19、24節，四章2、6、9〔？〕、10〔？〕、13、17〔？〕節，五章2節。我們可以直接從這些「考驗」的上下文，看看是否可以找到一些線索，使我們可以得知全書的結構以及成書目的。
- **使用呼格**

  i.「小子們哪」（τεκνία〔t〕/ παιδία〔p〕）：約翰一書二章1〔t〕、（12〔t〕、14〔p〕）、18〔p〕、28〔t〕節，三章7〔t〕節，四4〔t〕節，五21〔t〕節；

  ii.「親愛的」（ἀγαπητοι）：約翰一書二章7節，三章2、21節，四章1、7、11節；

  iii.「弟兄姊妹們」（ἀδελφοι）：約翰一書三章13節；

  iv.「父老啊/小子們哪」（πατέρες / νεανίσκοι）：約翰一書二章13、14節。

朗埃克（Robert Longacre）完全以呼格的分布來分析整卷約翰一書（“Toward an Exegesis of 1 John Based on the Discourse Analysis of the Greek Text,” in *Linguistics and New Testament Interpretation: Essays on Discourse Analysis*, ed. D. A. Black et al. [Nashville: Broadman, 1992], 271～286）。

這種重複著某些東西的模式，有助綜合經文或使經文成為一體（unity）。而一連串互有關係的邏輯連結詞語（logical connectors；例如「連接詞」）也發揮了相同的功用。如果一個條理清楚的段落，以連接詞「因為」（γάρ）作開始，那這個段落很可能就是前文的**因由**；如果以「所以」（οὖν）作開始，則很可能是前文的**結論**。所有語言都包含大量這些邏輯連結詞語 —— 雖然這些連結詞語看起來未必如希臘文或英語般，其運作方式也會有差異。而現在，重要的是，這些邏輯連結詞語不單單標示出（諸如結論或闡述原委）開始點(因而，我們要在經文各單元之間，劃出「分析性」的分界線)，而事實上，它們也把經文中各單元**連結**起來。這些邏輯連結詞語，為較大段的經文提供融貫性、一體性、綜合性。這一點，我們會在本書第四章再行討論。其他融貫性的記號包括：類似詞彙密集出現、持續的動詞語氣、敘事裏角色的性格，或者同一類別的代名詞（pronoun）或「代動詞」（pro-verb）。（英語裏的"do"字，正是「代動詞」。例如，**誰想要乳酪？我想要**〔I do〕！）

3.3 從上而下和從下而上：歸納法和演繹法的抉擇

在分析任何一部書時，就算這書卷有清晰的分段及陳明了其寫作目的，有時我們自己也需要從**歸納**的角度（inductively）——「從下而上」—— 親自判斷書卷是否有更高層次的寫作目的。然後，從那裏我們可以**演繹**（deduce）——「從上而下」—— 出那些較小的單元的角色（因而演繹出這些較小的單元的意思），即它們如何參與完成這個目的。例如，保羅在羅馬書多次表達他對猶太人**和**外邦人**兩者**同樣關心（如羅一 16），我們可以**歸納**出羅馬書的其中一個主要寫作目的，就是要表明世人均在基督裏聯合，包括猶太人和外邦人。假如這是理解羅馬書的正確方法的話，那麼，我們可以從這裏**演繹**出羅馬書九至十一章這段十分棘手的經文的意思（這部分經常被認為是離了題的）：其實，這段落成為一個場景，藉此，保羅建立以基督為基礎的「種族間」（interracial）的合一。保羅在這一部分的論點是：即使外邦人在上帝的安排下，現在與猶太人同享特權，實在出乎大家意料之外，但這並不代表上帝棄絕了猶太人；縱使加入了外邦人，但猶太人仍然永遠是上帝的子民。另一方面，如果我們假設羅馬書的**主要**目的是證明因信稱義的話，那麼，羅馬書九至十一章就仍然是一個難題，並一定會被視之為離題的了（digression）。通常，如果由上而下所作出的假設，逼使我們推斷經文中重要的一個段落是離了題的話，那麼我們大概需要重新思考我們的假設是否確當了。

解經，必須使我們能**用一、兩句說話總結**整卷書的要點、中心主題及信息（假設那是存在的！）；因為只有這樣，我們才能於智性上猜測各部分如何與整體配合；亦只有這樣，我們才可以開始明白作者究竟想說些甚麼。當然，我們需要不時調整我們的總結陳述，其實，不管甚麼時候，我們都可以這樣做——如果我們從下而上，找到另一個見解，那是較先前的為佳的話，這時，我們就必須這樣做了。

68

3.4 上來透一口氣吧

在我們進到「分析經文結構」的過程之前（可以說，這是分析「分析」〔to analyze analysis〕），我們可以用少許時間總結這一章。這一章簡介了理解文學結構所需的綜合一面與分析一面；正如一段可理解的經文，是由講者—作者建立、綜合，以致傳遞出一個信息；相反，一個讀者—聽眾需要把經文拆開、分析，才能明白這個信息。一段經文如何組成，成為發掘其信息及意思的重要線索。當我們對這個觀點大概有些掌握，就可以進一步將它實際應用於新約聖經中的句子結構和論述結構了。[2]

註釋

1. John Beekman and John Callow, *Translating the Word of God* (Grand Rapids: Zondervan, 1974), 279～280.
2. 希望進深了解這個極為重要、卻經常被忽略的課題，我建議參考以下文章：Peter Cotterell and Max Turner, *Linguistics and Biblical Interpretation* (Downers Grove, Ill.: InterVarsity Press, 1989)；Beekman and Callow, *Translating the Word of God*, chaps. 17～20；J. Beekman, J. Callow and M. Kopesec, *The Semantic Structure of Written Communication* (Dallas: SIL, 1981)；以及 J. Louw, *Semantics of New Testament Greek* (Philadelphia: Fortress, 1982), chaps. 9～10。關乎這個課題的大部分進展，均來自聖經翻譯者的辛勞。關於「論述分析」理論及其在文本上的具體應用，有趣又有用的論文可參 J. T. Reed and S. E. Porter, eds., *Discourse Analysis and the New Testament: Approaches and Results* (Sheffield: Sheffield Academic, 1999)，以及 D. A. Black et al., eds., *Linguistics and New Testament Interpretation: Essays on Discourse Analysis* (Nashville: Broadman, 1992)。

第 4 章

句法分析及論述分析
所需的一些「反組合」

眾人就一排一排的坐下，有一百一排的，有五十一排的。
耶穌拿著這五個餅，兩條魚，望著天祝福，
擘開餅，遞給門徒，擺在眾人面前，
也把那兩條魚分給眾人。
他們都吃，並且吃飽了。
（可六 40～42）

如果，我們同意一段有意義的經文有意義的其中一個原因是——如本書第三章嘗試要證明的——作者有目的地把經文組織起來的話，那麼，我們應該可以藉**分析**經文的組織及結構，發現經文的一些信息。作者所用的語言學記號——即使只是下意識地使用——在經文裏創造的融貫性及組織性，也能給我們提供一些最初步的線索，讓我們「解開」作者的信息。討論這個分析過程所要涉及的兩個方法，在這章的標題裏已經給暗示出來了：句法分析（syntactical analysis）和論述分析（discourse analysis）。

這些術語聽起來或許會令人感到懼怕，但請不要恐慌。你們大部分人（若非所有人）都學會了怎樣駕駛和結鞋帶；有些人曾學習希臘文、修理汽化器、打橋牌或彈鋼琴。你可以造法式乳蛋餅嗎？懂波士頓的路嗎？如果你因為想到了**論述**和**分析**這兩個術語而憂慮得手心冒汗的話，我現在希望再次向你保證：你在這裏將要讀到的一切，只不過是以另一種方式看事物罷了。你學會了講話，是嗎？那麼，你也夠做得到，這實在比學習説話容易得多。我們實在不能指望無需用上類似這章所討論的分析方法，就能夠深入了解聖經；但上帝給我們一生的時間去磨練這種技巧，並讓我們有足夠的機會去反覆試驗。事實上，我
70 們出錯得愈多，在下一次做得正確的機會就愈多。除非我們只是在不求甚解的情況下無意中猜對了，否則，我們總能夠真正學到些甚麼。因此，接受鼓勵、跳進去、學習新事物，以及勇於犯錯。

4.1 界定術語

如果我們先弄清楚幾件事，將有助我們理解本章。對於很多讀者來説，就算讀完了一年初級希臘文，「英文」文法至今仍然是一門神祕的科目。儘管這幾十年來，老師們無疑在努力奮鬥，但數以百萬計從中學（和大學）出來的學生，對他們自己的語言的文法及運作方式都感到迷糊、苦惱。我們無法立刻改變這種現況，但倘若我們在繼續討論之前，能清楚説明一些基本要素，就可以幫助我們往正確的方向前進。下列對不同術語所作出的一些定義，有如一種紙牌遊戲「皮納克爾」（pinochle）的「家規」一樣，而其他「家」可能採用略為不同的家規。其他解經者對以下的術語可能會採用略為不同的定義，但我家採用了這些定義。那麼，請進來，關上門，坐下吧。

4.1.1 句法

大概所有學外語的學生都會熟悉**句法**（syntax）這個術語，包括學習新約希臘文的學生。這個術語跟「罪」（sin）或「稅」（taxes）扯不上半點關係。於造句而言，句法是指某些特定的語言詞組單元，以有意義的方式連繫在一起（例如字母及字詞），以組成高一層次的單元。怎樣改變動詞形式，以切合某個而非另一個文法上的主語（grammatical subject）? 或者，怎樣改變動詞形式，以切合某個而非另一個時間框架或「語氣」? 怎樣改變名詞的形式或位置，以致可以在句子裏顯示其功能？怎樣表示一個形容詞是與某個而不是另一個名詞有關係？改變動詞形式，可以怎樣讓說話的人把句子中的兩個子句連在一起？**句法**這個術語是指所有控制著這些變化及調整的所有規則（及規則裏的例外情況）。那麼，留心作者在句子中自然地和往往無意識地使用的句法記號，並藉此解釋句子意思，這一過程就是**句法分析**。

要注意一點：**如果我們沒有新約希臘文句法的實際知識，我們就不能期望明白希臘文新約聖經**。同樣道理，如果沒有英文句法的實際知識，就算分析新約的英譯本，我們也會在細節上遇到困難。但我不是說，我們必須完全精通所有初級希臘文（或英文）文法的所有詞形變化後，才能**開始**實際研讀新約經文。藉著不斷實踐，我們便會有能力辨認及正確解釋句法的各種形式了。可是，你要確實知道在哪裏你可以得到幫助，並在有需要時，往哪裏求助。假如你已學過希臘文，那麼請你複習所有詞形變化！

4.1.2 論述

即使是在聖經研究這門學科中，**論述**（discourse）這個術語也有多種用法。一般而言，這個術語可指任何完整的、獨立的信息傳播行為。發音不清楚的呻吟聲及歎息的聲音（像羅馬書八章 26 節所提到的)，在這種意義下，都算是一種論述。而高度複雜及冗長的書卷(如以賽亞書)，以至相關的作品彙編(如保羅著作)也是一樣。**論述分析**是一門新近發展的學科，其目的為了解釋經文**在句子範圍以外**究竟如何發展：各個句子，怎樣走在一起成為段落？各個段落，又如何組成較大的章節？諸如此類。句法這個概念通常應用在句子的範圍內，而論述分析(有時候也稱作「章句語法」〔text-grammer；或譯「篇章語法」〕)則退後一步，去看看經文段落那大一點又大一點的結構，一直上溯至整卷書。(一些論述分析學者認為，這不單單涉及經文本身，也涉及當中的歷史文化處境。這個看法十分合理，[1] 但就本文的主旨，我們還是會採用較為狹義的定義。)正如在本書第三章所見，較大段的經文的意思，某程度上，取決於較小的組成元素的意思，反之亦然。論述分析幫助我們去看清楚這些相互性的關係(reciprocal relationships)究竟如何被設計及標記起來，以致可以引起我們的注意——尤其是在句子範圍以外的層次上。論述分析展現了經文的融貫性。

我大概不會誇大掌握解經原則的重要性：**一段經文的意義，很大程度上取決於其內部結構，以及取決於它的位置，也就是它於更大的語境結構內的位置**。經文的句法結構及論述結構的分析，無論是往上走還是往下走，都是負責任及有效的解經所不可缺少的。

4.1.3 片語

片語(phrase)這個術語意指有意義的一組字，但這組字卻是「沒有動詞」的；例如，**名詞**片語以名詞為核心(如**拖拉機**)，再

加上任何附隨的修飾語(qualifiers)：**老舊的生銹拖拉機**。**介詞**片語則把介詞(如“in”、“with”、“under”、“beside”、“after”、“of”、“by”……)與名詞或名詞片語結合在一起：**在拖拉機「之下」**(under)或**在老舊的生銹拖拉機「旁邊」**(beside)。有一些介詞也

能作為從屬連接詞（subordinating conjunctions）。**比賽「後」**（after the race）是一個介詞**片語**，因為它缺了動詞；**跑完比賽「後」**（after the race was run）則是一個**子句**（從屬子句、副詞子句），而這子句以「連接詞」**後**字開始，再加上動詞**跑完**（was run），名詞片語**比賽**（the race）便變成了子句**跑完比賽**。我的意思是（在英文）像**後**這種字詞是可以作為介詞（用於引介片語），也可作為從屬連接詞（用於引介子句）的，這端乎它要「規管」的是甚麼（即甚麼跟在它**後**面）。那麼，在我剛才句末括號內的解釋中，「它**後**面」（after it）這組字詞中的**後**這個字，究竟是介詞還是連接詞呢？（如果你說這是「介詞」，那就正確了，因為**它**（it）這個字並沒有連接到動詞，所以這並不是子句，而是由「一個字」組成的片語。）

4.1.4 子句

子句（clause）是指包括「動詞」而具意義的一組字。這些動詞的形式（verb form），不必是「限定」的形式（finite forms），即不必是那種要「在文法上具完整思想」（grammatically complete thoughts）的限定形式。例如，子句**吉恩在雨中歌唱**（Gene is singing in the rain）在文法上具完整的思想。如果有人突然向我們說這句話，我們不會覺得那句話的意思是不完整的，縱然我們或許不知道誰是吉恩，或者不關心他唱得怎麼樣，或者他在哪裏唱歌。但若有人只說：「雨中歌唱」（Singing in the rain）或「當吉恩在雨中歌唱」（While Gene is singing in the rain），那我們倒會覺得這些話是還未說完的；而當我們聽了以上兩段話語的任何一段，我們都會禁不住以「在雨中歌唱？那**怎麼樣？**」來回應第一段，又會以「很好⋯⋯然後發生甚麼事？」來回應另一段。倘若一句話在文法上**不具有**完整的思想，便會留下思想的間隙，使我們「滿心期待」；因此，這些話是**從屬的**（dependent）、是有待完成的。

我們也可以根據從屬子句（dependent clause）的功能來分類。由連接詞「那」（that；希臘文"ὅτι"）作開頭的子句，通常是一個「名詞」子句（noun clause），因為「那」在名詞的位置發揮功能（擔當了名詞的角色）。在**我知道某事**（I know something）這個句子裏，我們可以加上名詞子句來詳細説明我究竟知道甚麼事（即**知道**這動詞的「直接賓語」〔direct object〕）：**我知道吉恩在雨中歌唱**（I know something that Gene is singing in the rain）。而副詞子句（adverb clause）就是一個有副詞功能的子句：「**當吉恩在雨中歌唱**（While Gene is singing in the rain），我就會跑到店子去。」這裏的副詞子句（粗體字）表明我會在甚麼時候「跑」到店子去。

文法學者通常稱在文法上完整的子句為**獨立**或**主要**子句（independent or main clause）。一句「完整」的句子，是一句獨立子句（或者至少內含一句獨立子句）。文法上**不**完整的（incomplete），或者**從屬的**（dependent）子句，又可稱作**從屬子句**（subordinate clause）。雖然從屬子句不是一句完整意義上的句子（sentence；就
73 正如「雖然從屬子句不是一句完整意義上的句子」這子句一樣），但當與獨立子句（正如我將要寫的這句子句）結合時，「它有助構成複合句（complex sentence）」。我們現在可以談談句子了。

4.1.5 句子

一句**句子**（sentence）是會包含一個完整的思想的，那怕是最簡單的思想，而它由至少一個獨立子句組成。這可以是**簡單**（simple）句、**並列**（compound）句或**複合**（complex）句。一句「簡單句」由至少一個論題（topic）及一個説明（comment）組成（也稱作「主語」及「賓語」）。一句句子「陳述」（predicates）一些關於「主語」的事，即它「説明」其「論題」。當我們聆聽或閱讀時，即使發現該思想的其中一部分，沒有在句子中出現，但我們知道那缺少了的部分，可

能已包含在背景裏了。（試想想，「鮑勃在哪裏？」〔Where's Bob?〕這條問題的答案是「走了！」〔Gone!〕，那論題（或主語）「鮑勃」雖被省略了，但我們還是會這樣理解這個答案：〔鮑勃〕走了！）論題可以是**簡單的**（例如，單名詞或名詞片語）或**並列的**（多個名詞或多個名詞片語，藉「並列」連接詞〔coordinating conjunctions〕**和**〔and〕或**或**〔or〕連繫起來）。論題也可以是**複合**的，這涉及運用形容詞、關係子句（relative clause）、分詞（participle）等等，對文句作進一步的加工。這對於句子裏的說明（或賓語）部分，是一樣適用的：它可以是簡單的、複合的或並列的。以下是一些例子：

1. 鮑勃唱歌（Bob sings）。這包括了簡單論題（**鮑勃**）和簡單說明（**唱歌**）。

2. 鮑勃和維拉唱歌（Bob and Vera sing）。當論題加上並列連接詞「**和**」字，這就變成了**並列**論題（**鮑勃和維拉**）；但句中的說明，仍然是簡單的說明（**唱歌**）。順道一提，要留意英語的句法規則如何在並列（也就是複數）主語中把單數動詞**唱歌**（sings）變成眾數動詞**唱歌**（sing）。

3. 鮑勃和維拉唱歌但不跳舞（Bob and Vera sing but do not dance）。這包括了並列論題以及並列說明（兩個「說明」由並列連接詞「**但**」字連繫起來）。要留意現代英語在這個情況下，不會像英語發展的早期階段，把這句話說成**跳舞不**（dance not），現在我們要說**不跳舞**（do not dance）。習慣就是這樣。

4. 那個站在鮑勃身旁的女人唱得不好（The woman who is standing next to Bob sings badly）。這包括了複合論題和簡單說明。留意這個論題的「複合性」在於將一句句子重新改造成一個「關係子句」（**那個站在鮑勃身旁的**）並放在形容詞的位置，藉此修飾（modify）**女人**這個名詞。也就是說，不是「藍色的」女人或「橢圓形的」女人，而是另一個女人，她就是「那個站在鮑勃身旁的」

女人。

5. 當維拉不加入時鮑勃唱得真好（Bob sings just fine when Vera does not join in）。這包括了簡單論題（**鮑勃**）以及複合說明。說明的「複合性」，在於整句句子重新改造成一個從屬子句（**當維拉不加入時**）並放在（塞進）從屬副詞的位置中（以代替使用諸如「**通常**」這類副詞），以修飾動詞片語**唱得真好**；其功能是說明鮑勃在甚麼情況下唱歌會「唱得真好」。

74 每種語言都有自己的一套工具，把我們所稱為片語、子句及句子的，組織及連繫起來。例如，希伯來文可以把英文裏的「介詞片語」（prepositional phrase）簡化成一個字：只要把「介詞」加在名詞之前作前綴（prefix）就可以了。例如，希伯來文「起初」（*bĕr'ēšît*；"in the beginning"）這個字，當中的前綴"*bĕ*"在希伯來文大概相等於英文介詞「**在**」（in）。所謂的「粘著型語言」（agglutinated languages），可以把整句句子結合成一個既長又複合的「字」。我們在大部分地方都提供了英文例子，事實上，在很多方面，新約希臘文跟英文的運作模式都十分相似。例如，兩者都有單獨使用的介詞而非前綴；然而，它們兩者也能以介詞作為前綴。不過，在其他方面，英文與希臘文就不能經常一一對應了。例如，希臘文運用分詞與不定詞（infinitive）的方法，就與英文不同。因此，讓我再次強調，從事新約解經，**最終**必須掌握希臘文表達新約信息的方法。請在你有生之年，以一個解經者的身分鑽研聖經。當然，你不用太著急，但也要切實去作。

4.2 分析句子

談了這麼多背景資料，我們現在可以轉去看看句子的句法分析了。小心研究以下新約句子的實例。在你閱讀以下的各種解釋之前，看看自己能否弄清楚我的分析方法。

4.2.1 分析約翰福音三章 16 節

「圖 4.1」(頁 82～83) 及其附隨的評註，拆解 (分析) 了《新修訂標準譯本》約翰福音三章 16 節的句法結構。經文如下〔譯按：經文中譯乃參《新標點和合本》另譯，下同〕：

1 **因為**
2 上帝這樣愛世人
3 　　**甚至**祂將祂的獨生子賜下，
4 　　　　**以致**一切信祂的
5 　　　　　　不致滅亡
6 　　　　　　**反**得永生

我知道這看來有少許複雜。當你閱讀「圖 4.1」的每一條評註後，請你確定你真的明白，才閱讀下一條。如果你像閱讀小說一樣，慢慢仔細鑽研這些資料，那麼不久你就不再需要這些資料了。當你掌握到對《新修訂標準譯本》的分析方法，那你就可以試試參看希臘文的分析了 (「圖 4.2」)。

1 **因為**上帝這樣愛世人	(οὕτως *γὰρ* ἠγάπησεν ὁ θεὸς τὸν κόσμον,)
2 　　**甚至**祂將祂的獨生子賜下，	(*ὥστε* τὸν υἱὸν τὸν μονογενῆ ἔδωκεν,)
3 　　　　**以致**一切信祂的	(*ἵνα* πᾶς ὁ πιστεύων εἰς αὐτὸν)
4 　　　　　　不致滅亡	(μὴ ἀπόληται)
5 　　　　　　**反**得永生	(*ἀλλ'* ἔχῃ ζωὴν αἰώνιον)

圖 4.2：約翰福音三章 16 節的希臘文句法分析

正如《新修訂標準譯本》的譯文一樣，這裏有四個連接詞。其 75~80
中一個「反」字 (ἀλλά；第五行，因接著的字的字首為元音〔initial

vowel〕，因而縮短成“ἀλλ’”）是「並列連接詞」，而另外兩個是「從屬連接詞」。至於希臘文連接詞「因為」（γάρ）就像英語相應的“for”字一樣（第一行），而它在整段論述的層面而非在句子的層面上發揮作用。綜合來說，這兩個分析的主要分別，在於希臘文連接詞「以致」（ἵνα；第三行）通常指**目的**多於**結果**，有別於《新修訂標準譯本》的分析中第四行的**以致**（so that）。（不過若看約翰一書一章9節，當中的“ἵνα”則是指「結果」，意即我們還沒有完全得勝呢！）因此，希臘文經文看來是說：**因為**上帝愛世人，祂**為了**賜給人類永生，**特意**賜下祂的獨生子；而這些說話是要向我們保證約翰福音三章14至15節中所說的，是可信可靠的。

讓我們再看看另一個例子。

4.2.2 分析羅馬書三章21至22節

請讀者完成「圖4.3」（頁84～85）《新修訂標準譯本》羅馬書三章21至22節的練習（做練習的方法，像約翰福音三章16節一樣）。經文如下：

1 **但**如今／……／上帝的義
2 已經被顯明出來
3 ／在律法以外／
4 **以及**被證明
5 按律法**和**先知
6 上帝的義
7 因著信
8 在耶穌基督裏
9 為了一切相信的人

請仔細閱讀「圖 4.3」的評註。對此，你了解得愈透徹，當你要自己選讀其他經文時，就愈能夠處理得好。當你準備好，試試參看希臘文羅馬書三章 21 至 22 節的分析了（「圖 4.4」）。

1	**但**如今／……／上帝的義已經被顯明出來	（Νυνὶ *δέ* /…/ δικαιοσύνη θεοῦ πεφανέρωται）
2	／在律法以外／	（/ χωρὶς νόμου /）
3	被證明	（μαρτυρουμένη）
4	按律法**和**先知	（ὑπὸ τοῦ νόμου *καὶ* τῶν προφητῶν,）
5	**就是**上帝的義	（δικαιοσύνη *δέ* θεοῦ）
6	因著信	（διὰ πίστεως）
7	在耶穌基督裏	（Ἰησοῦ Χριστοῦ）
8	為了一切相信的人	（εἰς πάντας τοὺς πιστεύοντας.）

圖 4.4：羅馬書三章 21 至 22 節的希臘文句法分析

希臘文介詞片語的用法與英文一樣，但希臘文用屬格（genitive）名詞「**上帝的**」（θεοῦ；第一及第五行）而不是英語的介詞片語「上帝的」（of God）。另一個英文及希臘文句法的差別，出現於第三行：希臘文用分詞「**被證明**」（μαρτυρουμένη）而不是英文的限定動詞片語（finite verb phrase）「被證明」（and is attested）。

這就是說，在希臘文裏這是一句「複合句」，而非在英語裏的「並列句」。這裏也引起一個問題，就是第三行的「從屬分詞子句」如何與第一句的「主要子句」連繫起來。事實上，若你記得新約希臘文導論課程的內容（如你曾修讀），便會知道希臘文分詞是希臘文文法中其中一個最容易使人感到混亂的範疇。

我們很多時都需要從上下文去推斷一個希臘文分詞與其主要動詞有甚麼關係。思考以下問題，或許可以幫助我們：「這個分詞，要回答一個怎樣的問題？」在這段經文裏，「在律法以外啟示」及「按律法證明」之間所暗示出來的強烈對比，可能表明「第三至四行」的子句，與「第一至二行」的子句的關係是一種「反期望」（contra-expectation）的關係：也就是**即使、不管**。我們大概可以說：「即使

1 **因為**
2 上帝這樣愛世人
3 　　**甚至**祂將祂的獨生子賜下，
4 　　　　**以致**一切信祂的
5 　　　　　　不致滅亡
6 　　　　　　**反**得永生

1. **For**
2. God so loved the world
3. 　　**that** he gave his only Son,
4. 　　　　**so that** everyone who believe in him
5. 　　　　　　may not perish
6. 　　　　　　**but** may have eternal life

A. 四個粗體字（其中一個在英語中由兩個字組成：**以致**〔so that〕）均是連接詞，是一種典型的標記，可以把子句連繫起來。有「下劃線」的是介詞片語。

B. 這句句子惟一的「主要」子句（或獨立子句；第二行）是「上帝〔這樣〕愛世人」（我們會在下面的評註"L"及"H"討論**因為**（for）〔第一行〕及**這樣**（so）〔第二行〕）。另外兩個子句（第三行及第四至六行的一組字）都各以一個「從屬連接詞」（subordinating conjunction）作開始——**甚至**（that）及**以致**（so that）——因此，這是「從屬的」（dependent；圖中每個從屬連接詞之所以都在其「從屬」〔depend on〕的語句下以縮排的方式排列，正是這個原因）。

C. 第二個從屬子句（第四至六行的一組字）其實是一個「並列子句」；其「論題」（第四行：**一切信他的**）之後有兩個並列「說明」：就是由並列連接詞「**反**」（but）所連繫的第五行「**不致滅亡**」，以及第六行「**得永生**」。

D. 因此，這句句子包含三個子句：（i）**上帝愛世人**；（ii）〔**上帝**〕**將祂的獨生子賜下**；以及（iii）**一切信祂的不致滅亡反得永生**。子句（ii）是從屬於獨立子句（i），而並列複合子句（compound-complex clause）（iii）是從屬於子句（ii）。

E. 第六行的並列連接詞（相對於從屬連接詞）「**反**」，表明了第五及第六行這兩行（第五及第六行是以對比的方式連繫起來的）對第四行的複合論題（complex topic；**一切信祂的**）所作出的說明，都是同樣（並列起來）真確的。因此，連接詞「**反**」建立了一個以複合論題（第四行）及複合說明（第五至六行）組成的並列子句。

F. 另外兩個連接詞（第三、四行的粗體字：**甚至**及**以致**）表明這三個子句**怎樣**互相連接或「互相結合」。這些連接詞為子句之間的邏輯關係「做記號」。這些連接詞不單單標明了兩個子句的分隔之處，也把三個子句結合成一個融貫的、邏輯上互相連接的單元。

G. 這些標記告訴我們甚麼？連接詞**以致**（第四行）告訴我們，第四至六行是描述第三行的**結果**：上帝將祂的獨生子賜下，其結果是一切信這位兒子的人都有永生。

圖 4.1：《新修訂標準譯本》約翰福音三章 16 節的句法分析

H. 同樣地，第三行連接詞**甚至**告訴我們，第三至六行（即第三行及其一切從屬的語句）是上帝（**這樣〔深〕**；“so [much]”）愛世人愛到一個程度所產出來的結果。換言之，我們可以說，上帝之所以賜下祂的獨生子，**因為**祂深愛世人。假如第三至六行是第二行的**結果**，那麼，第二行就是第三至六行的**原因**。

I. 第三及第四兩行的兩個連接詞（粗體字；**甚至**及**以致**）都是「**從屬**連接詞」。因此，第三行及其附屬的資料（第四至六行）是從屬於第二行的，以交代其結果。而第四至六行（作為一組的單元）也同樣從屬於第三行，以交代**其**結果。我們以視覺的方法去表達這種從屬的關係：把獨立主要子句（指第二行）顯示在左頁邊，而把從屬（附屬）資料縮排於其從屬的經文之下。整句句子經分析後，可改寫如下：「上帝深愛世人。那個大愛的結果是：祂賜下祂的獨生子；而祂賜下獨生子的結果是：每一個信這位兒子的人，都得到永生。」原因—結果，原因—結果。然而，這是否正確？

J. 這個分析結果引起的問題是：就算「正統的」英文基本上是用**以致**（so that）去表示「結果」，但這同一個連接詞，在英語中也可以表示「**目的**」。目的與結果的分別十分重要。「目的」這個概念，帶有意圖及不確定性的元素。一方面，目的暗示了意圖，但它不保證結果（因此，在這情況下，希臘文如果用上“ἵνα”這個字，之後都會使用「虛擬語氣」〔subjunctive mood〕）。例如，**吉恩在雨中歌唱，為了掙錢**（Gene sang in the rain, in order to make money）。我們也可以說：**吉恩在雨中歌唱，以致他可以掙錢**（Gene sang in the rain, so that he could make money）。他掙了錢嗎？這很難說，但他有這樣的意圖。另一方面，「結果」則意味著確定性，但不一定意味著目的。例如，**吉恩整天在雨中歌唱，以致他得了肺炎**（Gene sang in the rain all day, so that he caught pneumonia）。他事實上得了肺炎，但他沒有這樣的意圖。

K. 但第五及第六行的用字（在對這節經文的分析中），兩行都用上英語的助動詞（helping verbs；或「情態動詞」〔modal verb〕）「**可以**」（may），以加入不肯定的元素。這個詞有「目的」的特性，但卻沒有「結果」的意味。假如第四至六行的確有結果的意味，那麼就應該如第三行一樣，使用「直述過去時態」（indicative past tense）：「以致一切信他的永遠存活（so that everyone believing in him lived forever）。」但第四至六行的譯文結果採用了表示目的及意圖的字眼，而不是一種有必然把握的結果。一切信兒子的人，將因此而得永生？上帝才曉得。

L. 剩下來要處理的，就是開首的連接詞「**因為**」（for；第一行）。從上下文我們明顯看到「**因為**」於這裏的功用不是介詞（就如在「**給上帝的東西**」〔something for God〕這句話中，“for”是介詞），而是要引出整句分為三部分的複雜句子。作為一個連接詞，**因為**的作用是把整句複雜的句子與其前面的部分「結合」起來（至少與三章 15 節結合起來）。來到這裏，我們已經超越了句子的界限及範圍，由句子內部的句法分析，轉到分析其四周的較大的**論述**了。約翰福音的論述結構所牽涉到的，自然比三章 16 節與其上文的關係複雜得多。無論如何，**因為**這個字（引出三章 16 節）成為這較大的結構的其中一部分。這個特定的連接詞，非常典型地標示出「下文的內容」是「上文的原因」。因此，上帝愛世人，祂的愛足以使祂賜下祂的獨生子，為要給予信祂的人永生。這一事實，解釋了為何約翰福音三章 14 至 15 節（至少）是可信可靠的。

1 **但**如今 / …… / 上帝的義
2 已經被顯明出來
3 / 在律法以外 /
4 **以及**被證明
5 按律法**和**先知
6 上帝的義
7 因著信
8 在耶穌基督裏
9 為了一切相信的人

1 **But** now / ... / the righteousness of God
2 has been disclosed
3 / apart from law /
4 **and** is attested
5 by the law **and** the prophets
6 the righteousness of God
7 through faith
8 in Jesus Christ
9 for all who believe.

A. 這段經文只三個連接詞（粗體字），而且都是屬於並列性質的：「**但**」（but；第一行）及兩個「**以及**」、「**和**」」（and；第四及第五行），並且有七個介詞片語加上「下劃線」

B. 第一個出現的「**以及**」，把第二行和第四行的被動詞連結起來，其共同論題（主語）是「上帝的義」（第一行）。另一個「**和**」（第五行）連結起兩個猶太聖經常見的術語：**律法和先知**。因此，「第一行」、「第二至三行」和「第四至五行」構成了一句句子，而這句子包含了並列的説明（或賓語）。

C. 在經文排列的圖示中，我把「在律法以外」（第三行）移離了它原來的地方（即第一行）〔譯按：譯文原句次序為："But now, apart from law, the righteousness of God has been disclosed...."〕，希望令這個排列更有意思。這樣放置，讓我們可以輕易看到第三行與第五行的對比，而這是經文中一個十分重要的對比。斜線（/……/）標示出被轉移的經文及其原來的位置——但這種斜線的標示方式，只是一種讓我們對自己保持誠實的手法。一切去到最後，都必須回到經文。要記著，經文是我們所有的一切。

D. 那麼，介詞片語又怎樣呢？它們的外形很容易辨認：一個介詞規管著一個名詞或一個名詞片語，例如，**上帝的**、**在律法以外**或**因著信**。要多加思考的，反而是其功能。一般而言，一個介詞把一個名詞與另一個名詞連繫起來（因而使之充當形容詞），或者把一個名詞與與一件事件連繫起來（因而使之充當副詞）。例如，在第一行介詞**的**（of）把**上帝**（God）這個字，與**義**（righteousness）這個字連起來，並告訴我們這裏所説的義是屬於何種義。這是「屬於上帝的那種」義。在這個情況下，介詞片語**上帝的**（of God）具有形容詞的功能，修飾了名詞**義**。但在第三行，介詞片語**在律法以外**（apart from the law）卻沒有告訴我們任

圖 4.3：《新修訂標準譯本》羅馬書三章 21 至 22 節的句法分析

何關於**義**本身的事情，反而告訴我那**義**是怎樣被啟示出來，或者是怎樣**不**被啟示出來。因此，第三行的介詞片語具有副詞的功能，告訴我們關於動詞**顯明出來**（disclosed）的事。同樣地，第五行的介詞片語（by the law and the prophets）修飾了第四行的動詞**被證明**（is attested），而這次是根據猶太聖經（「按律法和先知」）去證明，而非在它們「以外」了。

E. 那麼，我們就有一句並列句了：「上帝的義，如今已經在律法以外被顯明出來，以及〔同時〕有律法為證。」保羅在繼後的段落中探究這句子所包含的諷刺意味，他在這些段落中藉律法（妥拉〔Torah〕）裏亞伯拉罕的故事，去證明他的論點。

F. 我們還未處理好這段經文。我們要怎樣處理第六至九行？在這一連串經文中，惟一的動詞是第九行的**相信**（believe），但卻獨立處於一個關係子句**相信的人**（who believe）中，它也不像第二行與第四行的動詞一樣，說明義（第六行）的功能。作為一個關係子句，**相信的人**的功能是一個「形容詞」，用來限定一**切**（all）所指的人：義是「為了一切的人」，但不是**真的是**「一切」—— 只是「一切**相信的人**」。若沒有附隨的動詞，在第六至九行中第二次出現的「義」，就不能成為新的子句的一部分。

G. 而第六行現在成為一種反覆重申（reiteration）—— 重複第一行所說的；在這裏插入這語句，顯然是作為一個「沒有連在一起的鉤」，其上掛著的對義的描述，是超越了第一行的（**上帝的**）。因此，這是一個補充，以說明上帝的義是**因著信**〔而得的？〕（第七行），但這不是因著任何的一種信，而是特別因著**在耶穌基督裏**的信而得的（第八行）。而因為（？）上帝的義是因著「在耶穌基督裏的」信而得的，所以，上帝的義是「為了」（for）一切相信〔耶穌基督〕的人而設的。保羅以一連串的介詞片語作為形容詞，進一步說明他心中的上帝的義。

H. 我們現在可以回到第一行的連接詞「**但**」。在約翰福音三章 16 節的句法分析中，我們看見同一個邏輯標記（第六行），在那裏，這個邏輯標記把上帝所鑄造的硬幣（也就是祂賜下祂的獨生子這件事）的兩面，以平行對比的方式連結起來：相信的人不會滅亡，**但**會得到永生。可是在羅馬書三章 21 節中，這個連接詞把書信裏兩個十分高層次的段落結連起來。以下是我的觀點。

I. 羅馬書一至八章在辯論一個令人震驚的事實，那就是外邦人與猶太人在上帝面前有同等的地位；在律法之下，兩者均全然被宣告為有罪，但同時在耶穌基督裏又徹底地蒙救贖。羅馬書三章 21 節裏的**但**（but）把書信中第一個主要論點的兩個小段落連繫起來。在律法下，所有人在上帝面前均全然被宣告為有罪（羅一 18 ～三 20）；**但如今**，上帝的義在律法以外已經被啟示出來（羅三 21 ～八 39）。因此，像約翰福音三章 16 節中的**因為**一樣，羅馬書三章 21 節的**但**也在論述層面上運作；事實上，比起約翰福音三章 16 節的**因為**，這個**但**在更高的論述層面上運作。前者僅連繫著二至三句句子，而後者則連繫著橫越近八章經文的兩個並列論點。

有律法和先知為證，但上帝的義仍然在律法以外給啟示出來。」但當我們考慮到保羅在羅馬書四章繼續他的論點時，他用亞伯拉罕的故事去支持他的主張，那麼，我們就必須假設，他終究認為這兩個概念的對比不是真的如此強烈。我們再重看《新修訂標準譯本》的譯文：「**以及**有律法和先知為證」（and is attested by the law and the prophets），那就是說，上帝的義除了在律法以外給啟示出來，**還再加上**律法和先知為證。基於這點，我們反過來很想知道保羅在這裏用「律法」（νόμος）這個詞語時，實際上是否有多過一個意思。

我們可以看到，分析句法的過程幫助我們掌握句子結構，以及在某程度上讓我們明白句子結構怎樣與上下文連繫起來。這過程也幫助我們（通常是逼使我們）去察看及處理經文內在的含糊之處——像保羅賦予**律法**一語的多重意思，以及正視經文中那些因我們對經文「太熟悉」而未能覺察到的含糊之處。

4.3 分析論述

一旦我們理解到在句子的層次上文學結構的「組合」（clustering）性質，再把同樣的基本觀點轉移到各段落、各章節，以至整卷書的各個層次，那就是一件簡單的事。就正如個別字母組合成字，而字組合成片語與子句；又正如片語與子句組合成句子，而現在則由句子組合成段落，段落組合成章節，如此類推，一直往上走。所有這些較高層次的組合也同樣有相互的（reciprocal）、雙向的（bi-directional）作用，正如句子一樣。一方面，「組合」讓不同單元彼此粘著，繼而形成較大的單元；與此同時，在另一方面，使一個組合內的一個單元能更緊粘著組合內的其他單元，這就自動把這個單元與毗鄰的、不屬於同一組合內的
81 單元分隔開來（seperates）。換言之，組合把單元「分類」，既使單元聚集在一起，也使單元分隔開來。

例如，我可以在我太太的花園裏把一堆泥土「組合起來」，使之成為一排玉米苗牀。當我這樣做，我同時把那排泥土與接鄰的蘿蔔苗牀分開。然而，這兩個「分隔開地組合起來」（separately clustered）的苗牀，均屬於同一個花園。當我打這段文字時，情況也是一樣；當每一次我用或不用「空格鍵」（space bar）時，我都

是在決定字母如何「組合」。當我打上一個句號或一個逗號時，我把片語與子句組合起來。同樣地，現在我為了「創作」一個稱為段落的句子組合，我即將要按「返回鍵」（return key；即「輸入鍵」〔enter key〕）。

一本寫得好的書，不論那是課本還是小說，都有共同點：每一章可以化約為一句中心句子，並以此來總結要點。然後，這些簡單的總結句子，可以並排擺開，以「連接詞」連繫起來。這樣做，可以展示他們之間的關係，也就是一章怎麼帶出另一章，所有內容又怎樣相加，以帶出全書的論點。第一章之所以出現，也許是為了替第二章要發生的或者要解釋的事情提供理據；而這兩章合起來，也許要引申出第三至六章一系列特別的應用；然後，第一章至第六章可能構成全書的第一部分，而第一部分則與第二部分（由第七至十章組成）形成對比——第二部分可能以完全不同的角度去探討書中那個基本論點。然後，論述分析者可以以一句話去總結整部書的思想（當然，這將是非常概括性的）；或者，每一部分或每一章的總結句子所組成的一段文字，也可以用於總結整部書的思想。

可是，於此，我要發出一個警告。我們熟悉的聖經章節劃分，雖然往往都是具有啟發性的，卻它們卻不是聖經論述結構的可靠指標。而任何現代聖經版本的分段與分部，無論是希臘文與否，情況也是一樣（可以再參看「圖 2.2」UBS[4] 的編輯所加上的段落名稱）。到最後，終究是我們當解經者的去考量這部書被編纂在一起的方式。而這個問題，也總是開放的。因此，若我們期望忠於經文，就像作者寫下經文的時候一樣，那麼我們就不應該一章一章地（或更壞地一節一節地）宣講聖經。因為我們實在不能保證後期的聖經編輯們在劃分我們今天熟悉的聖經章節時，他們所做的，是跟原作者的心意一致。事實上，有很多理由使我們相信他們根本做不到！盡你所能，讓聖經本身告訴你——在「論據」或「布局」的思路流轉之中——當如何作出合適的劃分。下一個問題則是：那我們該如何著手去做？

4.3.1 經文單元內的融貫性

開始的時候，我們可以先看看上文「段 3.2.2」（頁 62）所討論過的「界線標記」種類：連接詞、時態的變化、語氣或語態、時間的變化、角色及背景的變化（在敘事中）、重複的單元、具修辭作用的問題等等。這些標記各司其職，一起發揮作用，就成為了文學上**融貫性**的記號。我們可以想像出多少融貫性的記號，就可以設計出多少融貫性的記號，但這不代表它們總是**有意識地**被使用。有時，融貫性來自一段經文中出現得特別多的「詞彙」，這可能是同一個字，或者一組語意上相關的字。有時候「角色」（特別是在敘事裏）會標示出融貫性；假如角色變化是經文單元之間的界線標記，那麼一個角色持續不變，就暗示沒有界線存在。「代名詞」藉著跟隨其先行詞（antecedents）以創造融貫性。假如我在「句子一」裏說過「保羅」，然後在「句子三」裏以代名詞「他」再次指向保羅的話，那麼我是使這兩句句子（及中間的「句子二」）融貫起來。簡短的時間與空間說明諸如「那裏」、「這裏」、「現在」、「那時」、「再次」等字眼（作為「代副詞」〔pro-adverb〕），也發揮類似的功能。

其中一個有趣的融貫標記是「交叉配置法」（chiasm；讀作“KAI-azm”；或譯「扇形結構」、「交叉體」、「鏡像平行」等等）這個巧妙的文學手法。它之所以被稱為「交叉」配置法，是因為當以圖解的方法分析經文時，經文會呈現“X”形（像希臘文字母“*chi*”），或者，這可說成是“*chi*”這個字母的左半部分。例如，一個五部分的交叉配置法，其第一與第五部分是「對應的」（matches up），同樣地，第二與第四部分也是對應的；第三部分或是中間部分，則成為經文的中心轉折點（central hinge）。請參看以下的例子：

A　**他走他的道路**

　　B　**橫過冰川**

　　　　C　像鐵般堅硬

　　B’　**在結了冰的湖上**

A’　**他造了一條路**

A 與 A’行，以及 B 與 B’行，分別彼此對應，並使這五行連結成一個單元。中間的 C 行，**像鐵般堅硬**，成為交叉配置法的中心思想與焦點，就像畫框裏的畫一樣。我們剩下要考慮的，是中間的一行**像鐵般堅硬**，究竟是指冰還是指在冰上行走的男人？交叉配置法並沒有大小與行數的限制，也沒有限制其在經文中以甚麼形態出現。無論如何，「交叉配置法」所創造的其中一個效果，就是一段有開始、中間部分及完結的「融貫」的經文。

另一種文學手法「**首尾呼應**」(inclusio；是的，字尾是沒有“n”的) 也相類似。這種文學工具把互相對應的「書立」(bookends) 包圍著經文，使經文形成一個融貫的單元。新約其中一個較著名的「首尾呼應」，是以對應的「書立」——上帝「與我們同在」(太一 23 及二十八 20)——包圍著整卷馬太福音。首尾呼應不只把一個獨特的、融貫的單元括起來，也向我們提供線索，讓我們了解經文的融貫性質。馬太福音顯然以「上帝藉耶穌與祂的子民同在」這個主題作為融貫的核心。事實上，交叉配置法可說是一種複雜的首尾呼應。

可是，讓我再重申，有一點是我們要緊記的：在一個層次裏的一個獨特的、融貫的單元，與另一些類似的獨特的單元結合後，它們就會在一較高的層次中連結成一個較大的融貫單元。同樣地，任何單元本身都能夠在較低層次裏被「分析並柝解」為較小的獨特單元。我可以在我太太的菜園裏種四行玉米，但這四行玉米**合起來**所組成的玉米區域，與另一片由兩行蘿蔔所組成的區域**分隔開**。

就讓我們看看新約中一些融貫性經文的實例，看看它們究竟如何運作。

密集出現（concentrations）。在保羅寫給朋友腓利門的信中，保羅稱讚腓利門在服事基督的事上有信心，由此，保羅先與他建立了友好關係（門 1～7 節）。保羅說完這些話後，他開始進入問題的核心：怎樣處理腓利門的奴隸阿尼西母逃走的事——現在，這個阿尼西母已成為主內的弟兄。接著的九節經文，大都以「直述語氣」及「過去時態」來表達。但到了 17 節，當保羅開始步步進逼，並要求對方有所行動時，語氣就突然變為「祈使語氣」（imperative mood）。就算是 21 至 22 節，當他再次使用直述語氣動詞時，其語調仍然是祈使性的（即使動詞的文法語氣較少如此）。相同語氣的動詞**密集出現**，藉此，我們可以明顯（在某程度上）看到 8 至 16 節與 17 至 22 節兩段經文各自有其內部的融貫性。

而在寡婦與不義的官的比喻中（路十八 1～8），這段經文的融貫性，在某程度上，可從其持續的角色與背景辨認出來。他們雙方既在彼此角力之中，而與辯屈（vindication）相關的詞彙則密集出現，經文的融貫性由此得以加強。動詞「伸冤」（ἐκδικέω；avenage）出現了兩次（路十八 3、5），其同源名詞「伸冤」（ἐκδίκησις；vengeance）也同樣出現了兩次（路十八 7、8）。這個故事是關於辯屈的（有趣的是，密集出現的詞彙，同時將這個比喻連於路加福音的另一段經文——關於耶路撒冷即將被毀的那段經文——這是惟一一段同樣使用「伸冤」〔ἐκδίκησις〕這個字的路加經文：「因為這是報應〔伸冤〕的日子，使經上所寫的都得應驗」〔路二十一 22〕）。

交叉配置法。為了向腓利門進言——而這建議是腓利門沒有想過的——保羅便先給他一些個人肯定。按直譯，這位使徒說：「〔我〕常在禱告裏提到你，因聽見你的愛心和信心，就是你對主耶穌及所有聖徒所作的」(門 4～5 節)。這聽起來好像是保羅認為腓利門不單單對主耶穌有愛心和有信心，也對眾聖徒有愛心和**有信心**，這個說法很奇怪。但當比較另一段平行經文時(西一 4：「因聽見你們在基督耶穌裏的信心，並向眾聖徒的愛心」)，我們就發現到，保羅其實是把他對腓利門說的話，塑造成一個交叉配置法：

A　愛心
　B　信心
　B’主耶穌
A’眾聖徒

保羅在信中首要關注的是腓利門處理阿尼西母的方法；他期望這與別人對腓利門的看法相符：大家認為腓利門對眾聖徒是有愛心的。當然，這愛心是基於腓利門對主耶穌的信心。保羅藉著交叉配置法把腓利門對眾聖徒的愛心連繫於對主耶穌的信心，從而使基督教倫理學中「橫向」及「縱向」這兩個不同的向度，成為一種不能分割的結連：一個人與其他人的橫向關係，取決於他與上帝的縱向關係。因此，這個交叉配置法的子句(門 5 節)成為一個內部融貫的單元，作為保羅(於書信的起頭)訴諸於腓利門的好名聲的其中一部分。

同樣地，馬太福音中「東方博士的故事」(太二 1～12)由五部分組成，而各部分均由其主要角色來加以劃分。頭兩節經文集中在那幾位來自外邦的東方博士身上，他們來到耶路撒冷，要尋找猶太人的新生王。3 至 4 節則講述希律及耶路撒冷合城的人因而感到不安。希律的失常行為，反映在 7 至 8 節：他虛偽地回應博士的查詢；這使得我們的讀者知道，希律根本沒有絲毫敬拜新生王的意思。故事的結束(太二 9～12)與開始(太二 1～2)相對應，描述了博士尋找新生王，敬拜祂，並且沒有再去見希律就回到他們的本鄉了。故事的中心點，即 5 至 6 節，帶我們參看舊約引文，而引文指示出君王將要出生的地點；這段引文竟是出於希律的要求，並由希律的祭司與文士所提供，實在極具諷刺意味。

A　東方博士前來敬拜新生王，尋求希律協助（太二 1～2）。

　B　希律和耶路撒冷合城的人對君王的出生感到不安（太二 3～4）。

　　C　經文論及君王的出生（太二 5～6）。

　B'　希律謀算他自己對新生王的「敬拜」方式（太二 7～8）。

A'　東方博士敬拜新生王後，就避開希律離開了（太二 9～12）。

85 在馬太福音詳盡的出生敍事中，這個交叉配置除了把這段經文塑造成的一個獨立及融貫的部分外，這個交叉結構也凸顯了一意義深長的「諷刺」。希律「王」及「耶路撒冷合城的人」（B、B'）與來自**外邦**的占星家（A、A'），對於那位真正的王——就是那位能「牧養」他們的王（太二 6）——的態度，形成了強烈對比，反而希律及其一眾宗教奉承者（馬太是這樣認為），則永遠無法做到這一點。

4.3.2 在論述的層次中，經文單元之間的連繫

當我們觀察界線標記以及辨別內部融貫性的證據時，一旦能在句子的層次中或者句子以上的層次中，識別到不同的各個獨立經文單元，我們就需要分析這些單元有怎樣的相互關係。大部分適用於一個層次的原則，也能應用於所有更高的層次，甚至可上溯至整卷書——例如羅馬書。我們將會用羅馬書六章 15 至 23 節作為分析的例子。

「圖 4.5」（頁 94～95）是《新修訂標準譯本》羅馬書六章 15 至 23 節的句法分析〔譯按：經文中譯乃參《新標點和合本》另譯〕。此圖析以一種圖像化的方式，把經文中的一連串句子的各個元素連繫起來。我們也可以發展各種不同的繪圖方法；就某種意義而言，重點不在於我們用何種方法，因為解經者所用的方法基本上是用來「自用的」。我的方法是把「主要子句」置於頁面的最左邊，而從屬的資料則會縮排（例如行 15.2）。平行的單元則會以線條把它們並排並連在一起（例如行 15.3～4）。「箭號」指出哪些元素是彼此相關的 —— 即使沒有交代這是**怎樣**的一種關係。

當你閱讀以下的註釋時，請仔細看看「圖 4.5」。請大家留意：從屬於另一個單元的資料，將成為該單元的一**部分**，即使這單元本身是從屬於另一「更高」層次的單元。這某程度上就是我們所說的組合的意思。而圖中的箭號，即顯示哪一個項目與另外哪一個項目組合起來。例如，行 15.3～4 是從屬於行 15.2，而行 15.2～4 這三行作為一個組合，則從屬於行 15.1。保羅不是問我們「是否因為『我們』（行 15.2），就可以犯罪（行 15.1）」—— 這個說法實在很古怪 —— 他是問我們「是否『因為我們**不在律法之下，但在恩典之下**』就可以犯罪」。

同樣地，行 17.2～5 作為單一的組合，從屬於行 17.1；而行 18.1～2 也從屬於行 17.1，且與行 17.2～5 平行，也與行 17.2～5 分隔開。同樣地，在行 17.2～5 這個組合裏，行 17.3～4 是與行 17.5 分隔開的，縱使**兩者**都是（分別）從屬於行 17.2。行 17.3～4 這個組合描述了「『你們』成為順服的人」的**兩方面意涵**；行 17.5 則描述「你們」從前的境況**是怎樣的**。行 17.3～4 及行 17.5 這兩個組合（而行 17.5 這個「組合」實質上只有一個「成員」），形容保羅的讀者在怎麼樣的意義下成為順服的人。保羅之所以要感謝上帝（行 17.1），有兩個（平行的）原因，其中一個原因就是他們的順服

（他們的順服是以行 17.2～5 的方式來形容的）；保在行 18.1～2 中表達了另一個原因：他們現在作了義的奴僕。

86~87

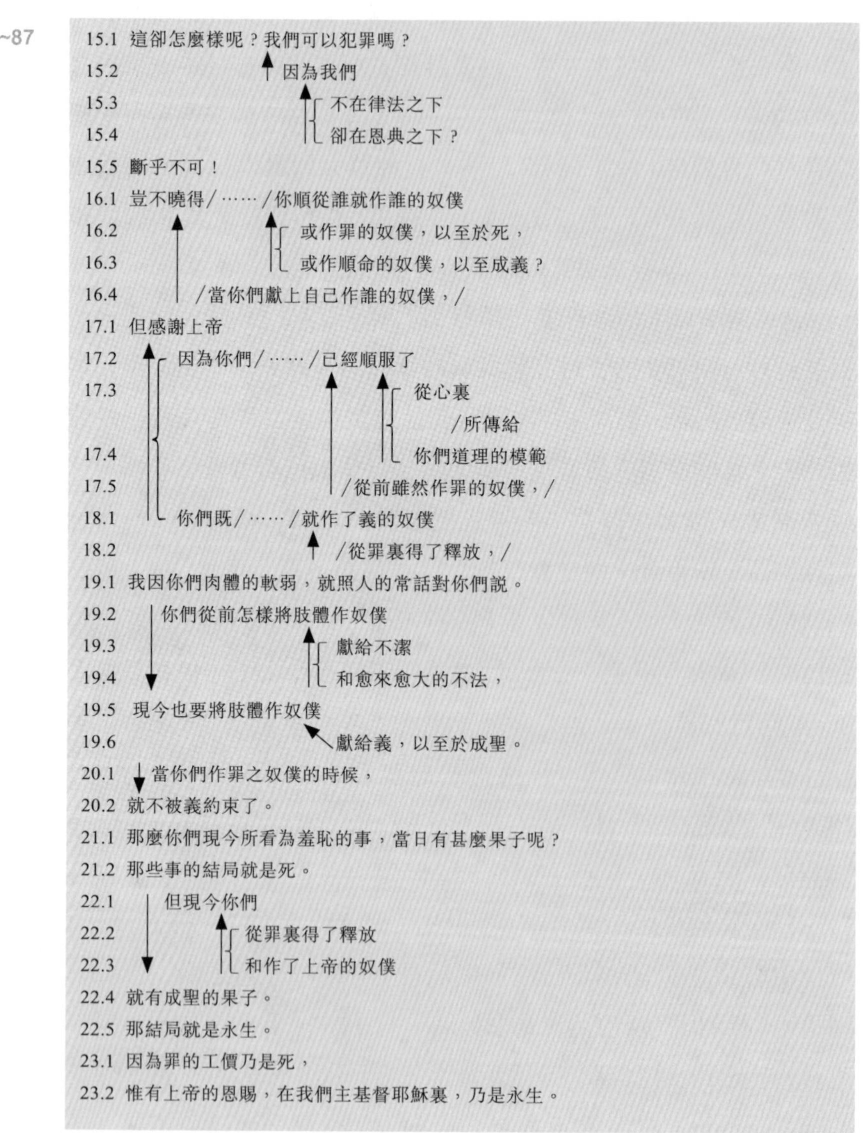

圖 4.5：《新修訂標準譯本》羅馬書六章 15 至 23 節的句法分析

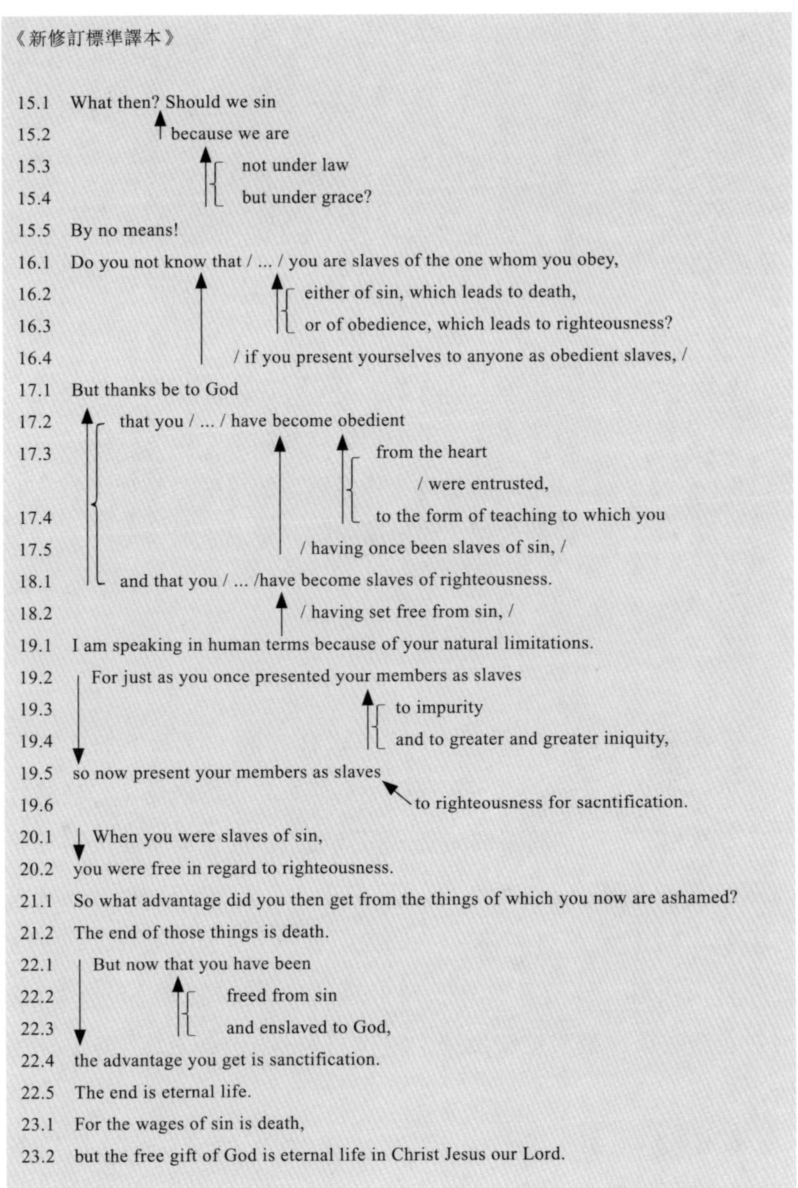

我們現在要識別高一個層次的組合了——在羅馬書六章 15 至 88
23 節這段經文中，按「一句句子」或「一句以上的句子」來加以分

組。經詳細思考前文所列出的圖析後，我們可以總結出保羅的論證的不同階段如下：

A（15.1～5）	我們決不可以犯罪，因為我們是在恩典之下。
B（16.1～4）	你們順服誰就作誰的奴僕：不論是作罪的奴僕（以至於死）還是作順命的奴僕（以至成義）。
C（17.1～18.2）	但感謝上帝，你們卻順服了，成為義的奴僕。
D（19.1）	我是照人的常話說話（用奴僕的比喻）。
E（19.2～6）	為了成聖，現今把你的肢體獻給義作奴僕。
F（20.1～22.5）	若是罪的奴僕，你順服罪的報酬乃是死；若是上帝的奴僕，成聖的報酬乃是永生。
G（23.1～2）	我們從犯罪所賺回來的死亡；但上帝在基督裏賜給我們的卻是永生。

這裏需要作出一些說明。（1）在組合 A 裏，行 15.5 加強語氣的否定句，配合了行 15.1～4 保羅那具修辭作用的問題；它們結合起來，就相等於一句簡單的句子，那就是上帝的恩典不能成為犯罪的藉口。（2）行 19.2～6 的「從前／現今」結構，把這幾行連結成為組合 E。（3）在組合 F 裏，一方面，行 20.1～21.2 及行 22.1～5 的結構很相似；另一方面，行 22.1 的並列連接詞「但〔現今〕」把兩者連結起來，證明把整段經文視作一個有「內部對比」的組合是恰當的。

那麼，這七組句子怎樣一起組成羅馬書六章 15 至 23 節這個層次較高的融貫的文學單元？如果在這個組合序列中的每個組合都有一個清晰的標記，能標示出該組別與整體的關係，將會很有幫助。事實上，有些組合的確有一些標記。行 15.1 的「這卻怎麼樣呢？」把上下文連繫起來，意即詢問保羅在羅馬書六章 15 節以前所說的話，能否證成這條具修辭作用的問題（「因為我們在恩典之下，不在律法之下，就可以犯罪嗎？」）所隱含的結論。同樣地，在行 17.1 中，連接詞「**但**」在組合 B 與組合 C 之間形成一個對比，而行 21.1 以「**那麼**」作為問題的開端，是邀請讀者為之前的論據作出總結。可是，遺憾地（可以這樣說），行 21.1 出現在自身的組合（F）的中間，因此大概沒有使本身的組合能與其他組合連繫起來。

這就與一般的情況一樣了：我們身為解經者，部分倚靠經文中 89~92
的明確標記，部分倚靠我們自己的推論能力。經考量上文的分析後，我們認為羅馬書六章 15 至 21 節的「論述結構」如下。粗體字標示出從推論而得的各組合之間的關係。

A（15.1～5）　我們決不可以犯罪，因為我們是在恩典之下。

以下是箇中原因（組合B～F）：

B（16.1～4）　你們順服誰就作誰的奴僕：不論是作罪的奴僕（以至於死）還是作順命的奴僕（以至成義）。

然而，縱使我們有可能聽到壞消息，但是……

C（17.1～18.2）　但感謝上帝，你們卻順服了，成為義的奴僕。

〔就遷就一下你們〕

D（19.1）　我是照人的常話說話（用奴僕的比喻）。

那你們要順應新的處境而行，

E（19.2～6）　為了成聖，現今把你的肢體獻給義作奴僕。

上述要求的進一步理據？請想想：

F（20.1～22.5）　若是罪的奴僕，你順服罪的報酬乃是死；若是上帝的奴僕，成聖的報酬乃是永生。

換言之，總結組合A至組合F的講法：

G（23.1～2）　我們從犯罪所賺回來的是死亡；但上帝在基督裏賜給我們的卻是永生。

最後，我們可以總結羅馬書六章15至23節整段經文的信息了。這信息如下：「上帝的恩典不能作為犯罪的藉口，因為犯罪引向死亡。而上帝白白的恩典原是為要賜我們生命而不是死亡。」

於此，我們所作的分析完全來自英譯本經文。究竟希臘文是怎樣的呢？事實上，它們非常相似。但當中也有一些分別是要我們多加留心的。請參閱以下兩個評註，並參考右頁「圖4.6」。

1. 根據希臘文的句法，行18.1～2與行17.1～3的連繫方式，有別於相應的英譯本經文。《新修訂標準譯本》插入了第二個"that"（行18.1），使之與行17.2平行，並因而形成第二個從屬名詞子句；但希臘文卻在行18.1～2用了一個獨立子句，並以連接詞「但」（δὲ）去連接17節。然而，經文內容卻十分自然地引領著我們，使我們把這段希臘文經文解釋成就像英譯本所作的一樣，也就是18節給我們提供了第二個理由，使我們去感謝上帝（行17.1），而這與希臘文分析中行17.2～3的（並列）子句平行。

2. 行19.4～5的希臘文經文分為兩部分，這亦有別於英譯本行19.4的分析。這是因為《新修訂標準譯本》把兩度出現於行19.4及行19.5的名詞「不法」（ἀνομία）視為一種加強表達的方式（行19.4的「愈來愈大的不法」）。然而，在希臘文的句法裏，行19.4與行19.3平行（兩個皆是「與格名詞」〔datives〕），而行19.5則與行19.8平行（兩者都是有"εἰς"〔以至於〕的介詞片語）。行19.5及行19.8之間的對比平行，在英譯本裏喪失了，但這在希臘文裏卻是值得注意的：把自己的肢體獻給不潔和不法作奴僕**以至於不法**；把自己的肢體獻給義作奴僕**以至於成聖**。雖然這個差異對於羅馬書

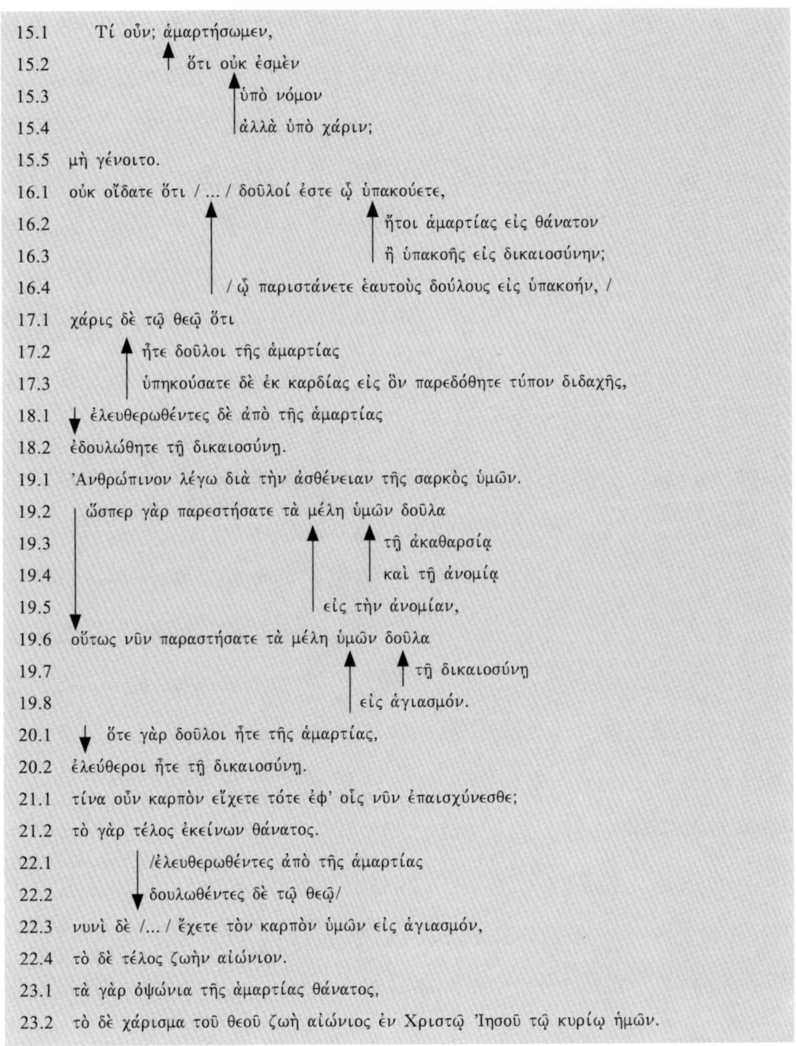

圖 4.6：希臘文新約聖經羅馬書六章 15 至 23 節的句法分析

六章 15 至 23 節的**論述**分析沒多大影響，但對於我們怎樣理解保羅在這裏對「成聖」及「不法」的看法，卻有其重要性。

我們現已分析了羅馬書六章 15 至 23 節的論述結構。那麼，反對「以上帝的恩典作為犯罪的藉口」的融貫論據，怎樣與整封書信那較大的論述配合呢？如果我們比較羅馬書六章 1 至 3 節及羅馬書六章 15 至 16 節的結構，我們可以識別出四個共同元素：(a) 這卻怎麼樣呢？(b) 我們可以犯罪嗎？(c) 斷乎不可！(d) 你們豈不曉得……？同樣的結構，在羅馬書七章 1 節中出現了部分的重複（你們豈不曉得……？）。這意味著羅馬書七章 1 至 6 節，是與六章 1 至 14 節及六章 15 至 23 節一樣，都在回答同一條問題，而前者是對同一個議題的第三個答案了。這條問題十分明顯：全然恩典——上帝在基督裏賜給世人的（羅五章）——是否就意味著人可以任意犯罪而不怕被定罪？對保羅所傳的福音而言，這是一種潛在的反對聲音，因此保羅提出三個反對理由：(a) 我們藉著洗禮與基督認同（羅六 1～14）；(b) 我們作為上帝的奴僕（羅六 15～23）；以及 (c) 我們與律法的關係已經結束（羅七 1～6）。然後，羅馬書七章 7 節開展了一個與羅馬書六章 1 節至七章 6 節截然不同的新主題。羅馬書六章 1 節至七章 6 節的問題是：「我們是否可以繼續犯罪？」而羅馬書七章 7 至 25 節的問題則是：「律法本身是罪嗎？」最後，羅馬書八章描述聖靈的大能，也就是聖靈於我們在基督裏的生命中的明確的影響力。因此，羅馬書六至八章所提出的論據，推翻了敬虔的反對聲音；他們之所以反對保羅所傳的福音，是因為他們害怕保羅所宣講的教義——全然定罪及全然恩典（羅一～五章）——以及希望保護一些信徒，免使他們因這教義而沉溺罪中。

4.4 總結

筆者於這一章嘗試用分析的方法把第三章石牆的隱喻實際應用
出來。把經文分解成一組一組的這一過程，取決於明白經文組合
93 的遞推特性，那就是一組一組經文，組合起來，成為一更大的經
文組合。在羅馬書六章 15 節b中，由兩個希臘字組成的組合（或句

子）——“μὴ γένοιτο”（斷乎不可！）——的部分意思，從它與上文（羅六 15a）的關係中，變得顯而易見。而羅馬書六章 15 節這個由三個句子組成的組合，其部分意思可於它與羅馬書六章 15 至 23 節的關係中找到。我們可以在結構的複雜度上，一直往上走，直至上溯至整卷書信為止。

最理想的情況是我們可以為著自己及我們受託要照管的人而去分析所有聖經書卷的整個論述結構，以作研究、教導或講道之用。但這是一個長遠的目標。我們只需要從我們現時的位置開始工作就好了。確認並分析你正要處理的經文段落，看一本註釋書或看一篇字典中的專文，找出該段經文在較大的段落裏究竟處於甚麼位置。同時，記錄你的觀察及總結。開始對整卷歌羅西書，或者創世記，或者馬可福音，或者任何一卷書，建構一種有生命力的理解，並使之成為你一生的工作，且要從容不迫，樂在其中。

我們現在要進入第五章，第五章將會討論一種更為遼闊的論述分析，那就是考量經**外**（extratextual）的歷史及文化處境。

註釋

1. 關於較廣泛的應用的一個出色例子是 Joel B. Green, “Discourse Analysis and New Testament Interpretation,” in *Hearing the New Testament: Strategies for Interpretation*, ed. Joel B. Green (Grand Rapids: Eerdmans, 1995), 175～221。

第 5 章

解經時要處理的歷史文化問題
你知道「得拿利」*是不能吃的嗎？

原來法利賽人和猶太人都拘守古人的遺傳，
若不仔細洗手就不吃飯；
從市上來，若不洗浴也不吃飯；
還有好些別的規矩，他們歷代拘守，
就是洗杯、罐、銅器等物。
（可七 3～4）

在繼續討論之前，我必須開門見山，說明一件事。萊布尼茲（Gottfried Wilhelm von Leibniz, 1646～1716）是最後一個懂得**一切事情**的人。這是說，無論我們怎樣強逼，無論我們認為教授或會眾對我們有甚麼期望，無論我們認為我們是誰，**我們**都不應再期望自己可以明白一切事情。甚至，對於我們預備要宣講的聖經書卷或經段，我們都沒有可能知道關乎它的一切事情。我們若希望一生都能

* 編按：這裏所說的「得拿利」，即“denarius”，為新約時代羅馬銀幣，馬太福音二十章 2 節譯作「一錢銀字」。

忠心地、紮實地解經，並成果豐碩，有一個重要關鍵：請緊記，我們真的要花上一生的時間——但儘管如此，這也不會有完成的一天！由你已有的走下去吧！從你已得著的建立下去！請留心！要好好消化、吸收，但要從容不迫。

面對解經這任解，我們實在需要再聽聽一些令我們安心的說話（大概也要多聽幾次）。我們之所以有此需要，至少有三個原因：第一，自從萊布尼茲的時代以來，世界經歷如斯的資訊爆炸；在歷史、語言及文化的範疇，情況也是一樣，即使有五萬個萊布尼茲也容不下這些資訊。純粹因為一本書存在，便認為有責任要「購買」這本書（更遑論「閱讀」！），這實在是一種試探，誘請你跌入萬丈深淵。第二，會眾不需要——或者根本不想聽——我們所知道的關乎一段經文的一切事情。我記得我早年當牧師時，我瘋狂地把我
95 從註釋書中精選出來的所有智慧都融合到我的講道之中。每星期我都把信徒埋葬在資訊之下，講道中的資訊多得沒有人（包括我）能說出該次講道的重點。我再三提出警告的第三個原因是：解經是一生的目標；但老是期望著要做得「完美」及「完全」，卻是叫人感到灰心氣餒、因循苟且的最佳方法。請不要走那樣的路。請沿著「腳踏實地」的路走下去：我們只需要做好我們有時間做的事，我們並不需要做好那些超出我們時間許可的事。假如上帝可以有效地使用撒母耳這個「小男孩」（撒上三 1～18），或者乃縵的「小婢女」（王下五 1～4），或者帶著麵包棒和沙丁魚的小孩子（約六 9），祂同樣也能使用我們，即使我們預備得「不完美」。另一方面，這些使人「安心的說話」並不是懶惰的許可證！畢竟我們有任務在身。

5.1 經文的意思，來自其處境中所身處的所在

既已作出告誡，我們就可以開始這個既使人著迷，也使人生畏的解經任務，也就是設想自己是處於以往的時間和空間之中。身為

多種族的、多世代的、歷數千年的聖經學生羣體，我們是在一起努力以重構新約成書時期的古代環境的。沒有人期望我們孤軍作戰。萊布尼茲已經死去，但在某種意義上，即使我們沒有人可以在這個科目上「懂得一切事情」，整個羣體卻可以 —— 在某程度上是可以做到的。

重建古代聖經世界的重要性，與本書第三章所說的原理相同：穿著睡衣走來走去有甚麼意義，在於我們所身處的時、地。一個字、一段經文、一件「東西」或一樁事件的意義，部分來自其處境中所身處的所在（its place in a context）。這一點，在歷史文化的處境中如是，在本書第四章所討論的文學語境中也如是。

5.1.1 例子

試想想耶穌擾亂聖殿購物長廊這事件（可十一 15～17 及其平行經文）。假如祂是在迦百農或在彼得的家作這種事，那意思會變成怎樣？我們需要在當時聖殿的文化意涵這一背景下來考量祂「潔淨聖殿」這事件的意義。把雞蛋投在鄰居的車房，與把雞蛋投在渥太華、倫敦或華盛頓的政府建築物，所傳遞的信息並不一樣。同樣地，在我們斷定潔淨聖殿這件事對我們今天的意義之前，我們首先需要了解這件事對耶穌及時人的意義。這大概**不**是指我們要搗毀賣「抱抱耶穌」布偶（huggy-Jesus）的本地聖經書店。可惜，福音書 96
作者雖把耶穌在聖殿裏所作的激烈行為保留下來，但他們卻沒有打算為我們闡釋當中的文化意涵 —— 因為他們視明白這意涵為理所當然的。今天，我們卻需要從別處查考。但我們可以從哪裏著手呢？

5.1.2 一手文獻及二手文獻

就這類背景資料，我們深深受惠於歷代從事研究的人：他們徹底搜查圖書館、聖經古迹的垃圾堆及墓地，他們也分析了數以千計存留下來的相關手工製品、文獻及碑文。他們所尋找的，通常正是我們所需要的：重建古代歷史文化背景的原始資料。在書面的資料方面，這些從事研究的人給我們提供了兩類資料，幫助我們了解是時的背景，也就是我們在本書第二章簡單地討論過的一手及二手資料。

甚少一手文獻能直接增進我們對新約經文的了解，儘管這有可能發生 —— 例如，一塊提到羅馬地方總督迦流（Gallio）及註明他公職年期的石碑，就能大大幫助我們推算出保羅宣教活動的年表（參徒十八 12～17）。同樣地，近期在耶路撒冷發現到的一世紀的骨甕，上面寫著「耶穌的兄弟約瑟的兒子雅各」；對雅各、約瑟及耶穌的歷史性來說，這或許是激動人心的見證 —— 除非這是件贗品。以較大的範圍來看，我們對於一世紀巴勒斯坦歷史中的關鍵事件 —— 公元七十年耶路撒冷及聖殿被毀 —— 的認識，大部分來自一世紀猶太歷史學者約瑟夫數量驚人的著作。雖然新約裏沒有明顯提到這重要事件，但對這件事的期待及回憶，皆潛存在很多新約經文之中，例如馬太福音二十四章 1 至 2 節。

無論如何，很多時候，聖經時期的一手文獻（包括新教於傳統上稱之為舊約次經的，以及羅馬天主教稱之為第二正典的那些書卷），給我們提供的是間接的資料、新約的大背景（backdrop）。我們從這些資料所得的第一手知識，是一種「身處其中」的籠統感覺。例如，《馬加比一書》及《馬加比二書》的生動敍述，帶我們直接進到公元前二世紀猶太人掙扎著要爭取獨立的處境。這些書卷所展現的革命激情，有如兩個世紀前耶穌時期的情況一樣。讀一遍昆蘭作品（所謂的「死海古卷」）這非聖經資料，我們就會對聖殿的
97 重要性 —— 對當時猶太教各派而言 —— 有多一些概念，儘管很多昆蘭派系的人極其討厭希律的聖殿及其管理狀況。然而，即便是這種對聖殿的偏見，都可以間接增進我們對耶穌「潔淨」聖殿的挑釁

舉動的了解。讓我舉另一個例子來加以說明。我記得我還是學生的時候，當我完成了一份關於諾斯底主義的研究論文之後，過了不久，我拿起熟悉的約翰福音來讀。在過去的幾個月裏，我閱讀了大量古代諾斯底主義作品，當中大部分都是有點古怪的。可以這樣說——當我的衣服仍留有這些作品的餘香時，約翰福音的序言（約一 1～18）簡直使我大吃一驚；我讀的時候，摒息靜氣，就好像我從未讀過一樣。我不是突然深信約翰福音的作者是一個諾斯底主義信徒；相反，我第一次從一世紀的處境——在一世紀的「新紀元運動」這種偽宗教的處境底下——確切「聆聽」作者有意要我們聽到的信息。他在談論他所知道的事。

在你有生之年，為自己定下閱讀這些「原典」、一手文獻的目標（舊約次經或第二正典是一個很好的起點）。下次講道前我必須精通這些作品，這種感覺是錯誤的，也是我們必須排拒的；但我們也要勉力每年都閱讀一、兩部這類作品，或許可以在大齋期或將臨期期間，或者可以在你生日的時候，讀一下這些作品。生活實在對你會有不同的需索，但就在這樣的生活當中，請用一個適合你的生活節奏的步調，把自己漸漸變成一個猶太—羅馬世界的「本地人」。

關乎這個範疇的二手文獻，會以字典、期刊文章、統計資料、文法書、論文、專著及註釋書等形式出現，這些地方存放了歷世歷代聖經研究和反省的成果並成果摘要。這些大量資料之所以包含巨大價值，有幾個原因。第一，這些資料能幫助我們理解一手文獻（包括新約聖經本身），情況就如卡爾斯巴德巨穴（Carlsbad Caverns）的導遊，可以幫助我們欣賞眼前的東西。那些走在我們前頭的人，他們把學到的東西傳給我們，使我們能跟隨他們，甚至在他們停下來的地方繼續前行。第二，然而，我們可以檢視這些（以書面形式保存下來的）遺產，把它們與我們現在看到的作比對。這樣做的意義，在於藉著這些二手資料，我們能參與一龐大的、千頭萬緒的普世對談。我們沒有一個人能站在甚麼有利位置致使我們能明白所有事情。記著，萊布尼茲已死！我們彼此需要，也需要大家所提出的不同觀點，以擴闊我們的視野和糾正我們的誤解。第三，此外，不斷重蹈覆轍是毫無意義的。雖然我們不可能確定我們找到的任何一份和所有的作品的真偽，但我們可以信任大部分由歷世
98 歷代跨地域的同行者艱苦建立起來共識。無視這一點是愚昧的。假如有人砍出了一條小徑以穿過森林，除非我們認為這條路是錯誤的，否則我們為何不跟著走呢？假如希臘文「經文彙編」告訴我們，在新約裏「同心合意」（ὁμοθυμαδὸν）這個詞出現了共十一次，我大概不會把二十七卷書從頭再唸一遍 —— 用希臘文 —— 不厭其煩地自己親自數算吧！

可是，對我們而言，二手文獻最重要的優勢，是它概述及融會了歷代對古代聖經作品及相關的非聖經作品的集體智慧及洞見。我們在事奉的生活中，實在很難有時間（如果曾有過的話）或（還要）累積起足夠的經驗，以致能好好處理這些資料。在這情況下，我們可以翻開一本聖經詞典，找一篇關於聖殿的文章看看，或者翻閱一部關於一世紀聖殿祭禮的書，或者翻開一部註釋書，閱讀作者對馬太福音二十一章 12 至 13 節的評註。這些資源，不單單可以給我們提供一個概括性的方向，或者於我們要處理的主題給我們提供一個明確的觀點；若我們覺得有需要，這些資源更會為我們提供進深研究的建議。讓我再重申，可用的資料數量驚人，因此我們要保持頭腦清醒，不要讓「完美」這個絕對不可能達到的標準，使得我們失去做任何事情的信心。在僅有的時間內盡你所能的去做 —— 即使時間多麼少 —— 並為此感到心滿意足。請在你有生之年，於某程度上參與這個「宏大的對談」；需要的時候，就拿起這些「導覽指南」；在哪裏遇到難題，就尋求協助。有三本出色的「指南」值得推介，其中一本是巴雷特的《新約背景》，另一本是埃文斯的《典

外著作及新約解釋》，第三本是海爾耶（L. R. Helyer）的《第二聖殿時期猶太作品探索》（*Exploring Jewish Literature of the Second Temple Period*）。[1] 另一方面，當你有機會親眼看看卡爾斯巴德巨穴，就不要讓自己只滿足於看旅遊指南了。實際上你有沒有看過《馬加比一書》或《多比傳》或昆蘭作品中的《會規手冊》（*Manual of Discipline*）？或許，你可以嘗試看看猶大書引用過的《以諾一書》（*Book of First Enoch*）！

5.2 兩種歷史文化背景

直至現時為止，我們在這章所討論的，是其中一種的歷史文化背景（historical-cultural setting）。耶穌、彼得、保羅及其他走過新約各篇章的人物，都生活在被羅馬佔據的巴勒斯坦或羅馬帝國的另 99
一些角落裏。在這個世界中的（以及在這一世界的某些社羣中的）各種政治、宗教、經濟、語言、社會及文化特色，共同組成了**一幅普遍的歷史文化大背景**，而在這大背景之中呈現出這些文獻所保存下來的時人的言行、信息。如果我們要明白那些文獻，我們就要掌握一些特別的資料——大部分時人都會視之為理所當然的一些資料。一羣真實的歷史人物，為另一羣真實的歷史人物，寫就了新約二十七卷作品，而所有這些人，都是活在真實的文化及社會制度當中的。聖經作者及讀者均分享著很多共同的資料，這些資料都不需要在經文裏明確交代。事實上，詳細解釋，只會令讀者感到厭煩；這有點像《西雅圖時報》（*Seattle Times*）的體育新聞記者告訴當地讀者：「**一隊以西雅圖作為基地的棒球隊**水手隊（Mariners），昨晚輸掉了他們連續第十五場本壘賽。」但那些好像在侮辱讀者智慧的粗體字，到了「公元三五三五年」，對於在「西雅圖古城」遺迹發現了「死普吉灣古卷」（Dead Puget Sound Scroll）的考古學家而言，卻是極之有用的。我們對普遍的一世紀文化背景認識得愈多，就愈能夠有智慧地閱讀任何新約經文。

另一類歷史文化背景資料，對理解新約經文同樣重要：那就是每段經文背後的**特別的「歷史情境」**（occasion）。以蓋茨堡演説（Gettysburg Address）為例，這份演辭，是林肯總統為了一個墓地的落成儀式而寫就的——這墓地座落於美國內戰中一場最血腥及最決定性的戰役的戰場之上。他在一八六三年十一月發表這篇演説，而十九世紀中期的美國，主要乃是一個農業世界。是時，美國這個「合眾國」尚未滿一世紀週歲；有些仍然在生的公民，還能記得美國的幼年時代。密西西比河以西的一大片空曠土地，那時仍「未拓展」——至少當時東部的擴張主義者是這麼想。而鐵路亦只是剛剛起步。可是，除了可怕的戰爭仍在進行外，在文化上，這是一個既樂觀又極具創新精神的時代。那個世界，是林肯熟悉的世界。但引發演辭的事件——那特別的**歷史情境**——卻是賓夕法尼亞州（Pennsylvania）的戰場上那個特別的墓地的落成儀式。蓋茨堡演説的信息，其歷史情境是嚴肅的，也是衝著戰爭本身而發出的，其意義跟這兩者不能分割。然而，要明白林肯的演辭及引發這篇演説出現的事件，就先要明白一八六〇年美國人生活的較大的、普遍的大背景。

同樣道理，保羅寫給羅馬人的信，是以一世紀的羅馬帝國為普
100 遍的大背景的。羅馬和平（*pax Romana*），自從亞古士督（Augustus）時期就開始了，這在某程度上依然能確保良好的公共治安；而這一點，這個時期之前的西方世界，是無法想像的。羅馬官方政策底下的基督教，還沒有完全從官方認可的宗教——猶太教——分別出來，但它正在萌生變化，甚至社會中的最高階層，也開始看到兩者的分別。據羅馬歷史學家蘇埃托尼烏斯（Suetonius；參《羅馬皇帝革老丟之生平》〔*Life of Claudisu*〕25.4）所言，皇帝革老丟在大約公元四十九至五十二年期間，因暴亂緣故，把猶太人驅逐出羅馬城，而暴亂是與一個名為「基里斯督」（Chrestus）的人有關的（參

徒十八 2）。另外，猶太羣體存在於羅馬的領土之上，那並不止於羅馬城本身；而當中很多地方，都變成了往遠方宣講福音的灘頭堡。這些猶太希羅（Judeo-Greco-Roman）社會的特徵和很多其他特徵，都構成了羅馬書的歷史文化大背景；事實上，能略作調節的話，這也是所有新約文獻的大背景。

另一方面，保羅之所以寫信給羅馬教會，其特別的**歷史情境**也是羅馬書所獨有的。在哥林多的寒冬中，保羅正等待著良好的天氣來臨，因他一心要把從外邦教會募集到的捐獻送到耶路撒冷去，而且他定睛在下一站 —— 他希望到西班牙去。他腦海中想像著他從未踏足過的羅馬教會，他期望他們可以成為他西行的主要支援，就正如安提阿教會支持他東行的宣教工作一樣。但他也意識到，在羅馬教會的會眾中，猶太人及外邦人的意見出現了分歧。由於尼祿（Nero）在不多久前解除了革老丟的諭令，因此猶太基督徒回到了羅馬城（比較徒十八 1～3 與羅十六 3），這顯然是羅馬教會出現分歧的成因。這一切就構成了保羅這封信背後的複雜形勢以及多層次的**歷史情境**。明白這些複雜的形勢，實有助我們明白保羅這封信首要關注的是甚麼；而了解保羅所關注的，則有助我們明白保羅的信息。

我們會在本書第六章再詳加討論作品背後的特別歷史情境，這一章則主要著眼於較廣泛的、較普遍的範疇。儘管如此，學習分辨上述兩種歷史處境仍然是十分重要的。

5.3 經文，是受文化處境影響的

當我初次明白到，我們需要處理經文原來的處境以及我們現在的處境 —— 也就是我們希望「應用」聖經教導的地方 —— 兩者之間的文化差異時，我感到詫異。然而，當我發現到，聖經作品本身以及聖經的教導，也是「受文化處境影響的」（culturally determined），我更加詫異。不知怎麼，我曾不一致地假設聖經的

每一個字都包含一絕對的、普遍的標準。我明顯視聖經為平面的、
101 二維的（two-dimensional）：上帝從祂的維度，直接向我們說話，即向活在我們自身之維度的人說話。上帝對人類的旨意所具有的絕對權柄，我基本上是十分認同的；但如今我體會到，這種神聖旨意的表達，會因應不同的社會而以不同的方式彰顯出來。

若我們以這種角度去看經文，經文便是三維的、全面的：經文代表了上帝的維度、「原初」的人的維度（original human-dimension），以及（第三個）之後的「第二」的人的維度（secondary human-dimension）——諸如我們身處的維度。為哥林多教會預備的信息，總會有別於給加拉太教會的信息，或者有別於給首爾或亞特蘭大（Atlanta）的長老會的信息，或者有別於給切姆斯福德（Chelmsford）的五旬節教會的信息。這當然是因為不同的處境有不同的文化。我們解經者要像愛麗斯（Alice）一樣，需要踏進看來是扁平的窺鏡，走進聖經世界的三維空間。這一事實體現了神蹟，那就是上帝願意俯就某些**特定**的人、某些**特定**的人類羣體——無論祂在哪裏找著他們。其實，一直都是這樣。我們聽到摩西在沙漠裏向他的新的國民說話，他以他們熟悉的方式來向他們說話，他挪用了公元前一千五百年左右近東政治氣候底下的術語來對他們說話。千百年後，耶穌出現在加利利之時，一切都已經改變了；現在，耶穌在一個新的文化環境裏重新解釋摩西的信息，而登山寶訓（太五～七章）就是摩西信息的「再解釋」（reinterpretation）。文化會改變，信息的形態也會改變。上帝在祂找著世人的地方與世人相遇。我們可以在聖經的每一頁都看到這樣的一種過程。在新約之解經中，這種彼此間的相互作用究竟怎樣盡情發揮？就讓我們來看看其中一些例子。

5.3.1 文化處境：《七十士譯本》

彼得後書三章16節所使用的字眼，暗示了彼得後書成書之

時，保羅所寫的信，或者當中的部分書信，已開始具有「聖經」的地位了；除此之外，新約作者使用的「聖經」，就是現在基督徒稱之為「舊」約的那些書卷。新約信息瀰漫著舊約的文學氣息；說得更準確一點，即新約作者所熟知的聖經，通常是舊約的希臘文譯本。這些舊約希臘文譯本，大部分在公元前三世紀已經成書，被通稱為《七十士譯本》（縮寫是"LXX"；而"*septuaginta*"是拉丁文「七十」的意思）。偽經《阿立斯蒂亞書信》（*Letter of Aristeas*）把《七十士譯本》的傳說保存下來——相傳這譯本是七十位譯者一起努力的成果。《七十士譯本》對新約作者而言，是極其重要的；在新約文獻處境化的過程中，《七十士譯本》亦構成了這過程的其中一個最重要元素。自始至終，新約都充滿著上帝和祂子民（以色列）
的故事，並且於字裏行間包含大量旁徵及典故，而當中的引文絕大 102
部分都是來自《七十士譯本》的（或許，讀者會感到有點意外，因為這暗示了於新約解經而言，《七十士譯本》可能比希伯來文舊約聖經更為重要）。以下是其中一些例子。

眾所周知，馬太福音經常訴諸於舊約預言的應驗（參考例如太一22，二15，八17，十二17），以表明耶穌的重要性；這一事實，暗示了這種策略可以打動馬太心目中的讀者，因為這些引文的出處，是他們所熟悉及尊崇的。但馬太沒有把自己局限於只引用經文。在馬太福音一章，馬太以高度格式化的方式來描述耶穌的家譜，接著，他描述耶穌降生的奇特情境（太一18～25）。馬太把創世記中亞伯拉罕的故事以及以撒出生的故事等幾個為人熟悉的文學典故都編進故事之中。這些典故的極致，出現在馬太福音一章21節；於此，幾近把《七十士譯本》創世記十七章19節逐字套用於馬利亞的訂婚對象約瑟身上。按創世記該段經文所載，主告訴亞伯拉罕他的妻子撒拉要給他生一個兒子。馬太的旁徵如此仔細微妙地把舊約經文套用在約瑟身上，這暗示了他期望原來的讀者是「明白」

這些典故的，並視耶穌為亞伯拉罕的後裔當中最出類拔萃的一個（參太一 1），他們也會明白耶穌是亞伯拉罕的終極「後裔」，列國將因耶穌得福，得著亞伯拉罕的上帝所賜的福（有關這應許，參見創二十二 18，二十六 4 等等）。

單單因著舊約佔了整部聖經四分之三篇幅，我們已經要對它多加留心，並要按其特點把它視為「給處境化了的」上帝的話（God's contextualized word）。但當我們要學習新約解經法，舊約就成為研究新約歷史文化背景的其中一個（或三十九個！）一手文獻了，或許也是所有一手文獻中，最重要的文獻。人若蒙召承擔解經的工作，卻又不是在通曉「聖經的社會處境」的環境中成長，他們便需要工具和幫助了。除了閱讀舊約聖經，我們可以做的其中一樣最有價值的事，就是每次研究新約時，都查一下舊約經文彙編——應是《七十士譯本》的經文彙編，並養成這種習慣。有很多電腦程式是專用於研究聖經及其相關文本的，藉著這些軟件的幫助，要做類似的查閱工作，確實愈來愈容易。我們可以詳細自訂搜尋的方式，仔細搜尋舊約經文中某些特定段落，以找出「保羅對舊約經文的引申」或者「路加對舊約的旁徵」的直接的或普遍的背景。[2]

103 看看以「以及當那些日子」（"ἐν δὲ ταῖς ἡμέραις ἐκείναις"; "and in those days"；譯按：中譯參《呂振中譯本》另譯）開始的馬太福音三章 1 節。這話緊接著馬太對耶穌幼童時代的描述，因此，我們自然以為「以及當那些日子」這話，是指著耶穌的早期生活，即約瑟帶著小孩及小孩的母親往拿撒勒居往的那段日子（太二 19～23）。但這個片語所引介的，卻是對曠野中的施洗約翰的描述，而這大概是馬太福音二章的記述的二十多年後的事了。那麼，把這片語放在這裏，意味著甚麼？我們用電子經文彙編來搜尋《七十士譯本》中這個希臘文片語（刪減了「以及」〔δὲ〕這個字），就會得出一連串經文。我們會發現當中大部分經文都是來自先知書的；而先知書出現這片語的所有地方，均用這片語來論及那等待已久的彌賽亞時期的來臨。就看看這個例子：耶利米書五十章 20 節（等於《七十士譯本》耶利米書二十章 20 節）：「耶和華說，**當那〔些〕日子**、那時候，雖尋以色列的罪孽，一無所有；雖尋猶大的罪惡，也無所見；因為我所留下的人，我必赦免。」以這幾個字（在希臘文中是五個字）作為耶穌「將自己的百姓從罪惡裏救出來」（太一 21）這個故事的開場白，再適合不過了。馬太的首批讀者很可能認出這個旁徵及這些字的重要性，情況有如我們認出「一匹馬！一匹馬！我以我的王國來換一匹馬！」（“A horse! A horse! My kingdom for a horse!”；譯按：莎士比亞名句）這旁徵及其重要性一樣。不過馬太福音三章的導言卻不再令我們有這種感覺，除非我們付出額外的努力以通曉《七十士譯本》這處境。我們若在《新修訂標準譯本》的經文彙編[3]中搜尋在舊約出現的片語「當那些日子」（in those days），也會得出幾乎相同的結果。

5.3.2 文化處境：異教信仰

古代很多外邦人都熟悉猶太聖經，這可能是透過散居的猶太人會堂，也可能是透過加入早期教會。然而，馬太福音一章 21 節及三章 1 節這類文學手法，對另一些新約文獻的原來的讀者來說，意義卻未必很大。就如前文所言的約翰福音，它的序言，看上去，就像為要糾正對耶穌及其工作的諾斯底式詮釋似的。今天，我們有時候也會跟隨約翰說耶穌是**洛格斯**（Logos；或譯「邏各斯」），或者「道」；這個詞語，對我們可以產生很大的神學回響——縱使當我們這樣說的時候，大部分的聽眾都不明白我們到底在說甚麼，甚或，甚至連我們自己也不大清楚。然而，約翰的首批讀者大都是外邦的基督徒，他們究竟要怎樣理解宇宙，以及 104
他們在其中的位置，對這些問題，他們是極之關心的。在他們心中，洛格斯是一種使宇宙得以運行的神聖動力，在操縱個人命途上佔了重要角色（古代其中一部「希耳米」著作《波依曼德列斯》〔*Poimandres*〕使我們對此有多一點了解）。當他們聽到洛格斯成為人類和住在他們中間，對他們來說，這就有深遠含義了。[4]

再一次，這裏的重點是：我們愈了解古代猶太人及希羅世界的人思考世界的各種方式，愈了解他們互動（無論文化內或跨文化的）的各種方式，我們就愈能看懂新約聖經。又設若我們愈看得懂新約聖經，既身為教會中作教導的人，於宣告上帝的道時，就愈能恰當地把上帝古舊的信息對應於當代的文化。當然我們不是在孤軍作戰，但使自己見識增長，責任卻在我們自己身上。身為上帝羊羣的忠心牧人，我們實在需要承擔這責任。而要深入了解新約的文化背景，其中一個最令人興奮以及具啟發性的技巧，就是閱讀及有能力研讀《七十士譯本》——或者起碼研讀舊約聖經。

5.3.3 文化處境：詞彙

假如舊約聖經——尤其《七十士譯本》——是新約聖經顯而易見的其中一個文化背景，那麼，更為明顯的，就是用以來寫成新約的語言了。新約的語言的一個重要元素，就是作者運用的「詞彙」（vocabulary）。說來頗有點諷刺意味的是，希臘文新約聖經的詞彙，其歷史文化背景這一領域，既是最熱門的研究領域，同時也是最被人濫用的一個領域。

宣講聖經及教導聖經的人，為了更加有權威及加添趣味，常常訴諸於「原文的意思是……」。「希臘文新約經文解經」的價值，是無容置疑的，但我們也要防範當中的好些危險。而當中最大的試探，則是在沒有希臘文知識的人面前，炫耀我們的本領（或者，僅是看上去像有點本領似的）。很多坐在教會裏的人，他們聽到牧者以「原文的意思是……」開始他或她的發言，就相當於聽到摩西宣

告「主這樣說！」雖然，我們確實十分渴望聽到主的話（畢竟，這 105
是解經的目標），但請我們緊記，解經是一個「羣體」工程，而非「獨自」完成的責任。藉訴諸於「希臘文」而壓制所有討論（即使我們並非刻意這樣做），我們也會大大減少了羣體主動參與的機會，更遑論只獨自去理解「希臘文」，出錯的機會其實很大。

在解經的時候，我們誤用希臘文的其中一個原因是：對神學生、牧者和學者們而言，希臘文詞彙常常散發著一種魅力，他們感到藉此可以把經文中隱藏著的意思「揭示出來」。很多牧者告訴會眾，希臘文「教會」（ἐκκλησία）一語，意謂著「被呼召出來的人」。他們之所以有這個印象，是因為他們認出這個字由兩部分組成：「出來」（ἐκ）及「呼召」（κλησία；由動詞“καλέω”衍生出來）。然而，在希臘文的文獻中，從來沒有把這個字解作「被呼召出來的人」。同樣地，希臘文有四個獨立的「愛」字，我們可能會感到十分奇妙；或者，我們假設泛濫著的希臘文介詞，正暗示了意義上的精密區分，而這些區分只有受過訓練的解經者才能分辨出來。我曾聽過一個牧者堅持在片語「我信仰基督」（“πιστεύω εἰς Χριστοῦ”；“I believe in[to] Christ”）裏的介詞「進入……裏」（εἰς；into），是暗示信徒與基督之間有一種神祕的聯合。於某種意義而言，藉著信，我們是得以**進到**基督**裏面**的（enter...into）；只是，我們應該可以在其他地方找到理據來支持這個論點，以證成信徒與基督的關係，但這個介詞決不能有這等暗示；另一處出現「我信」（πιστεύω εἰς）的字眼的地方，能說明這一點（約壹五 10b）。

有一個夏季當我與太太到過瑞典之後，我其中一個表兄弟用英文寫信給我們，他表示希望我們不久就能再來與他共「浴」（take a bath）。即使我們承認瑞典民族以某些東西聞名，但這卻肯定**不**是他的意思。瑞典文動詞“bada”，在詞源學上確實與英文字彙**洗澡**（bath）、**洗澡／游泳**（bathe）有關，但“bada”卻是「游泳」（swim）

的常用字，雖然這個字於瑞典文中也可以指洗澡、沐浴，但英文**游泳**一語卻不能反過來指洗澡、沐浴。瑞典文詞彙與英文詞彙，雖有相關之處，卻不是完全重疊的。若果我表兄弟說「與我一同游泳」(go bathing with me)，對說英式英語的人來說，就很容易理解了。這是因為即使是英式英語與美式英語，其詞彙也不是完全對應的。在美國，"knickers"(燈籠褲)在三十年代已經不流行了；然而，今天還有一半人英國依然會穿著"knickers"，或者穿著這個名字所代表的其他東西。〔譯按：在英國"knickers"可指女性所穿的短褲或內褲。〕

多一點了解語言的基本特性，有助我們糾正對希臘文的錯覺，即認為新約希臘文詞彙充滿著特別的、隱祕的意思。我們要明白的，其實不是隱藏在希臘文詞彙裏的神祕事物，而是在新約信息中它的歷史文化意義。翻譯或閱讀一段希臘文經文，不比翻譯或閱讀
106~107 一篇由瑞典文、西班牙文、法文、德文或日文寫成的文章更神祕；而前者的神祕感，又往往比翻譯歐里庇得斯(Euripides)的劇本或柏拉圖(Plato)的其中一段對話來得**細**。如果我們沒有學好相關的語言，我們做這項工作時就得用上特別的工具了——而其中一件最有用的工具，就是詞典(lexicon；譯按：英語中，"lexicon"尤指古代語言的辭書字典，如希臘文或希伯來文)。**詞典**是一技術性字眼，意指一份詞彙清單，那是為操某種語言的人而設的，並於詞典中說明字彙的典型(或慣常)用法。以該語言作為母語的人會把這本詞典藏在腦海中；而不是以該語言為母語者，則要額外「在腦海中」由淺入深地逐步建立這本詞典——但他們經常運用的，總是一本「印刷版」的詞典(我們有時稱之為"dictionary")。所有學習新約希臘文的同學，都會運用這本「印刷版」詞典，因為已經再沒有人會以新約希臘文為母語的了。

「字詞研究」的潛在危險

白雅各（James Barr）的《聖經語言的語意學》（*The Semantics of Biblical Language* [Oxford: Oxford University Press, 1961]）這部「終結時代」（epoch-ending）的著作，使聖經學者驚覺，研究聖經的詞彙，會遇上很多語言學的陷阱。自此，有很多學者把他們的主張建基在白雅各的著作之上。以下這些作品對我們是非常有幫助的：D. A. Carson, *Exegetical Fallacies*, 2nd ed. (Grand Rapids: Baker, 1996), chap.1；D. A. Black, *Linguistics for Students of New Testament Greek: A Survey of Basic Concepts and Applications*, 2nd ed. (Grand Rapids: Baker, 2000), chap. 5；以及 M. Silva, *Biblical Words and Their Meaning: An Introduction to Lexical Semantics*, rev. and exp. ed. (Grand Rapids: Zondervan, 1995)。白雅各提出的警告，其重點如下：

1. 避免「詞源化」的危險（etymologizing）

詞源學（etymology）是研究一個字的原來形態及其在歷史上的用法的一門學問。

- 避免搜尋一個字的「基本」、「根本」或「原來」意思——彷彿我們是可以追查得到，或者，即使追查到，彷彿它們是十分適切似的。
- 避免把字分割成各個組成部分，然後把各部分的意思加起來成為該字的「真正」意思。
- 不要假設只有詞源學上有關係的字才彼此相關。Louw-Nida 字域字典，對糾正傳統字典及詞彙研究在這方面的錯誤，有很大幫助。

2. 避免把語言結構與思想結構混為一談

- **語言的詞彙庫**：希臘文有兩個詞彙指肉體（fresh）和身體（body），分別是“σάρξ”和“σῶμα”，而希伯來文卻只得一個詞彙“*bāśār*”〔譯按：可指肉體、身體、人等〕，但這不代表希伯來人不能分辨身體及其組成物質的分別。
- **語言的文法結構**：上帝不會因為希伯來文「靈」（*rûaḥ*）字在文法上是屬陰性的（grammatically feminine），因而祂是陰性的；也不會因我們以陽性代名詞（masculine pronoun）來稱呼祂，因而祂是陽性的。

3. 避免把「概念」與指涉這些概念的「字」混為一談

字**指涉**(refer)概念;卻不是**內含**(contain)概念。新約中「上帝」(θεός)一語的字義,與柏拉圖所說的「超自然、神聖的存有」相同;但新約中「上帝」一語所**指涉**的——即其指向的事物,在新約中,與在柏拉圖的著作中,卻完全不同。保羅及耶穌用這個字來指涉以色列的上帝,柏拉圖大概不會如此。**指涉**(reference)及**字義**(meaning)是有分別的。

我們在這個範疇特別容易犯的錯誤包括:

- **「不合理的整體性轉移」**。當我們查看一個字彙(諸如「肉體」這個字),察看其每次出現之處之時,都假設這個字每次都承載著這個字「所有可能的意思的總和」,這時,就會出現這種不合理的整體性轉移(illegitimate totality transfer)。
- **「不合理的指認轉移」**。當同一個字指涉兩種東西,我們就假設這兩種東西在本質上其概念是一樣的;相反,當幾個字都指涉著同一種東西,我們就假設幾個字在本質上都具有相同意義,或者它們通常都指涉著同一個概念。這時,就會出現這種不合理的指認轉移(illegitimate identity transfer)。

4. 避免忽視語境

- 一般而言,一個字要在特定的語境中產生意義,這個字的意思通常應是**那個最簡單的意思**,即**具完整意義的最少的意思**(the least full meaning),除非那是「雙關語」。這就是說,要了解潛在著含混性的東西的意思,我們可以藉語境去排除其他可能性,使得最終只剩下一個意思。
- 這就是說,一個字可能具有很多意思,但獨特的語境可以決定這個字的意思,並排除其他可能性。
- 總結:語境排除其他可能性。

新約文獻的作者需要用一世紀的通用希臘文("koine Greek";
108~111 即"common" Greek)來寫作,因此,他們便需要運用該語言中的詞彙去表達他們想要說的話。假如他們希望讀者明白信息,他們就有責任運用讀者熟悉的字詞,以及以讀者可辨認的方法來運用這些字詞。這不是說,他們在用字上不可發揮創意,或者,甚至不可以為了一些特別的目的而創造新詞彙;這裏的意思是:若他們希望信息可以被理解（intelligible）的話，那麼，他們的創意就不可超越一般人所能理解的了。（一些現代神學家及哲學家顯然未能領會這個道理！）

一部好的詞典，可以輔助並非以該語言為母語的人，讓他們可以讀懂用該語言書寫的文本。對我們來說，我們需要一部好的新約詞典。對於操英語的人來說，沒有詞典比得上鮑爾的《新約及早期基督教文獻希臘文大詞典》第二版（*A Greek-English Lexicon of the New Testament and Other Early Christian Literature*；中文版可參麥啟新編：《新約及早期基督教文獻希臘文大詞典》〔香港：漢語聖經協會，2010〕。[5]這部工具書，一般被稱為BDAG（代表編者鮑爾、鄧可〔F. W. Danker〕、阿爾恩特〔W. F. Arndt〕及金里奇〔F. W. Gingrich〕），書中包含了新約聖經出現過的所有詞語的大量資料，也載有不少典外詞語的解釋。正如任何工具一樣，使用者理應在使用前先閱讀「說明書」；其實，定時重溫一下，也是有價值的。BDAG 以典型的詞典方式來加以編排，它把詞彙以字母順序排列；在詞彙條目的文章內，則會以合乎邏輯的方法編排所有資料。我們可以一眼就看出某個字的用法以及該字在不同的情況下是甚麼意思，有些字——就如「肉體」（σάρξ）——就有好幾個意思。為了易於辨認，倘若文中的新約參考經文出現過這個字的話，這些參考經文都會以粗體字印刷（與早期版本相比，這是極大的改進）。從「圖 5.1」（頁 123）的例子，我們可以看到BDAG的特色。

另一類詞典，則是由洛和奈達編輯的意域（semantic domain）字典。[6]在這部詞典中，新約希臘文詞彙並非按字母順序編排，而是以「意域」或者意義域（fields of meaning）來編排的。例如，字域字典不會把「肉體」這個字的不同意思羅列於同一個條目的文章之中，而會把某個意義域內所有合適的詞彙集合起來，例如「肉體」或「人類」。這些詞彙條目可以是動詞、名詞、形容詞、同義詞或反義詞、一般詞語或專門術語。各個以字域為中心的文章，會討論屬於同一個字域的字詞彼此間怎樣相互關聯。因此，因著「肉體」這個字有太多不同的意思，所以它會出現在詞典中九處不同的地方（希臘文及英文索引，會幫助使用者找出該字詞出現的地方）。這種「編纂詞典」（lexicography）的方式，表明編者確信：某字詞在某語境下的意思，部分是取決於其他字詞的——即那些可用得上、但講者或作者卻沒有用上的字詞（無論他們是否有意識地這樣做）。當我們知道甚麼話是保羅**可以**說，但他卻沒有說的，以及當我們知道甚麼字是他可以用，但他卻沒有用的，這實在可以是深具啟發性的。Louw-Nida幫助我們留意到除了這個字詞外，究竟還有哪些字可用。「圖 5.2」（頁 124）是Louw-Nida中關乎「饒恕」（forgiveness）的意域。

5.4 文化的「相關性」及文化轉移

我們怎樣才能把努力得來的成果，授予那些與我們一同生活、一同工作的人，實已經超出解經的範圍而進到詮釋的領域了。我們會在稍後的篇章中略微觸及這個範圍，因為本書的主旨，始終是處理解經的問題。然而，在這個階段，我們值得花時間強調一下上文所未及言明的東西。假如古代的聖經文件本身，是受文化制約的（culturally conditioned）；又假如解經的任務的一個重要元素，是盡量以相關的古代文化角度來閱讀聖經文件，愈全面愈好，那麼，最後得出來的成果，便是一種適用於**古代背景**的信息了。那我們又如何使那些古代信息適切於其他時空呢？——例如我們的時空。我們常常需要進行一種文化轉移（cultural transference），也就是使一個信息的「跨文化」（transcultural）核心元素披上其他文化背景的外衣。（請回到「圖 1.1」，「圖 1.1」以圖析表達了這一過程。）

ἱλάσκομαι (s. two next entries) mid. dep.; fut. ἱλάσομαι LXX; 1 aor. pass. impv. ἱλάσθητι (in mid. mng. ἱλάσθην LXX) (Hom. et al.; ins; LXX [Thackeray 270f]; s. also Dodd and Hill, below).

❶ **to cause to be favorably inclined or disposed,** ***propitiate, conciliate*** (Il. 1, 100 Apollo; Hdt. 5, 47, 2 an offended Olympic victor; 8, 112, 3 Themistocles; Strabo 4, 4, 6 τὸν θεόν; Cornutus 34 p. 73, 5; Heraclit. Sto. 16 p. 24, 9 τὸν Ἥλιον; Appian, Samn. 12 §6, Hann. 27 §115 θυσίαις κ. εὐχαῖς ἱ. τ. θεούς; Herm. Wr. 1, 22; Philo, Spec. Leg. 1, 116; Jos., Ant. 6, 124 τὸν θεὸν ἱ.; 8, 112, C. Ap. 1, 308 ἱ. τοὺς θεούς; SibOr 3, 625; 628). Pass.: of one addressed in prayer, to act as one who has been conciliated, but with focus on the initiative of the one who functions thus: *be propitiated, be merciful* or *gracious* (4 Km 24:4; La 3:42; Da 9:19 Theod.) w. dat. (of advantage, Esth 4:17h ἱλάσθητι τ. κλήρῳ σου; cp. also Ps 78:9) ἱλάσθητί μοι τῷ ἁμαρτωλῷ (dat. of advantage) *have mercy on me, sinner that I am* **Lk 18:13** (Sb 8511, 7 [ins, imperial times] ἵλαθί μοι, Μανδοῦλι [a divinity]); GJs 5:1 (twice; in the first instance perh. with inf. foll., s. deStrycker 289 n. 2).—B-D-F §314.

❷ **to eliminate impediments that alienate the deity,** ***expiate, wipe out,*** of Christ as high priest εἰς τὸ ἱλάσκεσθαι τὰς ἁμαρτίας τοῦ λαοῦ *to expiate the sins of the people* **Hb 2:17** (so Mft. [NRSV 'make a sacrifice of atonement'] cp. SIG 1042, 15f [=IG II², 1366; II/III AD] ἁμαρτίαν ὀφιλέτω Μηνὶ Τυράννῳ ἣν οὐ μὴ δύνηται ἐξειλάσασθαι 'let him be liable to Men Tyrranos for a sin he can have no hope of expiating' [cp. 1Km 3:14; on this ins s. New Docs 3, no. 6]; Ps 64:4 τὰς ἀσεβείας ἱ.; Dssm., NB 52 [BS 225]; Breytenbach 98).—CDodd, JTS 32, '31, 352–60; also Dodd 82–95 on ἱ. and related words (against Dodd: LMorris, ET 62, '51, 227–33; RNicole, WTJ 17, '55, 117–57; in support: NYoung, EvQ 55, '83, 169–76); SLyonnet, Verbum Domini 37, '59, 336–52, Sin, Redemption and Sacrifice, '70, 120–66, 256–61; DHill, Gk. Words and Hebrew Mngs. '67, 23–48; KGraystone, 'Ιλάσκεσθαι and Related Words in the LXX: NTS 27, '81, 640–56; GHorsley, New Docs, 3, 25 (on Graystone and Hill); JFitzmyer, 'Reconciliation' in Pauline Theology, in: No Famine in the Land (McKenzie Festschr.) '75, 155–77; JLunceford, An Historical and Exegetical Inquiry into the NT Meaning of the 'ΙΛΑΣΚΟΜΑΙ Cognates, diss. Baylor '79; CBreytenbach, Versöhnung '89.—DELG. M-M. TW. Sv.

ἱλασμός, οῦ, ὁ (s. prec. and next entry)—❶ **appeasement necessitated by sin,** ***expiation*** (τῶν θεῶν Orph., Arg. 39; Plut., Fab. 18, 3; cp. Plut., Sol. 12, 5. In these cases we have the pl., prob. referring to the individual actions to be expiated. But also sg.: Plut., Mor. 560d, Camill. 7, 5; Lev 25:9; Ps 129:4; Philo, Leg. All. 3, 174) εἰς ἱ. ἐμοί *for my expiation* GJs 1:1; so perh. abstr. for concr. of Jesus as the ἱ. περὶ τ. ἁμαρτιῶν ἡμῶν **1J 2:2; 4:10.** But mng. 2 has been popular.

❷ **instrument for appeasing,** ***sacrifice to atone, sin-offering*** (Ezk 44:27 προσοίσουσιν ἱ. cp. Num 5:8; 2 Macc 3:33) s. above.—S. also lit. cited s.v. ἱλάσκομαι. DELG s.v. ἱλάσκομαι 1. M-M. TW.

ἱλαστήριον, ου, τό (subst. neut. of ἱλαστήριος, ον [PFay 337 I, 3ff—II AD; 4 Macc 17:22; Jos., Ant. 16, 182]; s. prec. two entries). In Gr-Rom. lit. that which serves as an instrument for regaining the goodwill of a deity; concr. a 'means of propitiation or expiation, gift to procure expiation' (IKosPH, 81, 347 ὁ δᾶμος ὑπὲρ τᾶς Αὐτοκράτορος Καίσαρος θεοῦ υἱοῦ Σεβαστοῦ σωτηρίας θεοῖς ἱλαστήριον; ChronLind B 49 'Αθάναι ἱλατήριον; Dio Chrys. 10 [11], 121. The mng. is uncertain in POxy 1985, 11).

❶ ***means of expiation,*** of Christ, ὃν προέθετο ὁ θεὸς ἱλαστήριον *whom God set forth as a means of expiation* **Ro 3:25** (so REB; cp. CBreytenbach, Versöhnung, '89, 168 [s. below]; difft. GFitzer, TZ 22, '66, 161–83 and NRSV 'sacrifice of atonement'). The unique feature relative to Gr-Rom. usage is the initiative taken by God to effect removal of impediments to a relationship with God's self. In this pass. ἱ. has also been taken to mean

❷ ***place of propitiation*** (as Ezk 43:14, 17, 20; cp. also Luther's 'Gnadenstuhl', and s. on **Hb 9:5** below). For this view of ἱ. **Ro 3:25** s. TManson, JTS 46, '45, 1–10 (against him Breytenbach 167f.)—S. also Dssm., ZNW 4, 1903, 193–212 (s. EncBibl III, 3027–35); PFiebig and GKlein ibid. 341–44; SFraenkel, ibid. 5, 1904, 257f; CBruston, ibid. 7, 1906, 77–81; GottfKittel, StKr 80, 1907, 217–33; EdaSMarco, Il piano divino della salute in Ro 3:21–26: diss. Rome '37; VTaylor, ET 50, '39, 295–300; GBarton, ATR 21, '39, 91f; WDavies, Paul and Rabbinic Judaism² '55, 227–42; ELohse, Märtyrer u. Gottesknecht '55; LMorris, NTS 2, '55/56, 33–43; DWhiteley, JTS n.s. 8, '57, 240–55; DBailey, Jesus as the Mercy Seat: diss. Cambridge '99 (ins).—The LXX uses ἱ. of the lid on the ark of the covenant, כַּפֹּרֶת, which was sprinkled w. the blood of the sin-offering on the Day of Atonement (Ex 25:16ff al. Likew. TestSol 21:2; Philo, Cher. 25, Fuga 100, Mos. 2, 95.—JStelma, Christus' offer bij Pls [w. Philo] '38). So **Hb 9:5,** transl. *mercy-seat;* for the history of this word s. OED s.v.—DELG s.v. ἱλάσκομαι 1. M-M s.v. ἱλαστήριος. EDNT. TW. Sv.

圖 5.1：在BDAG中“ἱλάσκομα”條目及其相關字詞〔譯按：《和合本》於路十八 13 把這字譯作「可憐」〕。我們要注意幾件事：（1）各別字詞條目（取自頁 473～474）以及該字詞的定義，都以粗體字表示。（2）每項定義之後，都有斜體字，這些字詞是「解釋」（glosses），意即在翻譯時，可以用這「解釋」代替原來的希臘字詞。當然，這就暗示「定義」與「解釋」雖有關係，卻不是完全相同的。我們也要留意，某些條目只有解釋（例如“ἱλαστήριον”）。（3）每個條目下的密集段落，均包含了這個字在希臘文文獻中的歷史資料，無論是文法上（語形學上〔morphological〕）的觀點（往往置於第一段），還是語意學上的觀點（置於每個獨立的定義之下）。曾出現這個字的新約參考經文，會以粗體顯示，以方便讀者。（4）另外，大部分的段落都會提供豐富的相關二手文獻。對「牧養式解經」而言，大部分資料都不是必須的；但對於學者式解經而言，這些資料就極有用了。情況就好像你使用「旋轉式耕耘機」整理花園一樣，它有很多功能是你平時很少用得著的；但若有需要，你還是可以使用這些功能。（5）確保你在使用機器前，先閱讀說明書。BDAG的使用說明以及縮寫表，都在書的前面。

B Forgiveness (40.8-40.13)

40.8 ἀφίημι[f]; ἄφεσις[a], εως *f*; ἀπολύω[e]: to remove the guilt resulting from wrongdoing – 'to pardon, to forgive, forgiveness.'

ἀφίημι[f]: ἄφες ἡμῖν τὰ ὀφειλήματα ἡμῶν 'forgive us the wrongs that we have done' Mt 6.12.

ἄφεσις[a]: τὸ αἷμά μου . . . τὸ περὶ πολλῶν ἐκχυννόμενον εἰς ἄφεσιν ἁμαρτιῶν 'my blood . . . which is poured out for many for the forgiveness of sins' Mt 26.28.

ἀπολύω[e]: ἀπολύετε, καὶ ἀπολυθήσεσθε 'forgive and you will be forgiven (by God)' Lk 6.37.

It is extremely important to note that the focus in the meanings of ἀφίημι[f], ἄφεσις[a], and ἀπολύω[e] is upon the guilt of the wrongdoer and not upon the wrongdoing itself. The event of wrongdoing is not undone, but the guilt resulting from such an event is pardoned. To forgive, therefore, means essentially to remove the guilt resulting from wrongdoing.

Some languages make a clear distinction between guilt and sin, and terms for forgiveness are therefore related to guilt and not to the wrongdoing. Therefore, 'to forgive sins' is literally 'to forgive guilt.' Since terms for 'forgiveness' are often literally 'to wipe out,' 'to blot out,' or 'to do away with,' it is obviously not possible to blot out or to wipe out an event, but it is possible to remove or obliterate the guilt.

40.9 ἱλάσκομαι[a]: to forgive, with the focus upon the instrumentality or the means by which forgiveness is accomplished – 'to forgive.' εἰς τὸ ἱλάσκεσθαι τὰς ἁμαρτίας τοῦ λαοῦ 'so that the people's sins would be forgiven' or 'so that God would forgive the people's sins' He 2.17.

40.10 χαρίζομαι[b]: to forgive, on the basis of one's gracious attitude toward an individual – 'to forgive.' χαρίσασθέ μοι τὴν ἀδικίαν ταύτην 'forgive me for being so unfair' 2 Cor 12.13. It may be useful in some instances to translate χαρίζομαι in 2 Cor 12.13 as 'be so kind as to forgive me.'

40.11 ἐπικαλύπτω: (a figurative extension of meaning of ἐπικαλύπτω 'to cover over, to put a covering on,' not occurring in the NT) to cause sin to be forgiven – 'to forgive, to cause forgiveness.' μακάριοι . . . ὧν ἐπεκαλύφθησαν αἱ ἁμαρτίαι 'how happy are . . . those whose sins are forgiven' Ro 4.7.

40.12 ἱλασμός, οῦ *m*; ἱλαστήριον[a], ου *n*: the means by which sins are forgiven – 'the means of forgiveness, expiation.'

ἱλασμός: αὐτὸς ἱλασμός ἐστιν περὶ τῶν ἁμαρτιῶν ἡμῶν '(Christ) himself is the means by which our sins are forgiven' 1 Jn 2.2.

ἱλαστήριον[a]: ὃν προέθετο ὁ θεὸς ἱλαστήριον διὰ τῆς πίστεως 'God offered him as a means by which sins are forgiven through faith (in him)' Ro 3.25.

Though some traditional translations render ἱλαστήριον as 'propitiation,' this involves a wrong interpretation of the term in question. Propitiation is essentially a process by which one does a favor to a person in order to make him or her favorably disposed, but in the NT God is never the object of propitiation since he is already on the side of people. ἱλασμός and ἱλαστήριον[a] denote the means of forgiveness and not propitiation.

40.13 ἱλαστήριον[b], ου *n*: the location or place where sins are forgiven (in traditional translations rendered 'mercy seat') – 'place of forgiveness, place where sins are forgiven.' ὑπεράνω δὲ αὐτῆς Χερουβὶν δόξης κατασκιάζοντα τὸ ἱλαστήριον 'above the box were the glorious winged creatures spreading their wings over the place where sins are forgiven' He 9.5.

圖 5.2：Louw-Nida中「饒恕」的意域（蒙原出版社允許使用）。我們要注意幾件事：（1）Louw-Nida主要是給翻譯聖經的人使用的，他們把新約翻譯成偏遠羣體的語言。字域字典中大部分討論都反映了這一點（留意 40.8 的第二及第三段）。（2）這例子（Louw-Nida, 1.503～504）代表編者認為新約希臘文有九個字詞是屬於「饒恕」這個「次字域」的（sub-domain）。這個次字域本身屬於「復和與饒恕」（reconciliation and forgiveness）這個較大的字域（字典總分類表裏編號 40）。（3）條目 40.12 及 40.13，在BDAG（「圖 5.1」）中出現了相同的字詞條目，但這兩個字詞在這裏卻與其他字詞編在一起（即與「饒恕」相關的字詞）。此外，其中一個字詞“ἱλάσκομαι”（40.9）也在Louw-Nida其他地方出現：它被編在「憐憫／無憐憫」這意域中（88.75），這是因為在編者的分析概念裏，「憐憫人」與「饒恕人」是有點不同的。（4）上圖說明了Louw-Nida如何幫助我們看到，除了新約作者實際用上的字詞外，在特別的語境中，他們還有甚麼字詞可用。上圖也幫助我們看到，Louw-Nida突出了（作者實際用上了的）字詞獨有的意義組成部分，而當我們對字詞的上下文有疑問時，這些意義的組成部分，可能意義重大。

保羅教導哥林多婦女要「蒙頭」，這使得多個世紀以來的基督徒婦女在教會崇拜時都要帶上頭巾、面紗和其他頭飾。可是，這個習慣在今天並不普及，大概在保羅的時期也不怎麼普遍。對活在一世紀的哥林多文化的信徒而言，這顯然是有意思的，而我們也可以研究一下當中的原委（因為保羅在哥林多前書十一章沒有把原因說清楚）。當代西方某些教會的婦女仍然會蒙頭，但即便是在這些教會中，我們都不容易看到**這個習慣**所要表達的，可以怎樣超越所有時代和文化。即便是那些堅持性別層階制（hierachy of genders）的人（這問題本身在文化上是有爭論的），我懷疑他們也很難解釋到頭巾與性別層階制有甚麼關係。重點是：請緊記心中的「大圖畫」。如果我們不曾從更遼闊的圖畫這視角去了解某些獨立的因素，請不要讓自己分心，不管這些獨立的因素如何有吸引力。當你帶著解經的成果回到你受託要照管的人那裏，請記著要以他們能夠 112
明白的措辭包裝這些研究成果，而又不丟失主的「話語」。這正是祂呼召我們要做的事。

我們閱讀新約的時候，若戴著鏡片去看——也就是受往昔文化影響的解經——我們將面對類似的問題。近年，其中一個重要的議題，就是論及猶太教、保羅及律法的「新觀」（new perspective）。這個新觀點由兩個主要的論點組成。第一，傳統基督教對第二聖殿猶太教的觀點，顯然存在嚴重的誤解。[7] 十六世紀宗教改革運動（Reformation）這件歷史大事，使得這幾百年來的教會均相信新約的法利賽猶太教確實反映了中世紀羅馬天主教最糟糕的一面。可是到了近幾十年，猶太教與基督教學者均展示出：事實並非如此。事實上，一世紀猶太教神學對上帝的恩典與憐憫有深切了解。

第二，假如我們對第二聖殿猶太教的重估是有根有據的話，那就意味著新教對保羅及其律法觀的典型理解也需要作出修正，至少，需要糾正對第二聖殿猶太教的誤解。這辯論[8]使我們漸漸意識到，保羅反對「行律法」，視之為不合理，真正的意思其實是：他在反對猶太教的一些特點——傾向以種族及文化習慣來分辨誰是上帝的選民。換言之，保羅所關心的，不是要反對「行為之義」(work's righteousness)——這是路德的宗教改革要集中處理的問題(宗教改革運動當年以這問題為焦點，肯定是合理的)；反而，保羅所關心的，是只有遵守猶太人禮俗的人(割禮、安息日的律法及各種聖日，以及飲食習慣)才可以成為約民(covenant people)這種限制是不合理的。這「新觀」雖不如宗教改革運動本身對信仰所作的「修正」那麼富戲劇性，然而，這也是戲劇性的一種修正。

5.5 各種或然性、含混性及選擇性

在這個過程中，我們不能避免要面對各種或然性(probabilities)，
113 比起文法結構的分析，這需要面對多一些事情。所有歷史研究及重構，都是在尋找問題的**最有可能的**(most probable)答案。哲學家慣常提到的「絕對確定性」(absolute certainity)，在我們這裏永遠派不上用場。我們永遠都要權衡不同的主張，並考慮含混性(ambiguity)的影響。人的動物性驅使我們一心要掌握定律，直至——以及除非——我們能駕馭它，否則，可以這樣說，我們都是常常處於要支配定律的危險之中；我們會面對試探，堅稱上帝已向**我們**作出了啟示，以致無論甚麼議題，都沒有進一步討論的空間了。

這不是說，我們在宣講任何信息時，要避免帶著堅定的信念——即使在情感的層面上(emotional level)，那已經是近乎絕對確定的事情；但**這**也不是說，我們要把信仰建立在情感之上，縱然信仰確實涉及情感。就個人而言，我確信耶穌肉身復活——從死裏復生，這是真實的、歷史性的事件；對此，我確信到一個地步，如果有需要，我可以為之而死。然而，同時間，我知道有很

多來自不同背景的人，他們的真誠程度並不下於我，卻不能委身於這奇妙的觀點之中。我們期望有朝一日他們可以作出委身。但重點是：我們無法以數學或邏輯的方法，完全證明耶穌從死裏復活。我們只能權衡對這一奇妙結局的各種解釋，藉此建立這一事件的歷史確據。我們有大量現成的選擇（參見馬太福音二十八章 11 至 15 節）。於我而言，對這幅「大圖畫」的各等解釋，沒有一種及得上新約聖經所說的——那就是上帝使被釘十字架的耶穌從死裏復活。對此，我們可以加上聖靈的見證，而那永遠都是含混的、難以捉摸的——聖靈在我們感到煩惱之時，總會說出智慧之言：**這是真實的，這是真實的。**

我們的信心都潛藏於這許多的因素之中。從聖經中我們讀到故事及對故事的詮釋。聖靈開啟我們的心眼使我們能以相信。作為一個羣體，我們把自己浸淫於古代的文化與歷史之中，好讓我們更正確地明白遠古的故事，權衡考量各種可能性，與跨世紀的同行者談論這些故事。我們從自己身處的地方去閱讀、聆聽及說話，認識到我們如何深深地根植於文化之中，並承認聖經文件的作者也是如此。我們是一**起**承擔這任務的！我們相信耶穌親口說的話（藉內住的聖靈向我們說話，耶穌的聲音在我們內心深處迴盪著）：記著！我常與你同在，直到世界的末了！（太二十八 20）我們沒有害怕的理由；我們可以帶著平安，一起參與這個過程。

註釋

1. C. K. Barrett, *New Testament Backgrounds: Writings from Ancient Greece and the Roman Empire That Illumine Christian Origins*, rev. ed. (New York: HarperSanFrancisco, 1987)；Craig A. Evans, *Noncanonical Writings and New Testament Interpretation* (Peabody Mass.: Hendrickson, 1992)；Larry R. Helyer, *Exploring Jewish Literature of the Second Temple Period: A Guide*

for New Testament Students (Downers Grove, Ill.: InterVarsity Press, 2002).

2. 三個較為流行的程式是"GRAMCORD"、"BibleWorks"及"Logos"，網址分別為：〈www.gramcord.com〉、〈www.bibleworks.com〉及〈www.logos.com〉。
3. 例如 John R. Kohlenberger III, *The NRSV Concordance Unabridged: Including Apocryphal/Deuterocanonical Books* (Grand Rapids: Zondervan, 1991）。
4. 「道」的神學（Word-theology）也是猶太人圈子所熟知的。亞歷山太的斐羅及一些亞蘭文舊約意譯（即他爾根〔targums〕，出現於一世紀或更早時期）也提及「上帝的道」是創造的媒介。埃文斯引用這些資料來源作為例子，證明一手著作對新約解經的價值（*Noncanonical Writings*, 5）。
5. W. Bauer , *A Greek-English Lexicon of the New Testament and Other Early Christian Literature*, ed. F. Danker, 3rd ed. (Chicago: University of Chicago Press, 2000).
6. J. P. Louw and E. A. Nida, *Greek-English Lexicon of the New Testament Based on Semantic Domains*, 2nd ed., 2 vols. (New York: UBS, 1989).
7. 「第二聖殿猶太教」泛指由公元前六世紀以斯拉及尼希米的後被擄時期（postexilic period），到公元七十年羅馬攻陷耶路撒冷期間，各門各支所組成的猶太教。
8. 大約在一九○○年間，就出現了零星的論爭；但從一九七○年代開始，論爭就特別激烈。要參看這個議題的文章，可參看蒂曼（F. Thielman）的歷史及內容概要，見"Law II：Paul," in *The IVP Dictionary of the New Testament*, ed. Daniel G. Reid (Downers Grove, Ill: InterVarsity Press, 2004）, 687～702。

第 6 章

書信
閱讀其他人的郵件

你們念了這書信，
便交給老底嘉的教會，叫他們也念；
你們也要念從老底嘉來的書信。
（西四 16）

前述各章的論題，均適用於所有新約作品，現在我們將轉到特定的文學小組別（literary subgroups）。在這章我們要討論的文學小組別是新約「書信」（letter or epistles；有人把“letter”or“epistles”作出區分，但這是沒有多大實際價值的；在本書中這兩個用語是可交替互換的）。各類新約文獻的小組別是由**文體**來界定的，在我們要繼續討論下去之前，我們會先弄清楚這一點（參後頁「段 6.1」）。一旦釐清這個問題，我們會探討關乎閱讀書信的兩個課題：閱讀書信時，把它們視為歷史文獻（historical documents；見「段 6.2」），以及把它們當作論證（arguments）來閱讀（見「段 6.3」）。

6.1 文體及副文體

文學裏有許多文體（genres；或譯「類型」、「體裁」），而文體影響解釋。法文裏"genre"這個詞，就如在英文中的一樣，可以應用於任何類型的東西：動物、音樂、繪畫、職業、人物、甚至交通工具；但其實這個詞絕大部分用於藝術的範疇，特別是文學。文學有許多類型（types）及副類型（subtypes），通常以風格、內容、目的等作為區分。在我們的文化中，常見的文學形式有詩歌、短篇小說、長篇小說及連環圖等；此外，也包括書信、新聞報道、論文和其他法律文件。學術論文、道德論述、笑話、講章、廣告口號、競選演辭和很多不同種類的作品；這許許多多的不同種類的作品，組成了我們慣常使用的大量文學體裁及副文體（subgenres）。

這意味著，在解經的時候，我們這些解經者為了可以持平地處
115~117 理一段經段，必須考慮它屬何種文學種類。這就是說，我們必須考慮其功能，那是與它的文體息息相關的。看看這首一九五〇年代後期的廣告小曲，那是為推廣男士髮型產品「布賴髮乳」（Brylcreme）而作的：

> 布賴髮乳，只需用一點點啊！
> 你有膽量就用更多！
> 當心！女孩都追著你啊！
> 你的頭髮，她們愛用手指來梳！

我們怎樣解釋一個內戰軍人在馬納薩斯（Manassas）陣亡前一星期寫給他妻子的道別信？但我們不能以同樣的角度來解釋這首廣告小曲的那「一點點」的優雅的文學味道。當我們要解釋新買的聖經軟件的在線說明，角度應該也不一樣。

當我們要解釋聖經，這同樣重要。我們要知道自己面對的是甚

麼類型的資料。傳統上，學者確認出四種主要的新約文學體裁：**書信**、**福音書**、**使徒行傳**和**天啟作品**（apocalypse）。我們甚至可以把福音書與使徒行傳歸到「敘事」（narrative）這主題之下，最終變成只有三**種**主要文體。無論如何，在這些主要的文體之中，還可以細分為許多不同的副文體（有時稱為「語域」〔registers〕），各有獨特的性質及解釋上的限制。例如，比喻、家庭規範（household code；德文稱為"Haustafeln"）、演說、詩歌、摘要、格言等等。上述各類副文體，使得這三種主要文體變得多姿多采，但也使得解經者要多加留心。

屬於書信文體的經文，在舊約聖經裏只零星出現（例如，耶利米書、以斯拉記、尼希米記及典外著作如《馬加比二書》），但新約聖經就滿了書信。新約二十七卷書之中，有二十至二十一卷是屬書信類或者於書中編入了書信。使徒行傳十五章、二十三章，以及啟示錄二至三章，都編入了書信。這些聖經文獻大部分都具有典型的古代地中海書信的基本形式；而數以百計的地中海書信出現在古埃及的垃圾堆之中（參後頁專欄「兩封古埃及書信」的兩個例子）：

開首語：	寄件人，致收件人。問安。
打開話題：	感恩或為……祈禱。
正文：	正文。
結束語：	問候，祝福。

有多種副文體（小組別或「語域」）甚至出現在新約書信裏。腓利門書和腓立比書發揮了引薦的功能；腓立比書包含道謝辭。哥林多前書七至十四章是對好些問題的回應；而羅馬書讀起來則可以像一篇教誨的論文，像約翰一書一樣。加拉太書一至二章、哥林多後書，以及也許包括約翰一書，表現了護教（apologies；意為「防衛」）

兩封古埃及書信

以下兩封信，第一封約寫於公元前三世紀中業，第二封約寫於公元一世紀，這兩封信都是在十九世紀末發現的。第一封信，是一位年輕男子寫給他父親克利昂（Cleon）的信，他的父親是埃及法耶姆區（Fayum）的一位建築師。第二封信，也是由一位兒子寫給父親的信，信中沒有打開話題的說話，也頗符合信中那種驕生慣養的語調。下文信中的開首語與結束語均以**粗體字顯示**，打開話題的說話則以*楷體顯示*，而信中的正文則用普通正文字體。括號“〔〕”插入了說明資料。原書英文譯文（略作調整）出自 George Milligan, *Selections from the Greek Papyri* (Cambridge: University Press, 1927), 7～8, 102～103。

信件一

坡律加得（Polycrates）寫信給父親，並向您請安。*願您身體健康，並事事順意。我們也都身體健康。*我常寫信給您，希望您能前來，推薦我，好使我能脫離現時的職業。又若現在可行，而又不阻礙您的工作的話，試試前來參加阿爾西諾伊（Arsinoe）節慶〔為祝賀後來被封為神明的阿爾西諾伊王后〕；因為若您親自前來，相信可以輕易就把我推薦給國王〔托勒密二世（Ptolemy II）〕。您知道我從菲洛尼底斯（Philonides）〔作者的兄弟〕得到七十個銀幣，我把其中一半留下來以備不時之需，而其餘的則用來支付部分利息，我之所以有這個安排，是因為我們不是一筆過得到這些金錢，而是分期獲得的。**請您寫信給我們，好讓我們知道您的境況而不用擔憂。請您好好保重，來見我們時是身體健康的。再見。**

信件二

塞翁（Theon）寫信給父親塞翁，並向您請安。〔*沒有打開話題的說話。*〕您作了件好事！您竟沒有帶我一同到城市去！您若拒絕帶我一同前往亞歷山太（Alexandria），我就不會給您寫信、也不會與您說話、也不會祝願您健康。又若您真的前往亞歷山太，我不會攙扶您，從今以後也不會再問您安。您若拒絕帶我，這些事就會發生！母親對亞基老（Archelaus）說：「他使我心煩，把他帶走吧！」但您作了件好事！您寄來給我的那些禮物——最好的那些，是無用的糠粃！當您在十二日啟航〔大概沿尼羅河往下走〕時，他們在這裏欺騙我們。我懇求您帶我同去吧，否則我會不吃不喝！事情就是這樣！**我為您的健康禱告。〔日期：月分及日子〕蒂尤比（Tubi）18。**

的色彩；而倫理指示（稱為「勸勉」〔parenesis〕）可以在很多書信（例如，帖撒羅尼迦前書、以弗所書四至六章和雅各書）中找到。加拉太書和哥林多前書七章則是忠告。而更多正式教導，出現在教牧書信的「教會典制」（church order）和歌羅西書三至四章、以弗所書五至六章和彼得前書二至三章裏的家庭規範。一旦要對著特定的羣體説話，有一些書信根本就像講章或在講道一樣，約翰一書、雅各書及希伯來書就屬於這一類。

所有新約書信 —— 即使是最個人性的書信（例如，腓利門書、約翰二書及約翰三書）—— 的作者，似乎都半有意識地或完全有意識地要把所寫的東西拿來給**公開**使用。無論這些書信是關乎一間地方性的教會（local church）的會眾（門 1 ～ 4 節），還是關乎幾間教會的會眾（西四 16；啟二～三章），這些書信總是「公開性的」—— 即使所有這些書信，本身都是「**歷史情境性**」（occasional）的，即有其獨特的背景及肇因。當中究竟是否有一些書信是**從未**打算公開的（如約翰三書）？這還是有討論空間 —— 雖然這些書信已公開了近二千年。可是，我們需要明白，刻意給「公開使用」，並不意味著他們「意識到他們是在寫聖經」，並把這些作品視為與聖經（即今稱之為舊約聖經的）平起平坐。若保羅發現到歷代的基督徒都在努力鑽研他寫給腓利門的短信，他可能會感到十分震驚或者尷尬 —— 尤其當他回想自己寫信時那種強烈得近乎「強逼」的態度。這封小書卷**已**成為聖經正典這一事實，見證了道成肉身是如此實在：即上帝並不恥於按我們之所是來使用我們；祂甚至成為我們其中的一員。

6.2 歷史處境：在另一端的是誰？

這一點，帶我們回到本書第五章所介紹的歷史處境的問題。我們要抓住的一個非常重要的重點，就是新約書信的「歷史情境性」

（occasional nature）。每一封書信之所以被寫下來的，都是關乎一獨特的歷史情境，就像林肯的蓋茨堡演說一樣，而並非像一般關乎某些神學議題的論文那樣，適用於所有時間。這些書信最終都可能變成是所有時間都適用的，但這大概不是作者的原意。因此，為了可以合宜地解釋新約書信，我們必須鑽研每一封信原來的**歷史情境**，並逐一加以處理。我們可以從三個角度去考量其歷史處境：（1）作者藉這封信要達成甚麼目標，（2）在信中對談的另一方說了些甚麼，以及（3）當作者寫信時，他認為哪些文化假設是不言而喻的？

118

6.2.1 以目標定向的神學：那是帶著目的而發出的

新約書信的「以目標定向」（task-oriented）的神學，源於其歷史情境性、源於作者的目的感，這與今天一些地方性的教會的講道與輔導所希望達成的，實在沒有太大差別。不幸地，新約文獻的日期、來源，有時甚至作者的身分，也沒有給說明出來——或沒有給明確地說明出來；而書信常常給我們帶來困擾的地方，正是書信假設了作者與讀者有相同的文化及情境，但這卻是我們今天無法直接知道的。例如，當保羅指責他的猶太讀者，即使他們如此厭惡偶像，卻偽善地偷竊廟中之物（羅二22）；保羅這樣說，究竟是甚麼意思？正如斯坦達（Krister Stendahl）所言：「即使是最神聖的正確答案，若果給應用在錯誤的問題上，其結果也不會正確……阻擋我們視野的，其實往往是我們自以為清楚知道的事，而非我們不了解的事。」[1] 讓我們繼續詳細討論這一點。

在我們的腦海中，一份文獻有它特別要解決的問題、要完成的使命、要**針對**的歷史情境（例如蓋茨堡的墓地落成儀式），而不是要對**其所身處**的普遍的歷史大背景說話。那獨特的情境，常常以德文"Sitz im Leben"（生活情境；"suituation in life"）來加以描述。在這種意義下，整部聖經都是歷史情境性的；每一卷書都有其“Sitz im Leben”（實際上，這個術語較多用於研究福音書之資料；這一點，我們會在下一章再加以討論。在這裏我們亦可使用這個術語）。聖經內所有書卷（在某些書卷，甚至可能是書卷中的某部分）都是為了回應具體的歷史情境而寫就的；而在新約聖經中，書信則最能徹底展現這種特性（就像舊約先知書一樣）。了解那些情境，對準確解釋某段經文而言，是很有幫助的，而且也往往是不可或缺的。但這不是說，我們經常都可以得悉這些背景資料。

有些新約書卷給我們提供了清晰及有用的線索，讓我們知道當時的歷史情境以及他們要處理的事。例如，哥林多前書清楚勾畫出保羅從革來氏家裏的人口中聽到關於哥林多教會的事：教會內的分裂及權力鬥爭（林前一 10～12）。事實上，整卷書信都反映出哥林多教會多方面的「情境」。另一方面，帖撒羅尼迦後書二章 1 至 12 節，則是資料不足的典型例子：當中提及「那」離道反教的事、「這不法的人」，以及一些「現在攔阻他的」事。保羅不願意白費筆墨，他匆匆寫道：「我還在你們那裏的時候，曾把這些事告訴你們，你 119
們不記得嗎？」（帖後二 5）我們可以看到，他希望整頓帖撒羅尼迦教會的問題；而他在信中所說的，對於第一代讀者來說，實在已經足夠了。但二千年之後，我們卻要不斷探討這封信所說的，到底是哪件事？而這件事又會如何影響我們？有關這方面的各種主張，可謂層出不窮。

今天，我們的處境實在有點諷刺，因為當我們需要重構各段新約經文背後的歷史處境，使我們能明白其原來的信息時，其實大部分的重構，都只是一種假設（hypothetical）。註釋書及專業期刊充滿互相抵觸的理論和另類的方案。但正如我們在上一章所看到的，這一點正是這個學科的特徵：得按著我們手上有的，盡我們所能的去作。（這個問題在福音書的研究上就更加倍複雜了，因為至少有三種可能的「生活情境」:(a)關乎耶穌在地上事奉的日子,(b)關乎復活後的羣體,以及(c)其後四福音的作者——他們的寫作對象是某些特定的教會羣體——的生活情境。然而,無論我們感到何等挫敗(因著未能知道我們想知道的東西),我們的原則仍然是:惟有當我們考量及嘗試解釋新約書信最原初要達成的「目標」,我們才能好好理解聖經文獻(因而也能好好理解聖經的教導)。

6.2.2 對談的另一方說了些甚麼

我們所面對的問題,部分源於新約書信只讓我們聽到其中一方的談話。如果我們能夠找到保羅的私人通訊檔案,包括任何令他感到煩擾的來自哥林多的信函;或者,找到來自百基拉和亞居拉的報告,而報告中透露了羅馬教會的情況,那將會是極之有用的了(更不用說那是多麼「刺激」)。在缺少了這些資料的情況下,學者們已經在盡力重建新約函件中另一方的談話內容了。他們之所以這樣做,是因為他們秉持著充足的理由:我們愈了解那些對談,就愈了解保羅或雅各或任何其他書信的作者所說的話。

重建「完整」的對談的其中一種技巧,是對書信進行一種「反照的閱讀」(mirrored reading)。讓我們以約翰一書一章5節至二章2節作為一個測試實例。當我們仔細分析經文,我們會發現這段經文的結構,是包含著一連串共六句「假設句」(if-then)的結構。以約翰一書一章6節為例:「我們**若**說是與〔上帝〕相交,卻仍在黑暗裏行,**就是**說謊話,不行真理了。」進一步的分析,顯示出這六句假設句分為三對:一章6節,由7節來解答:「我們若在光明中行,如同上帝在光明中,就彼此相交,他兒子耶穌的血也洗淨我
120 們一切的罪。」一章8節及9節,組成了另外一對;而一章10節至二章2節則涵括了第三對。

看上去，作者（我們可以稱他為約翰）在這裏先引用了的，是反對他的神學的人所提出的教導（約壹一 6、8、10），然後，作者以他認為是合理的教導來作出回應（約壹一 7、9 及二 1～2）。然而，反對他的人顯然堅持他們與上帝之相交，是不受「約翰視之為行在黑暗中」的行為所影響的（約壹一 6）；而他們既不認為自己有罪（約壹一 8），也不認為自己犯過罪（約壹一 10）。把遍布在約翰一書中的其他提示（例如約壹四 2）加起來，這些給「反照」出來的聲音強烈暗示了約翰是在面對一羣有諾斯底背景的人，他們把靈性世界與物質世界斷然分割。顯然，從他們的角度看來，如何活出其實存之身體（physical existence），與他們實存之靈性實在（the realities of their spiritual existence），兩者根本沒有任何關連。因此，他們甚至否認神性的基督（divine Christ）曾成為有血有肉的位格人（human person）並來到世間；他們亦因此堅稱，他們本身既作為神性的基督的肢體，根本就不再需要拘泥於肉體的束縛。這就是約翰（在一章 5 節至二章 2 節）正面對著的一些觀念。帶著這些一世紀末的問題來讀約翰一書，使我們對經文有更深入的解經上的理解 —— 而這種領會是惟有用這種方法才能得到的。「反照的閱讀」是發掘這些議題的一個有效方法，但我們要培養判斷力，並要明白到，這方法很容易使我們落入一種循環式的推論之中，亦因此 —— 就正如任何其他歷史研究方法一樣 —— 這種方法同樣容易被濫用。

6.2.3 文化假設

閱讀大量有關該時期的一手文獻，對重構當時的情境，特別有幫助。這種方法就是我們在本書第五章討論過的「整合的現場感」。（另外，文獻選集 —— 例如巴雷特所編的選集[2] —— 讓我們能嘗嘗那些作品的滋味。）例如，當時代的諾斯底派哲學，為我們提供了線索，讓我們可以理解約翰一書堅稱「具肉體的」(freshly)基督時，它究竟要處理甚麼問題；或者，讓我們可以理解歌羅西書談及宇宙的基督(cosmic Christ)時，作者在考慮甚麼事情。認識一世紀羅馬關於奴隸及奴隸的擁有權的相關法律，能闡明保羅在腓利門書所說的話，並幫助我們有智慧地推斷保羅究竟希望腓利門怎樣做。這類資料替我們填補了空白的地方，因為書信要完成的「目標」，往往是暗示而非明言的。這些資料也填補了其他空白的地
121~124 方，例如，對談中「聽不見」的一方所說的話，或者，那些沒有明言的文化假設。有一位與我關係極之密切的人，慣於在我每次使用他的汽車時，都會再三告訴我，那是刹車踏板，那是甚麼甚麼，但這些其實都是一般人十分熟稔的汽車控制系統。我們稱這些不必要的資料為細枝末節(pedantic)；若可行的話，我們都會盡量避免。我們沒有理由相信古時的人在這方面會與我們不同。新約作者及讀者分享著大量相同的文化假設、公共資料，這些都是不需要再三重申的，但這些資料會隨著時間及教會進到不同文化中而慢慢消失。因此，查探這些資料，不再是細枝末節的表現。

可以用來說明這些文化假設的其中一個較為明顯的例子，就是作者選擇了使用通用希臘文作為寫作語言。沒有新約作者打算費功夫給讀者解釋希臘文文法及詞彙，他假設他們都是明白的。原來的收信人顯然是明白的。我們不會聽到保羅說：「你明白我用將來時態(future tense)是甚麼意思吧？這是指還未發生的事。那『**顯然**』這個字又如何呢？這是指『據我們所知』，對嗎？」但今天我們花上數千元及數百小時，就是要學習那種語言的基本知識，好讓我們可以參與聖經的對談。

在另一個層面上，哥林多前書十一章包含了一個複雜的文化習慣系統，那是現代讀者感到陌生的，至少，對大部分英語世界的人來說，那是陌生的。究竟發生了甚麼事，以致女人要蒙頭，又會視

長髮的男人為羞辱呢（林前十一 14～15）？在一九六○年代中，家父無疑認為他真的明白男人（或者，應該說是十來歲的少年人）留長髮的問題：因為那時我正在模仿披頭士樂隊（Beatles），長著長髮。但我懷疑家父所關注的問題，是有別於保羅要面對的問題。讓我們想想當保羅說以下的話時，這究竟是甚麼意思（林前十一 10）：「因此，女人**為天使的緣故**，應當在頭上有服權柄的記號。」天使？甚麼天使？保羅的哥林多讀者們，顯然不需要他多加解釋，也能明白他的意思。但對我們來說，這卻是「一片空白」。讓我再重申，這裏的重點是：倘若我們未能得悉一段經文的歷史背景資料，這確實會削弱我們對經文的理解能力；但我們卻不能保證，經常可以得到我們所需的資料。對我們來說，最方便的，是從一部優秀的聖經字典或註釋書找尋這些資料，而大部分我們真正需要的資料 —— 只要這些資料是有機會可以重構的 —— 都可以在當中找得到。例如，要解答哥林多前書十一章 10 節的問題，我們可以參考《保羅及保羅書信字典》（*Dictionary of Paul and His Letters*）[3] 中有關天使及蒙頭的文章。

以社會學方法分析聖經的世界（sociological analysis），是當中值得一提的研究領域。雖然解經家及歷史學者們早已留意到一世紀猶太希羅文化的社會面貌，但到了最近幾十年，他們才致力引入嚴謹的科學方法。特別是一批受過社會學理論訓練的學者，他們轉而把他們的才能及學問，用於聖經文化的分析之上，並以他們的觀點闡明經文的意思。[4] 這些研究涉及的議題計有家庭結構、婚禮及結婚、離婚、政治與經濟、政治與宗教的重疊部分、權力與威權、羞恥與榮譽、階級區別及社會流動（或缺乏社會流動）等 —— 所有這些因素，對經文背景之研究，扮演了沉默卻重要的角色。對於那些從小就浸淫在該文化氛圍的人而言，保羅與雅各根本不用在信中特別交代甚麼社會文化前設，因他們會視之為理所當然，就正如西方

透過鏡子看約翰二書

請按「段 6.2.2」(頁 136)所建議的那種問問題的方式，分析約翰二書，嘗試自行重組書信背後的情境。然後把你的分析結果，與這裏所提供的作比對。

基本資料

1 節a　「太太」: 是指個人(參約叁 1)還是一羣會眾？如果是後者的話，為何要這樣稱呼他們？他們需要一個代號？

1 節b　「長老」: 是一種描述，還是一個身分？如果是後者的話，這暗示了一個怎樣的領導結構？

1 節c　「我誠心所愛的」: 是暗指(veiled allusion)其他沒有愛的人(留意原文用了加強語氣的「我」〔ἐγὼ〕)，還是那些聲稱愛但愛得不「誠心」的人呢？

1 節d　「一切知道真理之人」: 是暗指不知道真理的某些其他羣體的成員？

3 節a　「父上帝的兒子耶穌基督」: 可會是在加強耶穌與基督，以及耶穌與父上帝的關係？

3 節b　「在真理和愛心上」: 約翰的特色。這話給加在這裏，似乎是要把標準問候語「恩惠，憐憫，平安」變得「約翰化」(Johannize)。在信中是否有一些對「真理/愛心」這種約翰式的指涉？即作者腦海裏，是否想著一些特定的行為？

4 節a　「你的**一些**兒女」: 這是暗示會眾裏面的派系鬥爭嗎？

4 節b　「從父」: 有特別的原因以致不說「從子」嗎？

5 節a　「新命令」: 令人想起約翰福音十三章 34 節。在這裏，這卻不再是一條新命令，而是一條舊命令(參約壹二 7，五 3)。

5 節b　「不是一條新命令」: 暗示反對的一方創造了一條「新」命令？(參 9 節)

5 節c　「從起初」: 假如「舊」命令就是約翰福音十三章 34 節所記載的命令，那麼「起初」是指耶穌在地上時的事奉嗎？

5 節d　「彼此相愛」: 與反對的一方的倫理缺點有關嗎？

7 節　「世上有很多迷惑人的」: 很清楚的指向其形勢的其中一個面向。

8 節　「你們要小心」: 另一方面的形勢：長老對「太太」的屬靈福祉感到憂慮，因為他看到分裂教會的異端(於各處周遊作教導的教師)的威脅。

9 節a　「越過」: 很可能是以諷刺的方法指涉「高深的」新教訓(參 5 節的「新

	命令」，以及 7 節關於高深教訓的內容）。
9 節b	「沒有上帝」：否定反對者作出的聲稱。
9 節c	「有父又有子」：糾正反對者對父及（人性的）子的分割？
10 節a	「到你們那裏」：暗示於各處周遊的宣教士或巡迴教師的領導風格？也見於約翰二書 12 節：「我……盼望到你們那裏。」
10 節b 至 11 節	「接待他……問安」：意指早期教師們建立活動基地的方法，那就是依賴當地信徒羣體的接待（hospitality；就像今天基督教的巡迴詩班一樣）。對比約翰三書 5 至 8 節。
12 節	「還有許多事要寫給你們」：可能是指到我們現在所稱為約翰一書的書信？這與約翰三書 5 至 8 節有任何歷史關係嗎？
13 節	「蒙揀選的姊妹」：說明了在長老的領導下的教會制度或地方性的教會的會眾制度。這可以怎樣與約翰三書的會眾連繫起來？

以經文作為基本資料所得的結果的摘要

a. 一些參與地方性聚會的會眾，（至少）在「長老」的領導下互相聯繫起來。
b. 會眾接受周遊各處的巡迴教師的教導，這大概也包括長老。
c. 當中一些周遊各處的教師，或許是別處來的「陌生人」，他們開始教導一條「新」的、自稱為「高深」的教條，其核心思想是否認神聖的基督具有真實的人性；耶穌這人並非基督，反之亦然。這或許暗示我們不再需要耶穌作為通往上帝的途徑。
d. 這「高深」的教條的進一步特徵，是鼓勵（若非公開地教導）「去強調化」（de-emphasis）相愛的行為。
e. 羣體內的一些成員，因受這些教導影響而開始動搖；而其他人雖未致動搖，卻（大概是出於無知）接待這些周遊各處的教師，而變相支持這些異端。
f. 長老很關注羊羣的屬靈福祉，他說他打算親自到他們那裏，並在這封信談到他的計劃。

人士會視自由市場貿易及陪審團制度為理所當然的一樣。然而，倘若西方的解經者能明白一世紀希羅社會中**男家長**（paterfamilias；即領導家族的人）在家族裏的特權、權威及責任，他們就能明白如以弗所書五章21至六章9節等經文的意思。解經者注意到「彼此順服」(弗五21)這一信息，對基督徒丈夫、父親、主人而言，是何等的反文化(counter-cultural)。但基督依然是其身體——教會——的「頭」，這確立了一世紀男性在家庭裏作「頭」的論據；但基督作為教會的頭，其實際**功能**卻是為教會的緣故犧牲自己，這徹底顛覆了社會上普遍接納的——實際上是合法的——價值觀，也就是顛覆了基督徒該如何「管理」其家庭的方式。因此，以弗所書原來的讀者可以理解當中的含義，不需作者再交代任何社會學上的大背景，但這對於現代西方讀者卻不然。社會學的分析能幫助我們拉近這差距。[5]

6.3 論證

如果說，我們剛探討的，是關乎書信的**為何**(why)及**如何**(how)，而現在要轉向探討的，則是涉及**甚麼**(what)——即在書信中要「論證」的——這未免有點過分簡化。然而，這樣說也有一些邏輯性。事實上，我們需要明白一位聖經作者要處理的神學目的，而那是受制於歷史的(那是歷史情境性的)；我們也要明白他
125 與聽眾溝通時，採用了甚麼特定的寫作形式(particular form)及作出了甚麼特定的文化調適；但我們終歸都需要明白他的信息的內容。他在這一歷史情境中並採用了這種寫作形式，他實際上說了些甚麼？他要論證的是甚麼？我們可以把討論歸結在三個標題之下：修辭評鑑學、句法結構及邏輯發展。

6.3.1 修辭評鑑學

在這幾十年間，研究聖經文學的領域有眾多令人著迷的方法，其中一種特別適用於新約書信的研究方法，就是「修辭評鑑學」(rhetorical criticism)。一些評鑑學者透過著名的古代修辭評鑑學者

（亞里士多德〔Aristotle〕、西塞羅〔Cicero〕、昆體良〔Quintilian〕）提出的理論，分析保羅書信，彷彿保羅是一位希羅修辭學學生，也彷彿他的書信多少是嚴格依據著大師的「規則」（rules）而寫成的。雖然當中很多分析大概都有點託大，但這仍然是管用的。這些分析使我們意識到，保羅雖然是當時代的人物——甚至身為猶太學者——他有極佳的能力讓自己遷就外邦的聽眾。

有三個主要的古代希羅修辭學「取向」是評論家所公認的：**仲裁式**（forensic）、**褒貶式**（epideictic）及**勸說式**（deliberative）。[6] 仲裁式的修辭學著眼於過去，以實際曾發生的事情來控告某人或為某人辯護（「後來，磯法到了安提阿；因他有可責之處，我就當面抵擋他」〔加二 11〕；保羅在這裏為自己辯護）。褒貶式的修辭學著眼於現在，對某人現今的價值或行為，予以讚美或責備或評價（「第一，我聽說，你們聚會的時候彼此分門別類，我也稍微的信這話」〔林前十一 18〕）。勸說式的修辭學著眼於未來，對將來可能發生在某人身上的事，給予鼓勵或勸阻（「我們堅固的人應該擔代不堅固人的軟弱」〔羅十五 1〕）。

同樣地，古代的作者或演說者，也會站在三種立場去激勵聽眾或者對他們提出訴求：即品格（*ethos*）、理性（*logos*）及激情（*pathos*）。站在品格的立場提出訴求，即以傳遞信息者的道德權威為基礎。母親們會用這種方法：「因為**我**這樣說，這就是原因！」假如指控的理據是要顯示建議的公正性或邏輯性，那就是站在理性的立場。丈夫會用這種方法：「唷！這是合理的，這就是原因！」若論據是訴諸個人情感或責任，這就是建基在激情的立場之上了。 126
馬龍．白蘭度（Marlon Brando）在《教父》（*Godfather*）中就用上這種方法：「你欠我的；這就是原因！」

除了提出訴求時所採取的立場與取向之外，現代的修辭評鑑學者也留意到古代修辭學者如何鋪排信息。例如，在一封正式的書信

（或演辭）的正文中，典型的信息鋪排會具備以下元素：

開首語：	表明作者與收信人
緒言（*exordium*）：	與收信人建立友好關係
命題（*proposito*）：	陳述書信的重點、論題
論證（*confirmatio*）：	給命題提供證據
駁斥（*refutatio*）：	駁斥任何預期會出現（對命題）的異議
結論（*peroratio*）：	基於命題，對事情作出總結，並有可能再申述作者對讀者的期望
結束語：	問候和祝福收信人

文本中包含的其他修辭特點，包括好些吸引讀者的寫作技巧，例如我們在本書第四章討論過的交叉配置法、首尾呼應、重複法、對比等等。

保羅寫給腓利門的短信是闡明這些技巧的最佳例子。可能的話，請你先花一點時間閱讀這卷書，才繼續讀下去（所需時間應少於兩分鐘）。我們很快就可以看到，保羅在要求腓利門為這位出走的奴隸（阿尼西母）做一點甚麼事。保羅在信中沒有詳細說明這些事。而這件事是腓利門還未做的，也不是他正在做的（至少從保羅的角度看來）——這是他至今還未做的事，也就是關乎將來的事。因此，從修辭學的角度來看，這封寫給腓利門的信表現出一種「勸說式」的取向。保羅不是在控告、辯護或評價，而是嘗試說服腓利門採取行動。

這封書信包含著強烈的動機。例如，保羅承認他有「倫理的」權威（修辭學上的「品格」立場），可以命令腓利門去做這件事（無論是甚麼事），但他寧可訴諸於與腓利門的關係以及他對保羅當盡的責任（門 8～9 節；修辭學上「激情」立場）。邏輯（「理性」）於這事似乎沒有明顯的角色，可能除了 17 節——當中腓利門對保羅的愛，或許可以在「邏輯上」轉移到保羅所愛的人身上（留意當中的「假設句」結構）。但信中整體語氣所迴盪著的，是保羅感到腓利門是欠他的，這是「馬龍．白蘭度式」的討債行為。也許我們不想稱這封信是一封「招人憐憫」的信（pathetic）；但假如我們這樣做，修辭評鑑學者會知道我們所指何事。

我們也可以分析書信的修辭結構。如果你剛才花了兩分鐘去讀 127
那封書信的話，你也許已經留意到一些接著要討論的事了。開首的三節，正好是「開首語」。在提摩太的陪同下，保羅寫信給他的朋友腓利門、腓利門的家人（似乎包括他的家人）及在腓利門家的教會。然後就是「緒言」（門 4～7 節），保羅嘗試與腓利門重建友好關係，稱讚他在眾聖徒中所作的善事。他希望藉此預備腓利門的心，讓腓利門能聆聽他實際上要說的話。保羅隨後在 8 至 10 節展開「命題」，他代表（或許是「為了」）阿尼西母提出基本的（即使是不明確的）訴求。接著的部分是「論證」（門 11～16 節），概括地論述了阿尼西母的最新情況，為保羅的訴求提供理據：從前無用的傢伙，現已成為基督裏的弟兄。在 17 節，保羅開始「結論」部分，替這件事作出總結。但他這時突然把思路打斷了，插入了「駁斥」，這是為了正視腓利門有可能提出的合理的異議，並對之作出「反駁」（門 18～19 節）。然後，他繼續其「結論」部分（門 20～21 節）。就在 23 至 25 節的問候「結束語」之前，保羅加插最後一個打動人心的手法，那就是「品格」——而非直至現時為止他用得最多的方法（「激情」）。保羅顯然打算親自檢視一下腓利門與阿尼西母相處得是否融洽（門 22 節）。

保羅不太可能有意識地模仿那時代的修辭學家來寫這封信。他大概沒有停下來，拿著筆，自言自語地說：「現在到了『駁斥』部分了！」但他可能已經受過良好的教導，知道怎樣才能確當地與一個富裕的以及受人尊敬的「紳士」談論一個從他那裏出走的奴隸。

無論如何，我們能意識到典型的希羅式辯論事情的方式，確能使我們能近距離看清楚保羅或其他聖經作者怎樣在這些書信裏運用這等技巧；由此，幫助我們聽到第一代讀者聽到的信息。

6.3.2 句法結構

如果，別人對上述這些話根本就不明所以（也就是由修辭技巧所推動的結構所帶出的話），這些修辭結構根本就不會影響到讀者；因此，組成保羅這封信中各個修辭階段的片語及句子，必須設計得宜，正如我們在本書第四章所說的。如果要溝通到，文本的句法就必須有意義——同時對作者及讀者有意義；最理想的情況是：雙方領會到的意義是相同的。在腓利門書中，我們可以識別到保羅辯論的各個修辭階段，這一點就說明了作者保羅完全遵
128 守通用希臘文的句法「規則」（英譯者也要遵守英文的句法規則）。分析句法結構的確能幫助讀者掌握作者的信息——無論我們是否有意識地這樣做。（要重溫這裏所指的經文句法結構分析，請再參看「圖 4.1」至「圖 4.6」。）

6.3.3 論述的邏輯發展

以圖析方式把經文句子內以及經文句子之間的句法關係表達出來，也只能把我們帶到這裏，即使這個步驟在解經中是必須的。既知道兩個子句**是**相關的，並不必然能告訴我們這兩個子句**怎樣**相關——它們的關係究竟有甚麼意思，或者，它們存在怎樣的邏輯關係。例如，究竟子句乙在邏輯上怎樣從屬於子句甲呢？在眾多可能性當中，究竟乙是甲的原因、甲的結果、成為甲的條件、甲的目的、從甲所得到的結論？還是甲是其「反期望」（**即使乙是正確，然而〔以及與所有期望相反〕，甲也是正確的嗎**）？這是一時間性的關係嗎（**……的時候、之後、之前……的期間**）？假如甲與乙

是**並列**子句（而非某一個**從屬於**另一個），那麼，乙是甲的引申、與甲相反、甲的重申？還是給較為普遍的甲，提供一個或多個的例子？

這些可能性，代表了溝通的邏輯、論述的邏輯。這與剛才在「段 6.3.1」所說的以「理性」為基礎的修辭手法（即「品格」與「激情」之外的修辭手法）不一樣。那種「理性」的邏輯使人可以在結束時寫上“*q.e.d.*”（“*quod erat demonstrandum*”：「要證明的，已經證明完畢了！」）但本段我們要討論的，是語言如何戲耍著不同的思想，並使之組合成各種關係。即使是一個（在“*q.e.d.*”的意義下）不合邏輯的論點，也需要「邏輯地」表達出來，好讓人辨認出其不合邏輯性。

讓我們以上述的角度來思想腓利門書。當保羅提到最重的事情，他採用了一個高層次的連接詞「所以」（διό；門 8 節）作開始。這是一個「高層次」（high-level）的連接詞，因為它在這裏的功能是把兩個段落（而非兩句句子或子句）連接（「結合」）起來。我們在 4 至 7 節的「緒言」部分看到，保羅讓腓利門知道，他有多欣賞腓利門的美好見證和腓利門對待眾聖徒的寬大，由此，保羅與他建立起友好的關係。現在，我們可以從這個小小的連接詞（「所以」）看到，保羅之所以這樣奉承腓利門，不單單為了愉快地與他再聯絡，而是為了把腓利門帶入進退兩難的窘境。腓利門大概在他的客廳裏，在家人及教會的肢體面前，聽人（推基古？）朗讀這封書信。當他聽到 4 至 7 節這段經文時，如果他以志得意滿（但謙虛）的神情來點頭的話；那麼，當他聽到命題的部分（門 8～10 節），如果他現在要拒絕保羅（關於阿尼西母）的要求，那將會是一件十分棘手的事。因為保 129
羅用了「所以」來把兩個段落「合邏輯地」連繫起來，使之成為勸告的基礎：「因為『甲』對你來說是正確的，**所以**你要做『乙』啦。」腓利門現在若要拒絕保羅的要求，他必須證明保羅對他的評價也是錯的；但這是腓利門已經贊同了的評價（這是我們的揣測）。無論這是否嚴格意義上的「合乎邏輯」(在“*q.e.d.*”的意義下),這種分析都表現出保羅在這裏說話的「論述邏輯」(discourse logic)。

即使在「較低」的層次中,也就是在單一的句子內的子句之間,也有同樣的邏輯關係。當中有一些只隱隱包含著「標記」——特別是那些分詞結構的造句。讓我們看看腓利門書 4 至 5 節a(只包含了由腓利門書 4 節伸展至 6 節的整句句子的一部分;譯按:經文中譯按《新標點和合本》另譯,下同):

常為你感謝我的上帝;
　　我禱告的時候〔**做出**〕提到你,
　　因**聽說**你的愛心並你……的信心……

Εὐχαριστῶ τῷ θεῷ μου πάντοτε
　　μνείαν σου *ποιούμενος* ἐπὶ τῶν προσευχῶν μου,
　　ἀκούων σου τὴν ἀγάπην καὶ τὴν πίστιν...

在靠近左白邊的主要子句中,保羅聲稱「〔我〕常為你感謝我的上帝」。這句句子有兩個從屬分詞子句(留意中文粗體字〔希臘文為斜體字〕分詞「做出」〔making;ποιούμενος〕及「聽說」〔hearing;ἀκούων〕),但這兩句從屬子句怎樣支持主要子句?分詞子句**不會**明確定義它們與「管理」它們的主要子句之間的「邏輯」關係,讀者必須自行推斷當中的邏輯關係。這與腓利門書 7 節末的子句——明確地以原因連接詞(causal conjunction)「因為」(ὅτι)作記號——形成了對比。4 至 5 節a的子句之間欠缺一個明確的邏輯關係記號,並不表示那些關係不重要,更不代表這些關係不存在。但那是甚麼關係?看看《新修訂標準譯本》怎樣補加英文連接詞來使這些關係變得明確(留意中文粗體字及英文斜體字):

〔**當**〕我禱告的時候提到你，
常……感謝我的上帝
因我聽說你的愛心並你……的信心

When I remember you in my prayers,
I always thank my God
because I hear of your love... and your faith.

當然，《新修訂標準譯本》對主要子句及其兩個從屬分詞子句之間的關繫，理解得是否正確，是另一個課題（我想，它應該是正確的）。但無論這正確與否，以這方式來讀腓利門書 4 至 5 節a，代表保羅感謝上帝是**因為**他不斷聽說腓利門是一個好弟兄、是有信心的基督徒；為此，他**每次**禱告時都表達他對上帝的感恩。兩個分詞子句回答了「邏輯的」問題：**何時**及**為甚麼**保羅會如此感恩。

要明白聖經中的書信對當代讀者的含義，我們必須如實分析經 130~132
文的內容——逐段逐段分析其論據，這種讀經的態度，與投進其歷史處境、文化處境及文學語境來讀經，實並無二致。承擔上帝的道的職事，是莊嚴及神聖的責任；他們為了託付予他們的羣羊的福祉，獻身於這事奉。因此，無論是奉管理或組織之名，還是為了應付牧職的其他需要——那怕這是多麼美好及有益的面向——若他們忽視了這個呼召，即使會眾再多，他們亦只是在牧養一羣脆弱及膚淺的會眾罷了。

6.4 解釋書信的簡易程序

我們可以藉一連串的「步驟」來結束這章——即以最簡略的方法打下解釋書信的良好基礎。以下開列的要點，都是上文曾處理過的（經文鑑別學、翻譯、界線等等）。

A. 使自己熟悉整卷書的結構，也就是熟悉經段的「宏觀結構」（macro-structure）。

1. **不要**只顧一頭栽進一段經文或經段，忘記了整卷書是一個整體來的。如果可能的話，最理想就是自己先行確定書卷的結構，才參考其他意見。
2. 如果沒有足夠時間自行分析結構，那麼至少要參考相關的註釋書或者字典中的文章，以整理出一點路向。參考多於一部工具書就更理想。
3. 長遠來說，應常常處於正在研讀**某些**聖經書卷的狀態之中。也許可以花六個月至一年時間去掌握一卷書，例如加拉太書或耶利米書（舊約也是我們的研讀目標）。
4. 為整卷書弄出一個「附評註的大綱」（annotated outline），這是非常有用的。這個大綱讓我們看到論據推論的過程，以及看到個別經段在整個架構中所處的位置。這個大綱可以給每部分及每個更為細小的部分提供簡短及簡潔的概要，讓讀者在埋首於細節前，能清清楚楚地概覽全書的論據究竟如何推演，這也能幫助讀者明白如何把一特定經段「置放」在其文學語境之中。

B. 分析經段的「微觀結構」（micro-structure）。為經段本身作句法分析及論述分析。當然，這些分析是要建基於你的譯文。假如你仍未學習希臘文，那麼，請至少參考幾種譯文；然後嘗試比較這些譯文，看看它們如何處理經文在句法上以及在論述上的各種關係。

羅馬書六章 1 節至八章 30 節的附評註大綱

以下是羅馬書第三個主要部分的點列大綱及簡註。當保羅在前兩部分證明了全然定罪（羅一 18 ～三 20）及全然恩典（羅三 21 ～五 21）後，他現在開始反駁因此而作出的一種虛假結論：那麼，我們便可以自由地任意犯罪了。

恩典、律法及不羈放縱（羅六 1 ～八 30）

「因信稱義」這一教義，怎樣與「我們明顯需要順服上帝的律法」相符？

1. 恩典不是犯罪的藉口（羅六 1 ～七 6）

a. 那些與基督認同的人，可以繼續犯罪嗎？（羅六 1 ～ 14）

一旦受洗與基督聯合，我們就分享祂的所有，包括：向世界死，以及從罪的權勢中得釋放並享受新生復活。

b. 人被釋放了，仍然是奴僕嗎？（羅六 15 ～ 23）

我們不可能只從罪中得釋，我們必須順從義這位新主人；不然，我們會再次成為罪的奴僕。基督使「作義的奴僕」成為可能。

c. 寡婦仍算是已婚的嗎？（羅七 1 ～ 6）

驅使我們犯罪的「律法」，正是取去我們性命的那段婚姻，但如今這段婚姻在基督裏已經結束了。律法使我們所受到的最大的痛苦，就是死亡；亦只有死亡，才能使我們離開律法的權勢。基督已經在律法之下受死，而我們是在基督裏的，因此，我們也「在律法之下」死了（因而都「向」律法死了）。

2. 律法不是罪（羅七 7 ～ 25）

a. 罪魁禍首是罪，而不是律法。（羅七 7 ～ 12）

雖然律法本身並不是罪，但律法被罪利用，生出罪及死亡。

b. 對罪而言，律法是無能為力的。（羅七 13 ～ 25）

律法雖是神聖的、公義的及良善的，但卻無能力使基督徒不犯罪。一方面，縱使基督徒會犯罪；但另一方面，最重要的是，這不再是信徒作的，而是他或她裏面的舊的本性作的，而這個舊本性，當然已經被定罪了。基督徒的新本性是不在律法之下的。

3. 聖靈改變萬事（羅八 1～30）

a. 體貼聖靈與體貼「肉體」。（羅八 1～11）
保羅以「肉體」（flesh）及聖靈來比對舊本性的不順服及新本性的順服。信徒在聖靈裏得以更新，就要隨從聖靈的律。

b. 靠聖靈的能力治死「肉體」。（羅八 12～17）
肉體是死的，並且每日都繼續在被治死的過程中。與這被治死的過程相關的痛苦，與基督所忍受的痛苦是相同的；這也是順服主的基督徒——身為上帝的兒女——今生的分。

c. 在痛苦中聖靈會幫助我們。（羅八 18～30）
隨從聖靈，意味著要在這世界受苦，正如基督受苦一樣。但在痛苦之中，聖靈藉完全的禱告支持我們，祂也藉著對將來的榮耀的盼望鼓勵我們，讓我們感到安心。

C. 總結目前所得。以你的說話寫出從步驟 A 到 B 的初步摘要，包括（1）經段的內部邏輯及內容；（2）經段怎樣配合較大的語境的邏輯以及整部書卷本身的邏輯。請緊記本書第三章的石牆意象：石牆的各主要部分彼此連結，構成整堵石牆；同時，整堵石牆的各主要部分，本身也是由較細小的石塊連結而成的。嘗試以短句來總結這些成果；可行的話，每個發現都化成一句句子。這些摘要應該被視為一種臨時的語句：當你繼續研究下去，你有機會繼續修訂這些語句，但無論如何，它們可以用作暫時的指引。

D. 考慮任何能夠闡明這段古代經文的文化議題。要考慮的文化因素諸如**男家長**在社會上的角色，或者規管奴隸的帝國法律，或者哥林多的基督徒婦女，為甚麼在教會聚集敬拜時要蒙頭。所有這些（及更多）議題都是深具意涵的，並對我們該怎樣閱讀經文具決定性的影響力。

E. 決定書卷及經段的「歷史情境」，分析書卷及段落的歷史情境，然後把這些資料再送回步驟 C，再考量一遍，必要時修訂你在那個步驟寫下的語句。

F. 制定一個建基於這段經文的教學或講道計劃。利用步驟 C 所寫
下的語句，協助你制定研經或講章的主題及小點（subpoints；
但不一定需要有這些小點）。而經文原來的情境的文化處境， 133
與你服事的對象的文化處境，兩者可以怎樣關連起來，這問題
你要仔細思考。這兩種文化處境甚少可以完全對應，也就是：
今天在溫哥華戴帽子及披頭巾，與昔日在哥林多做同樣的事，
不太可能有相同的文化意涵。

接著的兩章，我們會討論新約的敘事文體：四福音及使徒行傳。

註釋

1. Krister Stendahl, *Paul Among Jews and Gentiles and Other Essays* (Philadelphia: Fortress, 1976), 6.
2. C. K. Barrett, ed., *The New Testament Background: Writings from Ancient Greece and the Roman Empire That Illumine Christian Origins*, rev. ed. (New York: HarperSanFransisco, 1987).
3. 例如 Daniel G. Reid, "Angels, Archangels," 及 Graig S. Keener, "Man and Woman," in *Dictionary of Paul and His Letters*, ed. Gerald F. Hawthorne et al. (Downers Grove, Ill.: InterVarsity Press, 1993), 20～23, 375～377, 583～592 (esp. 585～586)。
4. 對研究保羅文學這一領域的有用概覽是 S. C. Barton, "Social-Scientific Approaches to Paul," *Dictionary of Paul and His Letters*, 892～900；留意作者引用的著作。
5. 這原則也同樣適用於福音書的研究。參例如 K. C. Hanson and Douglas Oakman, *Palestine in the Time of Jesus: Social Structures and Social Conflicts* (Philadelphia: Fortress, 1998)。
6. 例如 G. A. Kennedy, *New Testament Interpretation Through Rhetorical*

Criticism (Chapel Hill: University of North Carolina Press, 1986)，以及一部應用修辭評鑑學的經典 H. D. Betz, *Galatians*, Hermeneia (Philadelphia: Fortress, 1979)。

第 7 章

敘事（一）
講述古老的故事

這圍殿的旁屋愈高愈寬；
因旁屋圍殿懸疊而上，
所以愈上愈寬，從下一層，
由中一層，到上一層。
（結四十一 7）

「故事」或者「敘事」可分為不同類型——英雄事迹、疑案、浪漫、悲劇和喜劇、傳記和冒險、寓言和神話故事，我們在這裏雖只列舉一些例子，然而，我們也應已看出這與「書信」存在著基本差異。書信在進行議論（argue），而故事則講究情節（plot）。我承認這種說法是把事情過分簡化，因為有些故事其實包含了書信（或者可以說，有些故事，除了包含著書信外，就沒有甚麼其他內容），而有些書信則加入了故事（例如加一 13～二 14）。在這等情況下，情節，只是以一連串事件作為論據（一個好故事，往往可以表述其要點）；而論據則有點像一種抽象的情節——即一連串的想法。無論如何，於此，大概以這種方式來區分兩者的差別，還是可行的：書信在進行議論，而故事則講究情節。

另一方面，一個好故事與一封編排得宜的信（甚至是所有編排得宜的信息傳播），其共通點是**融貫性**。就像確當的論據一樣，一個具影響力的故事，是有開始、中段和結束的；它們是可識別的，同時是以有意義的方式相互連繫著的。各部分與整體的融貫關係，是本書第三章的主題。在本書第三章，我們已清楚指出，在不同層次上運作的融貫性，使各字詞組合成子句及片語，又把各句子連結成段，並以同樣的方式「上溯」至段落、章節及整部作品。一堵石牆上的每塊「磚頭」（或說「每組磚頭」）之所
135 以能被識別出來，一部分是歸功於其內部的融貫性，另一部分則歸功於其「界線」。每塊磚頭（或「每組磚頭」）在建立一較大的整體時，都在其身處的處境中找到自身的意涵的一部分（當然，內部融貫性對意涵的產生也是有貢獻的）。不同層次的融貫性，這觀念現在成為我們討論的基礎——當我們要討論怎樣解釋新約故事。為了公平對待這些古代文獻，我們要緊記：作者們努力把文獻塑造成自足及融貫的一個整體，而我們也要以這方式來閱讀這些文獻。

7.1 福音書和使徒行傳作為自足及融貫的故事

只要是想得出來的方法，作者都可以用來創造及維持一篇文學作品的融貫性。而在不同文化及不同時代中（更不用說，語言本身及人的腦袋是如此紛繁），我們都會有現成的工具可供使用。我們在本書第三章已經討論過很多這類工具：首尾呼應、交叉配置法、主題、代名詞、場景角色的一致性（或許在一連串相關的故事中的一致性）、各類重複法與各類模式（patterns）等等。這裏有兩個例子。

7.1.1 馬太福音作為一個整體

馬太福音有幾個特點，是以其融貫的能力聞名的。當中有些是在很高的層次上運作，將整卷書縫合起來；另一些，則在較低的層次上運作，賦予較小的單元一些明顯特徵。這情況類似我們在本書第六章所看到的不同「層次」，當中腓利門書 8 節用上了較高功能層次的連接詞「所以」（διό），而腓利門書 7 節則使用較低功能層次的「因為」（ὅτι）。前者把兩大段經文聯繫起來，而後者則把句子裏的子句聯繫起來。在本書第三章，我們注意到，在馬太福音中，耶穌的用語「你們聽見⋯⋯只是我告訴你們」不斷重複出現，把馬太福音五章 21 至 48 節（在較低層次上）劃分出來，使之成為在登山寶訓內一個既獨立又融貫的單元。但在更高的層次看來，馬太福音一章 23 節及馬太福音二十八章 20 節的功能，就像是圍繞整部福音書的「書立」一樣（形成了「首尾呼應」），以「上帝與祂子民同在」這個共同主題互相映照。這種文學技巧不單單把馬太福音的開始與結束連接起來，也賦予整部福音書的記述一特別的視角：按馬太福音的記述，耶穌的故事是關於上帝回來「與我們同在」。這給予解經者暗示，使他們知道，在某些方面而言，馬太福音中的任何一個故事，都是為了這個主題而存在的，例如，耶穌首次公開露面時（太三 13～17），祂**與祂的子民一起**接受施洗約翰悔改的洗（另參見太十八 20）。

與此同時，另一個在馬太福音出現的重複法，幫助我們看到馬 136
太所看到的整個故事的形態：馬太福音四章 17 節及十六章 21 節採用了相同的用字「從那時候，耶穌開始⋯⋯」（ἀπὸ τότε ἤρξατο ὁ Ἰησοῦς...）。這句話首次出現時，耶穌**開始宣講**福音信息；而第二次出現時，祂**開始讓**門徒看到彌賽亞的另一面——那是包含著受苦與受死的。這種重複手法（只在整部書這兩處地方出現）暗示馬太把耶穌的故事以三部分來呈現：祂的出生、受洗及受試探（太一 1 ～四 16）；祂在加利利作宣講、教導及醫治的工作（太四 17 ～十六 20）；以及祂的受苦與受死（主要發生在猶大；太十六 21 及以後）。假如我們把這個線索與「書立」所宣講的「上帝與我們同在」這一主題結合起來，我們便開始明白馬太福音的神學信息了：上帝再一次接近祂有罪的子民，與他們同在，在他們的苦難中與他們認同，以及藉著祂所受的苦，使他們得自由，以祝福地上萬民。

因此，馬太福音的每一部分、每段經段、每個比喻、每個醫治的故事、每篇講論，都需要放在較大的以及最重要的主題的這一語境下來加以閱讀。在登山寶訓中，當耶穌把傳統教訓與祂對事情的理解作比對時（太五 21 ～ 48），我們聽到**上帝的聲音在我們中間**，幫助我們能更加明白祂純全的旨意。當耶穌不必要地觸摸一個不應捉摸的人（太八 1 ～ 15），我們清楚看見**上帝臨在於我們中間**，釋放我們。書中的每一個故事，都致力描述這位回到我們當中的上帝 —— 一位君王 —— 是那位與我們一同受苦的上帝，並且要使我們成為祂救贖整個世界的工具。我們不需要成為一位火箭專家或神學院教授，才有能力領會到這些；我們只需要留心並辨別作者留下來的「大圖畫」及記號。當我們運用一些工具書（如聖經字典、經文彙編及福音書合參本〔我們即將會在下文討論合參本〕），甚或一口氣把整部福音書讀一遍，我們都有可能看到當中的一些記號（相對來說，不用花多少時間）。我們談到的這類馬太福音的特點，在路加福音中，可是馬太福音的兩倍呢。

7.1.2 第一冊與第二冊

有一件很重要的事，是我們必須承認的，那就是路加福音與其他兩部符類福音（“Synoptic Gospels”；或譯「對觀福音」）及約翰福音，是如此不同。主要的分別在於路加福音是「一套兩冊」（two-volume work）的著作的第一部分；另外三部福音書都是獨立自足的，但路加福音卻不是。這一點容易為人所忽略，因為在正典書卷的序列中，約翰福音被編在路加福音與使徒行傳之間，路加福音則與其他兩部「符類福音」編在一起（馬可福音及馬太福音）；而約翰福音又與其他三部福音書編在一起，這使得使徒行傳與路加福音——即使徒行傳所建基其上的那卷福音書——被分隔 137
開。這大概解釋了為何我們當中的很多講員或教師，在解釋路加福音時，都沒有考量使徒行傳這一重要元素；又或當我們解釋使徒行傳時，沒考量路加福音這一重要元素。這種普遍的疏忽，對這兩卷書而言，都是不恰當的。路加福音的故事，是更大的故事的序幕，我們需要在更大的語境下才能讀懂它的意思；相反，使徒行傳的故事源出於之前的福音故事路加福音，我們不能脫離路加福音而能明白使徒行傳的信息。當然，假若我們不知道耶穌的故事，自然不能了解早期教會，但這不是我想說的重點。我的意思是：我們若不明白隨後所說的——**按使徒行傳所說的**早期教會的故事，就不會明白之前所說的——**按路加福音所說的**耶穌的故事；反之亦然。路加福音與使徒行傳有明顯的文學關係，這使得這兩卷書組合成文學上統一的一個整體（literary unity），那是有機的、融貫的。每次當我們宣講或教導路加福音，我們需要緊記「下冊」使徒行傳，因為兩者是合作無間的，其中一方出現，是由於並為了成全另一方。

把路加福音與使徒行傳「首尾相連」（暫時把約翰福音擱於一旁），並退一步去觀看，我們會留意到兩者都以相似的序言來稱呼一個叫「提阿非羅」的人；他本人可能是羅馬官員，在經濟上贊助路加從事這項寫作企劃（除非他的名字只是一個符號，代表任何一位「愛上帝的」讀者)。我們也留意到,在路加福音的早段,路加異常努力地讓故事配合羅馬的政治歷史(路二1～2,三1～2);而相對應的是,使徒行傳末段的最後場景,也是羅馬。這使得羅馬成為圍繞兩冊著作的「首尾呼應」(其功能有點像馬太福音的主題「上帝與我們同在」)。同時,按路加福音所載,其故事是始於耶路撒冷及聖殿的,這與馬可和馬太的版本截然不同;而路加的故事亦不是在加利利告終的,再一次,那是耶路撒冷。這樣的一個故事,令耶路撒冷在路加福音中(第一冊)成為首尾呼應;然後,使徒行傳(第二冊)又始於耶路撒冷(正是第一冊結束之處),而依照使徒行傳一章8節的「計劃聲明」所云,使徒行傳的故事旨在探索教會擴展的軌迹,由耶路撒冷,經過各地理隔閡,一路發展至羅馬。而這兩冊故事的正中央,擔當著轉折點、支點、中心點的角色的,正是耶穌受死、復活與升天這綜合事件。右頁「圖7.1」把這個結構以圖解方式表達出來。

若我們以這種方式來理解路加福音和使徒行傳,呈現在我們面前的故事,將是「上帝怎樣介入**世界**事務」的故事,而祂不僅僅介入猶太人的事務。上帝藉著猶太人的彌賽亞拿撒勒人耶穌,不單單使長久被擄的以色列得著解脫,也使整個世界的困境得到化解。我們必須以這更遼闊的觀點去理解路加福音與使徒行傳**兩者**,因為
138 這正是作者路加設計這個企劃之用心所在。路加福音及使徒行傳的這種結構,正好可以用來回應一眾解放神學家及處境神學家所提出的惱人問題:耶穌既有其**特殊**本性(particular nature),又身為猶太男性,怎能對活在所有文化底下的男男女女產生意義呢?當我們思考這一問題,就要向路加及聖經致敬,因為路加本人採用了「普世的」(universal)進路來呈現耶穌的故事——一位猶太男性。

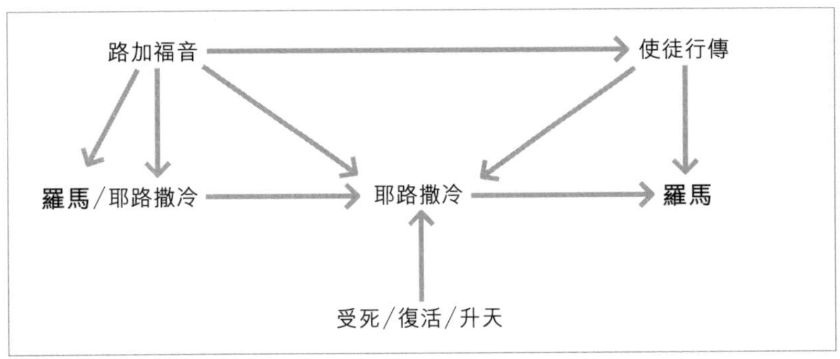

圖 7.1：路加福音和使徒行傳的地理結構

7.2 那是歷史作品還是文學作品？

這裏有一個我們常常避而不談的問題。雖然在像這樣的一部書中，我們有的篇幅實在太少了，實未能以任何令人滿意的方式好好處理這個問題；但無論如何，我們總該承認這個問題的存在（我們會在本書第八章對這個問題再作仔細一點的論述）。我們當中很多人對四福音的差異（或者，對四福音各相似之處）都沒有甚麼清晰的概念。至少，於我而言，各福音書看似一種混亂而籠統的耶穌生平記述；從前我也從未想過，除了表明耶穌實際的言行外，四福音還可以是甚麼。從某個時刻開始，我開始意識到那是**四**福音，那是四卷福音書，因為每部福音書都有其講述耶穌故事的獨特方式。但隨即而來的，卻是那個我們避而不談的問題了。簡單來說，問題是這樣的：（a）一方面，耶穌在古代巴勒斯坦的土地上過活時，在其每天的生活當中，究竟實際上發生了甚麼事？（b）而另一方面，這四份文獻分別報告了耶穌的生活的甚麼部分？福音是「歷史」，還是「文學作品」？

當然，問這樣的一條問題，是假設了歷史與文學是互相排斥的：一件事件的記述，我們只能二選其一，不可能兩者皆是。但這是一個不必要的假設。事實上，這個假設也是不可能的，因為我們不可能不**從特定的視角**來記錄一件事件。即使我們得到耶穌醫治痲瘋病人的錄像，但攝影機的拍攝角度，就是一個**特定的**觀點。即使我們擁有一個全息影像（holographic），但我們既身為「讀者」，
139 亦只能在一個時間以一個角度來「閱讀」這個影像。任何事件的記述過程，都會涉及選擇（selection）、編排（arrangement）及改寫（adaptation）這三種過程；而這三種説故事的活動，亦只能在一個時間以一個視角來進行。當我們把創造這些特定記述的各種過程加在一起，就變成了説故事者自己的觀點了。要對一件事作全方位的描述，是極其複雜的——更不消説要不走運的聽眾去「完全」理解整件事了。視角，是無可避免的。

我相信這就是為甚麼我們擁有四卷福音書，而不是一卷福音書的原因了。單一性的事件重述，實不能捕捉其深度及複雜性，尤其是這件宇宙性大事件。我們對耶穌整生所知有限（如約翰福音二十一章25節所暗示的），但我們可以從四個不同的角度聆聽這個故事。在這樣的情況下，要問的解經問題是：這四卷福音書所作的見證，究竟是怎樣的呢？（而其中一卷，是以上下兩冊的形式出現。）而知道這些事，又可以怎樣幫助我們明白各書卷的信息？

7.3 以歷史、形式及來源評鑑學的進路研究福音書

在過去二至三個世紀，對福音書的分析，有長足發展，且在二十世紀中葉更迅速快展。這發展進程某程度上是隨著哲學及政治氣候移轉的，這在工業化的西方社會尤甚。今天，這些研究在西方世界的發展趨勢，備受直言的神學家挑戰，他們當中有男有女，有從拉丁美洲來的，有從非洲及亞洲來的，也甚至有從「西方」內部來的——他們剛好在不同方面對此發出挑戰。儘管如此，以福音書作為一種文獻——尤其在恢復福音書的原本信息這方面——西

方學者的大量學術成果，的確能給我們提供了研究平台。就本書眼下的需要而言，我們可以對福音書作出幾項假設。

7.3.1 歷史框架

在本書的第五章及第六章，我們強調了歷史及文化處境的重要性：當我們研究聖經文獻，我們得把自己設身於聖經文獻本身的歷史及文化處境之中。這一觀點適用於研究福音書的資料，如同適用於其他資料那樣。例如，我們若要弄清楚路加福音十八章 9 至 14 節的意思，我們便需要知道一世紀耶路撒冷那些有身分的人，怎樣看法利賽人及稅吏（之所以說「有身分的人」，是因為按路加所記，這個比喻的聽眾是一個有身分的人）。誤解了這一點，不但妨礙我們使我們未能理解耶穌要帶出的重點，亦未必能夠使我們如我們所 140
期望的從中得益。我們無需在這裏再重溫這原則一遍，但無論如何，我們要知道一點：福音書的歷史背景，比起在前幾章說過的背景（例如，保羅寫信給腓利門時的歷史背景）複雜得多。

與福音書解經有關的歷史背景（historical settings），實際上有三種（如果我們把解經者的背景也算進去的話，那就有四種了，但我們處理書信時，也沒有把解經者的背景算進去）。當中最明顯的，大概是**耶穌本身的歷史背景**：也就是當祂走在泥路上（與走在風大浪急的海面上）的時候，以及祂與巴勒斯坦人談話的時候，祂的生活場景究竟是怎樣的。（學者常常以德文片語“Sitz im Leben Jesu”〔即「耶穌的生活情境」〕來形容這種背景。）祂身處甚麼地方？在這情況下發生了甚麼事，以致祂說出了好撒馬利亞人的比喻（路十 29～37）？問這些問題是合理的。有時候，福音書作者向我們說明了這一切（正如路加於路加福音十章 25 至 29 節所說的）；有時候，他們卻不會明言，或者只是含糊地作出暗示（參「那時」〔“ἐν ἐκείνῳ τῷ καιρῷ”〕這個含糊的背景標記：太十一 25，十二 1 等等）。

第二個福音書的歷史背景，是**每位福音書作者的背景**，即他們寫福音書時的背景。就正如保羅寫信給腓利門的時候，他心中不太可能在想著**我們**吧；那麼，幾乎肯定的是，馬可福音、馬太福音、路加福音及約翰福音的作者，當他們寫福音書的時候，心裏最先想到的，當是各自的會眾或(眾)贊助人。我們可以合理假設：那些使福音書原來讀者感到苦惱的議題，正是驅使每位福音書作者述說自己版本的耶穌故事的部分原因。例如，馬可強調了耶穌的「彌賽亞的祕密」；馬太對上帝的父親身分特別感興趣；在約翰的腦海中，耶穌所行的「記號」(σημεῖα；譯按：指約翰福音中的「神蹟」)，明顯最能有效驅使約翰的讀者們確信耶穌的身分正是上帝的兒子。我們有理由作出如下推斷：在福音書中之所以會出現這些特點，是因為福音書作者看到他們各自的聽眾的特別需要。

第三個與福音書有關的歷史背景，是處於上述兩者之間的：**早期教會時期**。我們假設，復活及五旬節事件發生後，在其往後的年日中，基督徒藉紀念耶穌的事奉來滋養自己；再一次，這假設應是合理的。當中一些「記憶」會被書寫下來。但在這類「記憶」被書寫下來——這大概是在很久以後才發生的——之前，當中的不少記憶，應以口述的方式流傳了一段長時間。這過渡時期的背景(雖難有文獻證明)無疑是十分重要的，因為很多福音書經段正是在這時期逐漸成形的。至少，這是**形式評鑑學者**(form critics)所持的理論。

7.3.2 形式評鑑學

在早期教會時期，口述傳統(oral tradition)的自由使用，究竟
141 帶來了甚麼影響？思考這些問題的學習們，作出了如下總結：一些
福音書經段的特殊種類(types；形式〔forms〕)是用於特定的事奉情境的。有一些經段聚焦在耶穌簡練的談話之上，而這些經段會置放

於一種描述之中，也就是對導致這談話的環境之描述之中；其他經段則描述趕鬼或醫治的故事，或者耶穌與敵對的宗教領袖的論爭，而在這些描述中，耶穌往往能智勝對手。形式評鑑學者已確認到眾多「形式」，並確定其獨特的背景；這些形式包括諸如比喻、關乎大自然的神蹟，以及所謂「傳說」（legend）——就如變像或受魔鬼試探（**傳說**這個略帶煽動性的詞語，是指那些不受制於歷史考證的事件，但這並不意味事情沒有或不能發生——除了抱有這種想法的人）。我們設想一些會用上這等故事及談話的典型情境，這是完全合理的。然後（當然，會帶點循環論證色彩），形式評鑑學者使用這些假設出來的背景（hypothesized settings），去解釋正在討論中的相關形式，以及解釋某些以這等形式來加以分類的特定經段。

例如，耶穌與法利賽人在聖殿裏談論「大衛的子孫」的問題（太二十二 41～46；可十二 35～37；路二十 41～44：「大衛既自己稱他為主，他怎麼又是大衛的子孫呢？」）。假如我們把這個故事從三卷福音書的語境中抽離出來，並視之為一世紀中期的一個獨立、流傳中的耶穌傳統（Jesus-tradition），我們便可輕易猜想到：當信徒護教或傳福音的時候，這個故事可以成為一個方便的小武器。耶穌的解經可說是一矢中的，能迅速使批評者閉口無言（太二十二 46）；這個簡短的故事，很可能經口傳多年，直至有人（也許是馬可）不怕麻煩把它寫下來。這些假設性的、但完全是有可能的「口述」環境，把早期教會生活的說話「處境化」了；並且，這種口述環境給我們一理解的基礎，使我們能明白這些說話對早期信徒的意涵。而這一意涵並不必然要與最原初的意涵（即耶穌談話時的意涵）一致，也不必然要與後來馬可（或馬太或路加）採用這經段時的意涵一致。

很多形式評鑑學者，都會作出一種犬儒式（cynically）的假設：在早期教會時期，耶穌的口述傳統，已遭多番非正式的以及任意的「改寫」(adaptation)，因而現在我們對於由此而來的耶穌生平的歷史的可靠性，信心變得非常小。他們認為這些經文最多只可以見證早期教會的演化。基出同樣理由，對於很多學習福音書的學生來說，形式評鑑學委實存在著太多臆測，以致對其得出來的結果未能有太大把握。但事實上，我們極有理由相信，較諸西方形式評鑑學者所斷言的，這種口述傳統是更多地受到控制的，縱然在
142 很多方面來說，這些控制都是「非正式的」。[1]儘管如此，形式評鑑學其中一個最顯著的成果，是它讓我們注意到，耶穌的言行，有好些時候，都是以獨立單元、互不相連的文學方式被保存下來的；另一方面，在這段時期內，許多早期教會「記得」的事件，肯定都會給記述下來；當中有些會以長篇敘事的形式給記述下來(大概是「受審」及「釘十字架」之類的記述)，其他則可能以言訓集(saying collections)或長篇講論的形式給記述下來。這便帶我們來到**來源評鑑學**(source criticism)這課題了。

7.3.3 來源評鑑學

路加福音的作者，在路加福音一章1至4節已清楚說明，在他編輯這部書時，他用上了各種資料來源，而其中有些是**書面**來源(written sources)。換言之，路加的耶穌故事，並非來自路加自己對耶穌的生平及事奉的一手記憶，而是在運用其他資源。其中一些資料，可能來自他的採訪——他接觸過在巴勒斯坦生活的人，他們親眼見過耶穌，或者，來自那些特別要負責「記住」這些故事的人(這個保存傳統的角色，可能就是路加所指的「傳道的人」〔“ὑπηρέται τοῦ λόγου”；“servants of the word”；參路一2〕)。據他自己所述，他與保羅在一起的時間，正是保羅被監禁在巴勒斯坦沿岸的該撒利亞的那兩年(徒二十一～二十七章)，這段時間讓路加得到許多研習的機會。路加表明他在使用資料來源(路一

1～4），使我們不禁問，究竟四位福音書作者寫福音書的時候，有多少是他們自己個人的、親身的經歷？要回答這問題，「來源評鑑學」把我們帶到另一個非常重要的方向去。

經多個世紀的研究及辯論，現在新約學者們會承認，首三部福音書，也就是被稱為符類福音的馬太福音、馬可福音及路加福音，大概有點直接的文學性相互關係（direct literary interrelationship），而約翰福音在這方面則自成一格。本書的篇幅，實不足以讓我們對此作詳細探討，但無論如何，我們也需要説明兩種最普遍的解釋，讓我們得悉對耶穌故事之鋪排，符類福音彼此間是怎樣地相似；而其遣詞用字，又怎樣經常表現出一致性。

以下是極其簡化的講法。首先，記載於這三卷符類福音書中的 143
一些耶穌言行，其次序往往是相同的，而且其用字也往往是一致的。學者稱這些資料為三**重傳統**（triple tradition）。耶穌變像（可九 2～10 及其平行經文）就是這三重傳統的一個例子。第二，有時馬太福音與馬可福音保存了路加福音所沒有的資料（如敍利腓尼基婦人的故事；參可七 24～30；太十五 21～28），而有時路加福音與馬可福音保存了馬太福音所沒有的資料（如醫治在會堂裏被污鬼附著的人；可一 23～28；路四 33～37）。但更令福音書的來源理論家感興趣的，是第三方面：馬太福音與路加福音保存了一個龐大的共同資料選集，那是在馬可福音裏找不到的。當中大部分都是耶穌的言訓，而且，它們大部分都是逐字地或幾乎逐字地同時記錄在這兩部福音書裏。這些馬太福音與路加福音共有的、卻在馬可福音裏沒有的資料，我們稱之為**雙重傳統**（double tradition）。其中一個較為著名的雙重傳統的例子，是「主禱文」（太六 9～13；路十一 1～4）。第四，（即除了三重傳統和雙重傳統外，以及除了馬可福音與馬太福音或者與路加福音重疊的部分以外〔但不是同時與兩者重疊〕）這三卷福音書也有其**各自獨有的資料**。例如，只有路加福音報導牧羊人到訪馬槽（路二章）；而只有馬太福音保存了東方博士的記載，以及保存了約瑟帶著神聖家庭前往埃及並逃避殺嬰事件的記載（太二章）。馬可福音的獨有資料，記載得最少，耶穌的親屬視祂為癲狂的（可三 19～21）便是其中一個例子。研究福音書的來源評鑑學，正嘗試解釋這各種「相互關係」。

於來源評鑑學上，最普遍為人所接受的解釋是：假設馬可福音是最先被寫下來的福音書，即「馬可先存假說」（Markan priority）。根據這個理論，馬太與路加在晚後寫作其各自的福音書時，他們使用了馬可福音這部作品，但他們二人是**彼此獨立**的。我們可以稱這個解釋為「**單福音書**假說」（one Gospel hypothesis），意即另外兩部福音書各自的來源，就只有馬可福音。但把馬可福音視為馬太福音與路加福音的惟一來源，並不能解決雙重傳統的問題——就是馬太福音與路加福音那驚人的眾多的一致部分，是不能以共用馬可福音就可以解釋過去的，因為這些資料不能在馬可福音裏找到。這是一個極重要的問題。我們應怎樣解決呢？倘若我們以這種方式來看待福音書的資料（也就是「馬可先存假說」），會促使我們作出假設——馬太與路加共同使用第二個**書面來源**（縱然也是各自獨立地使用），就像共同使用馬可福音一樣。學者用德文"Quelle"（來源；source）來稱呼這份文件，即被馬太與路加各自獨立使用的另一份不知名的文件，並簡稱之為"Q"。因此，在這情況下，我們便有兩個**文件**來源：馬可福音和"Q"——一份主
144 要由耶穌言訓組成的假設文集（hypothetical collection）。我們稱之為「**雙重底本**假說」（"two-document hypothesis"；或有時稱之為「**兩源**說」〔two-source hypothesis〕）。倘若我們把馬太福音及路加福音所獨有的假定的資料來源計算在內（這也是「假設性的」；分別稱為"M"及"L"），那麼，有些人則會稱呼這個符類福音難題的解決方案為「**四**底本假說」（four-document hypothesis）。

除了「馬可先存假說」，一個較少人接受的符類福音難題解決方案是：假定馬太福音先出現（所以是「馬太先存假說」〔Matthean priority〕）。人稱這個進路為「雙重**福音**假說」（two-Gospel hypothesis）。這很可以使人感到混淆，因為另一個方案是「雙重**底本**假說」/「兩**源**說」，因此我們要小心分辨！根據「馬太先存假說」的理論，路加在寫福音書時，是使用馬太的那卷（已經存在的）福音。這解釋了「雙重傳統」的成因。稍後，馬可使用馬太福音及路加福音的資料，並使之縮減成馬可福音特有的、簡短的版本（例如刪掉我們稱為「雙重傳統」的資料）。而這也能說明「三重傳統」以及說明一些馬可福音只與馬太福音或只與路加福音重疊之處。

只從表面觀察，並引用「奧克姆剃刀」（Occam's razor）原則（意即最簡單的解釋就是最好的解釋），我們會驚訝於為何在解決符類福音難題時，「雙重底本假說」比「雙重福音假說」更受歡迎。畢竟，如果不一定有需要的話，就不必創造一個假設性的文獻了吧——例如“Q”？答案是，當學者愈比較三部福音書的細節，就愈要訴諸於「雙重底本假說」——即使要接受“Q”的假說。無論我們假設馬可福音使用馬太福音與路加福音，還是馬太福音及路加福音（獨立地）使用馬可福音，我們都必須在邏輯上問：為何「使用者」要對來源作出改動。對於大部分研究福音書的學者來說，馬太福音與路加福音對馬可福音的故事所作出的「改良」，比馬可福音對馬太福音與路加福音所作出的「改良」更具歷史的可信性。馬太福音與路加福音的措辭，遠較馬可福音的措辭精煉，而馬可福音對門徒、甚至對耶穌的描述，無論是較諸路加福音還是馬太福音的版本，馬可的版文都是琢磨得較少的，而幾乎可以說，馬可的版文是更具冒犯性的。例如，馬可福音載有耶穌的親屬視祂為癲狂的記述（可三19～21），看上去，這似乎應是馬太福音與路加福音刪除了的，多於馬可福音添加上去的。雖然，這種推論並非結論性的，但卻強烈暗示馬太福音及路加福音實際上「改良」了馬可福音，而不是相反。這就是說，在這情況下，「馬可先存」看來較「馬太先存」更有可能。雖然學者們對這個問題仍爭論不休，但這一章餘下的部分，都會採用「雙重底本假說」（馬可先存）的進路。那是要緊的。並在下一部分**編修評鑑學**（redaction criticism）的討論中，會更明顯的看到，那是十分要緊的。

145

7.4 編修評鑑學

編修（redaction）這個術語只是另一個較舊的詞語，其意思是「編輯」（editing）。福音書的「編修評鑑學」，旨在研究一部福音書的作者在寫作的過程中，怎樣編輯另一部福音書（或其他「來源」）。當然，這要假設作者真的曾這樣做，並且在一定程度上，這部「新」的福音書能夠具體反映出它是其來源的一種所謂的「第二版」（second edition）。就是說，根據「雙重**福音**假說」，路加福音大概就像馬太福音的「第二版」，而馬可福音就是路加福音的「縮寫版」（abbreviated second edition），也像馬太福音的「第三版」。另一方面，按照「雙重**底本**假說」（也是本書的立場），馬太福音及路加福音兩者，分別是馬可福音的「第二版」。但即使這樣說，這也不是看待這件事的正確方法——最終經編修確立的福音書，沒有一卷可以被視為是其來源底本的第二版（或第三版），因為每位福音書作者都刻意以其獨特的方法講述耶穌的故事，而不單單是修補他手上的來源資料。這在路加福音的序言中已交代得十分清楚。

7.4.1 來源及編修

但編修評鑑學要告訴我們甚麼？而那又是怎樣運作的？假設我為妻子起草了一封信，那是寫給國會女議員的，而我的政治觀點卻與妻子並不完全一致。在草稿裏，我告訴國會女議員，政府需要立刻再次發動漢福德（Hanford）核設施；這樣，我們就不用面對這麼多能源危機。我妻子對著最後的草稿抄寫時，作出一、兩處細微的修改。當她完成後，這封信的內容變成：我們現在促請政府立刻**清除**漢福德核設施，**即使**我們很可能要面對**更**多能源危機。這裏省去一個字或片語，那裏改動一、兩個字，轉眼之間，這就變成了一個新的信息。任何人拿著這兩分草稿比對一下，都可以立時分辨到作者所持的兩種政治觀點。另一方面，若不知道哪一份草稿先出現、哪一份草稿依賴哪一份草稿，編修評鑑學者（redaction critic）根本就無法分辨究竟是哪一位作者**有意識地**去修改他或她所持有的來源資料。要進行解釋工作，這是一個具重要意涵的難題，因為作者既**有意識地**進行修改，暗示作者有其特別的意圖 —— 相較其他意圖，這意圖可能最為顯著。

因此，假設正如「雙重**底本**假說」所言，馬可福音首先出現；那麼，當馬可使用來源資料以期帶出一特別要點，我們也無法得知他本身用了甚麼來源資料，也無法得知那些特別的要點究竟是甚麼；我們實不能**得悉**馬可對**來源資料**的編輯手法 —— 雖然有其他方法可以分辨到馬可的神學旨趣。類似的情況，也出現在「雙重**福** 146
音假說」底下的馬太福音。然而，當我們再次以「雙重**底本**假說」去讀馬太福音或路加福音，然後再與馬可福音作比對時，我們就能夠從觀察每個作者對馬可福音的故事所作出的改動，而推論出馬太及路加的特別意圖是甚麼。由此，我們可以看到，選擇哪個符類福音難題的解決方案，就意味著很不同的結果。到底，我們要辨別的，是誰有意識地作出改動：是馬太與路加、還是馬可？

「雙重底本假說」中的另一個來源資料“Q”所引起的問題則更為複雜。假設，不但我的妻子曾編修我寫給國會女議員的信，我的女兒也按原稿抄寫了一份，並按**她的**方式作出改動 —— 那是有別於我妻子所作的。又假設我女兒這樣做的時候，我妻子已把自己改動過的信寄了出去，而且女兒從來未看過母親的版本。但不幸地，我的原稿消失了。請設想一下，那份業已遺失了的原來的草稿，就像“Q”一樣，而我的妻子及女兒按我的草稿改寫的那兩封信，就像馬太福音及路加福音。如今，我的妻子及女兒所寫的稿子，都落在你的手裏了。你可以分辨這兩份稿子的異同，並且不知怎地，你竟然知道她們都採用了同一份（我的）初稿作為來源資料（好了，假設我在場，所以你知道這些）。可你卻不知道她們哪一個改動過原稿，因為你沒有原稿可供比對。我的女兒在信中呼籲要把漢福德歸還給美洲印第安人羣體；而我的妻子，若你記得的話，她呼籲要清除漢福德。誰付出額外的努力以表達她自己的獨特觀點？又誰只是在仿效我？又或者兩者都以不同的方向偏離了原稿的原意？這就是“Q”的問題。我們甚至不知道“Q”是否一部真實存在的成文文獻，更不消說其外表特徵是怎麼樣。而我們要面對並作出判斷的，就是馬太福音及路加福音這兩卷福音書與馬可福音的眾多及各種差異之處，均十分一致，或者，有時是**幾乎**一致。而當我們看到路加與馬太運用“Q”（二者共用的「非馬可」文件）資料時，其用字或重點存在差異，但我們就是不能確定哪一方才是依從那份假設的原稿的；又或者，它們二者之中，是否真的有一方會這樣做。因此，有關“Q”的事情，仍然是相當不明確的——但這卻無礙研究“Q”的學者們築起“Q”這個巨大的空中樓閣。

作為一個負責任的符類福音解經者，當我們要解釋符類福音，除了在各種理論（關乎各書卷在文學方面的關係的理論）中選擇一個方案以外，也別無他法。當面對「兩源說」及「雙重福音假說」這兩個選擇，我們必須二擇其一。我們不能同時假設馬太「編輯」馬可，而馬可又「編輯」馬太。在某種意義上，我們運用哪個理論，其實並不重要，只要選定一個便行了——無論如何，我們也會找到志趣相投的伙伴。在「雙重底本假說」裏，我們可以找到**更多**志趣相投的伙伴，但站在任何一方，都**可以找到志趣相投**的伙伴。147
當然，不同立場，得出來的結果亦會不同，但那只會促使基督的身體的肢體彼此間進行有價值的對話。如果上帝真的那麼看重「我們要絕對正確」的話，我懷疑祂會(事實上祂能夠)把事情說得更清楚一點。祂沒有把事情再弄得明白一點，我認為，這是因為祂也看重「我們要一起努力」。

7.4.2 編修作為「選擇」

在以下的討論當中，假如你能一邊看，一邊翻閱福音書合參本(Gospel synopsis)的話，那將對你非常有幫助。稍後，我們會花相當的篇幅討論如何好好使用合參本。期間，如果你手上有亞蘭(K. Aland)的《四福音合參》(*Synopsis of the Four Gospels*)或其希臘文版本(*Synopsis Quattuor Evangeliorum*)，[2] 可翻到「索引一」(Index I)簡單參考一下。以下的討論，將會採用亞蘭的《四福音合參》。

一旦編修評鑑學者闡明了一種運作模式，即誰編輯誰(例如「雙重底本理論」)，他們便會按**選擇**、**編排**及**改寫**三個角度來分析經文。換言之，馬太或路加都沒有**選擇**馬可福音三章 19 至 21 節這段經文(耶穌的親屬對祂事奉的反應是苛刻的)；我們可以說，他們「篩選掉」(de-select)這段經文。但他們卻選擇了大部分馬可福音的經文，儘管它們不是經常選取相同的部分——例如，馬可福音裏關於敘利腓尼基婦人的故事，馬太選取了(太十五 21～28)，但路加卻把它「篩選掉」。此外，當馬太或路加選擇了馬可福音的經段後，他們可能會排除(篩選掉)當中的某些元素，或者會從當時流行的大量耶穌傳統中選擇一些資料加進去(口述的或別的傳統，甚至可能是“Q”)。馬可福音詳細闡述了耶穌在格拉森與被鬼附的人相遇的情境(可五 1～20)；馬太福音保留了這個故事(太八

28～34），卻把故事置放於一個略為不同的地理位置之中，並加上第二個被鬼附的人，此外，大幅刪減故事，篩選掉大量馬可福音所記述的細節。另一方面，馬太與路加同樣選擇了耶穌受試探的記敍。但觀乎馬可福音的版本，對耶穌受試探的記述可說是簡單得差點要完全消失（可一 12～13），可是馬太與路加卻以相當的能耐，寫出了他們自己的「版本」，並且相似得令我們要提出"Q"以作為他們共有的資料來源（太四 1～11；路四 1～13）。這些發現，又
148 引申另出一個問題，為甚麼？為甚麼馬太或路加，選擇不把馬可福音這段或那段經文包括進去？而按「雙重底本」的理論所言，這些經文「就在眼前」。要明辨這個問題的答案，我們就要明白在改動背後，福音書作者究竟有何動機，並抓住福音書作者希望傳遞的神學信息。

7.4.3 編修作為「編排」

編修評鑑學的第二階段，涉及分析經文的**編排**方式。路加選擇了馬可版本的故事——耶穌在故鄉講道，而這故事給置放在馬可的福音敍事之中（可六 1～6），可是路加在其福音書中，卻把這個故事置放在較前的位置——耶穌在加利利開始事奉的時候（路四 16～30）。馬太也選擇了這經段，但馬太把這個記述保留在與馬可福音差不多的地方。我們可以問：為甚麼路加要重新編排事件的次序？部分的答案，或許可見諸路加給馬可的故事加上了相當多細節：路加詳細闡述耶穌講道時實際說了甚麼話。在路加手中，耶穌在拿撒勒的講章變成了一篇「計劃宣言」，像耶穌的使命宣言似的（這可以一直延伸至使徒行傳？——那是關乎早期教會的）。

正如選擇經文時的情況一樣，經文編排不單單可以應用於如何編排福音書中較大的框架內的經段，也可以應用於經段內的元素。路加福音與馬太福音同樣保存了耶穌的家譜；馬太把家譜置放於福

音書最前的部分，而路加卻把家譜置於耶穌受洗與受試探之間。除了「大圖畫」有分別之外，這兩個家譜也有內在的區別 —— 它們以相反的方向排列。馬太福音的家譜以亞伯拉罕開始，一直下溯；而路加福音的家譜則以耶穌開始，經亞伯拉罕而一直上溯至亞當與上帝（路三 23～38）。路加把讀者從亞當與上帝那裏直接帶回曠野，實非出於偶然，因為在那裏耶穌要受試探；由此，路加便可以把耶穌塑造成新的亞當，代表全人類（包括猶太人及外邦人）面對新的試探。編排確實是一強大的編修工具。

7.4.4 編修作為「改寫」

編輯會按他們的口味與目的**改寫**來源資料。選擇及編排 —— 無論是在整部書的層面上還是在經段的層面上 —— 是改寫的兩種形式，但也有其他改寫形式。馬太選擇了馬可福音中耶穌醫治彼得岳母的經段（可一 29～31），但馬太卻對此進行重新編排，使之置於登山寶訓之後（太八 14～15）。他亦重新編排經段內的某些地方，以反映痲瘋病人故事的交叉配置式結構（太八 2～4；我們會 149
在本書第八章再討論這一點）。此外，馬太亦改寫了馬可這段記述的一些文字：在這裏改一、兩個字，在那裏改一個代名詞，直至岳母的故事明顯能「對應」痲瘋病人的故事為止。這個編輯上的調動，讓馬太福音的三個醫治故事組合成一個文學單元（痲瘋病人、百夫長的「兒子」〔太八 5～13〕和彼得的岳母），並從而嵌入一個深邃的神學宣言：耶穌觸摸了不可捉摸的人，即使祂明顯不需要觸摸這些人也能治好他們。

7.4.5 一些鼓勵的話

對我們很多人來說，以這種方式來思考福音書，可以是混亂的和不安的。假如馬可福音是上帝聖道的一部分，那麼，當我們聽到馬太或路加膽敢以這種方式來處理馬可福音，可能會感到不安。閱讀福音故事這一簡單的行為，為何可以變得如此混亂複雜？這些焦慮是可以理解的，但卻把事情完全搞錯了——**這意味著，不管我們研究聖經時有甚麼新的發現，我們仍然要維持對聖經的既定假設**；但其實我們應做的事，就是我們經常聲稱無論怎地也要做的事——我們需要讓聖經的**真正**特點，替我們定義甚麼才是我們對聖經應抱的假設。假如我們能夠信任那位曾賜下這些文獻的上帝，我們能否同時信任祂已賜下祂認為是恰當的呢？我們的責任不是去預先決定聖經文獻應該是怎麼樣的，而是無論聖經文獻是怎麼樣的，就**讓它們是怎麼樣**。除非我們能以這種尊重的態度來看待聖經文獻，否則，我們便不能確當地了解它們或它們所傳遞的信息了。我們不需要害怕追尋真理，那就是說，我們必須承認，上文剛考量過的模式，不必然如實反映我們在追尋的真理；只是於目前而言，(且從我的角度看來)這模式最能夠解釋擺在我們面前的證據罷了。

7.5 使用福音書合參本

正如上文曾提及的(參「段 7.4.2」並見「註釋 2」)，若以這種方法來研究福音書，亞蘭編輯的《四福音合參》是最合用的工具書。這部書有英文版(採用《修訂標準譯本》)及希臘文版(以拉丁文為書名："*Synopsis Quattuor Evangeliourm*"；譯按：中文版可參黃錫木編：《四福音合參》〔香港：基道出版社，1995〕)。其實，類似的工具書也是有的，只是亞蘭這部合參卻說得上是福音書合參本中的「林寶堅尼」(Lamborghini)。福音書各自的編輯特點，**同樣是上帝啟示的道的一部分**，就正如福音故事本身。這意味著使用此等工具書來分析上帝的道，將對我們大有裨益。合參本這種工具書，相較其他工具書而言，最能夠幫助我們豐豐富富地如實領略上
150 帝的道，這就像用鋤耕機而非手動的泥鏟來掘出一個簇新的地庫一

樣。若我們使用別的方法去研讀福音，並非就不能得到相同的成果，但合參本使我們的工作輕省得多。正因這緣故，我們會用這章餘下的篇幅來討論怎樣不致迷失於這本工具書之中，以及怎樣好好使用這件工具。這意味著接下來的討論，其風格及特點，將會與「段 7.1」至「段 7.4」稍為不同，即會強調「怎樣」（how-to）多於「甚麼」（what-is）。

7.5.1 合參本的設計

亞蘭所編的《四福音合參》，其版式編排可以是使人困惑的。明白它外觀上是怎樣編排的，能幫助我們明白其鋪排方式，而這就正正是其邏輯所在。當我們展開討論的時候，如果你能夠翻到《四福音合參》的「索引一：福音書平行經文索引」（“Index of the Gospel Parallels”：頁 341 ～ 355；英文版頁碼，下同；譯按：中文版《四福音合參》則以「福音書平行經文大綱」為題，把這索引列在書首「前頁」部分，頁viii ～ xxvii），會很有幫助。《四福音合參》給我們提供了：（a）四卷福音書各自的經文，並按合宜的次序，由頭至尾把它們排列出來。與此同時，《四福音合參》替每卷福音書的每一經段（盡可能以最少的版面）配上（b）出現在其他福音書中的平行經文，並且把經文按所屬的福音書一欄一欄並列，這種編排實在十分方便。《四福音合參》為了幫助讀者，作出了如下設計。試設想：我們正身處一個寬敞的工作室，那裏有四張長桌子；組裝《四福音合參》的「剪貼」（cutting-and-pasting）程序，就在這裏進行。

1. 首先，想像每部福音書都排列在各自的桌子上，而每卷書均被切割成不同的經段。而怎樣分割這些經段，當然反映了編者的「形式評鑑學」判斷。我們有權挑戰他的判斷，但一旦我們這樣做，就得解釋為甚麼，並且提供（並證明）另一個看法。

2. 其次，個別書卷的經段（即組成整部福音書的經段），按該書卷的次序，逐一排好——是的，每一張工作桌子上，都是只有一部福音書。

3. 這些經段當中，有不少（例如那些屬於「三重傳統」或「雙重傳統」的）都會重現於另一卷或另外幾卷福音書之中，即使它們不必然以相同的次序或形式出現。例如，從「索引一」我們可以看到，施洗約翰傳悔改的道——左頁邊「經段 14」——出現於馬太福音及路加福音。而這些經斷中一些對應的、平行的經段，顯然是「相同」故事的另一個版本；另一些則較不明顯，但在某些方面卻有關連，足以使之被視為互相參照的平行經文。

4. 接著，我們先從一卷書開始：若該卷書中有經段會在其他書卷中重現，我們便把出現於**其他三部**福音書中的平行經段複印一
151 份；我們每次只集中處理一部福音書。（而我們正集中處理的那部福音書，我們可稱之為「主導的」〔leading〕福音書。）然後，把那些複印的平行經段，放在主導的福音書的工作台上，與主導的福音書的經文並排。而主導的經文旁邊，則有三「欄」（columns）；其他三部福音書各佔一欄（我們稱這些福音書為「非主導的」〔non-leading〕福音書）。我們再把那些複印的平行經段，按所屬的福音書卷，各自放在「非主導的」福音書的欄中。我們按經卷逐卷完成這個程序。在這過程之中，那些從「非主導的」福音書複製的經段，看上去會有點雜亂。在《四福音合參》中，「主導的」福音書是指我們正集中焦點處理的那一部福音書。

5. 現在，「剪接室」（這裏就是我們建構《四福音合參》的地方）內每張工作台上各有四欄，而各經卷的經段各佔一欄——即每張工作枱上都有「一套」而「每套四欄」的福音書經段。讓我們把比喻略作修改：一套經段就像一副紙牌，而每一副紙牌的排序方式，主要是按照該部福音書〔該張工作台〕的方式來編排的；而且，在適

當的經段（「經段」即這副紙牌內的每張紙牌）中可能會附加了其他福音書的平行紙牌的複印本。

6. 然後，這四副紙牌來一次大洗牌，直至出現一**副總紙牌**（one master cards）。四副紙牌結合的過程中，我們要把所有多餘的紙牌拿走，以減少篇幅及空間。「索引一」正是由這些經段及平行經文結合而成的總經段清單。在「大洗牌」的過程中，如果我們看見一組平行經段〔每張紙牌連同其平行複印本〕於各自的經卷內的相對位置（relative order）都是一樣的話〔如「經段20」，參下文〕，我們就會把這些平行經段放在同一個位置，使它們不會出現在兩處或三處（甚至四處）不同的地方。例如，請看看題為「試探」的「經段20」（參「索引一」）。我們看到《四福音合參》把各卷福音書以互相對應的方式排列，以致這經段出現在馬太福音、馬可福音及路加福音中相同的相對位置。因此「試探」的相關資料，不需要出現在三個不同的經段位置中（即每部福音書各自在不同地方出現一次這經段），因為「位置20」（slot 20）自動為它們三者做妥這一切了。

7. 最後，我們在「索引一」，以及整部《四福音合參》中，都可以從字體分辨「按次序」（in-order；即「主導的」經段）的資料以及「不按次序」（out-of-order；即「平行的」經段）的資料：如果在某卷福音書的欄內的「章節」（chapter-verse reference）字體是粗體字，那就代表這是「按次序」來排版的經段；如果是普通字體的話，則代表那是「複印出來」的平行經文——把這些平行經文複製並編排於此，是為了方便與「按次序」的經段作比較。

現在，請花一點時間翻看「索引一」的福音書欄。嘗試想像一下，這四張表列清單，是怎樣把旁邊多出來的東西刪除了，並且經過了怎樣的大洗牌般的整合。請從「索引一」的「經段128」的資料中（「芥菜種的比喻」），查看《四福音合參》內這經段的平行版本共出現了多少次？並且在哪裏可以找到？（當你找到自己的答案後，可參載於本章末的答案。見「答案一」。）

152 7.5.2 在合參本內遊走

假如我們想找出《四福音合參》對路加福音某一經段的處理方式（例如路四 16～30），可以有三種不同方法：（1）我們可以按「索引一」路加福音欄的粗體字，找出粗體字路加福音四章 16 至 30 節在哪裏。試找出其經段編號是甚麼？我們可以在哪一頁找到這段經文？（見本章末「答案二」。）（2）或者，我們可以使用「索引二：新約經文索引」（"Index of New Testament Passages"；頁 356～361；譯按：中文版《四福音合參》，頁 339～345）。就以路加福音四章 16 至 30 節為例子吧。同樣地，這裏的粗體字代表「按次序」的經文章節；而「不按次序」的平行經文章節沒有明確地列出來，但其經段編號及頁碼卻明確列出。留意「經段 139」把與路加福音四章 16 至 30 節相關的一組平行經文，以其他福音書卷本身之次序來編排，那就是說，馬太福音和馬可福音成為「主導的」福音書卷。而「索引二」中採用普通和較細的字體的節數（verse numbers），則是「次要平行經文」（secondary parallels），我們稍後會再行討論。

（3）第三個方法，即讓我們可以找出《四福音合參》「按次序」處理經文（路加福音四章 16 至 30 節）的方式，把我們帶到《四福音合參》的正文。請翻開頁 207（這是隨意的；但如果你是用希臘文版《四福音合參》，便要翻到頁 323）。我們看到書頁最上端的「頁首」（header）的三個部分。在左邊靠近「釘口」（gutter；譯按：即書本左右兩頁中間的空白處），我們看到 "[no. 240]" 字樣（希臘文版《四福音合參》用德文縮寫 "nr." 代替英文的 "no."）；這告訴我們，該頁要處理的經段編號是 "240"（以這個例子看來，該經段實際上已在前一頁開始了）。在右邊「外頁邊」（outer margin）的是頁碼“207”（或“323”），也就是你正在翻開的那一頁。這就意味著，倘若我們知道「頁碼」，或者知道「經段編號」，我們便可以在正文中找出所需經文。正如我告訴你翻開頁 207。（留意，頁 206 及其他雙數頁，頁碼及經段編號仍然分別處於外頁邊及釘口 —— 但其位置於單數頁卻是相反的。）現在，試試只利用頁首翻到「經段 184」（不是**頁** 184！）。最後你會翻到哪一**頁**？（見本章末「答案三」。）

可是，如果我們只知道經段的「經文章節」，例如我們只知道
路加福音四章 16 至 30 節，那麼，我們就可以使用頁首的「中間部
分」來找出其位置：在頁首的「中間部分」，我們可以找到各卷福
音書的經文參照。這些經文參照，有些採用粗體字，有些用普通
字體，而且永遠至少有一個經文參照是採用粗體字的。你在頁 170
（希臘文版《四福音合參》，頁 267）的頁首發現到甚麼呢？（見本
章末「答案四」。）這表示：在《四福音合參》正文的每一頁，該經
段的「主導」經文所屬的福音書經文參照，會以粗體字顯示。在頁
170（或頁 267）的例子中，只有路加福音的經文次序是「主導」的；
而頁首「中間部分」的其他三部福音書的經文參照，均以普通字體
顯示 —— 這些以普通字體顯示的經文參照，代表**各福音書的前一** 153
段「主導經文」經段的章節數字。這些經文參照**不**是要告訴我們，
那些經文是「不按次序」的平行經文，而是要幫助我們，使我們可
以更快速地翻前翻後，只需注意頁首的中間部分，直至我們找到所
需的、以粗體字顯示的經文參照。試找出以粗體字顯示的路加福音
四章 16 至 30 節。你應該會翻到頁 31 至 33（希臘文版《四福音合
參》，頁 48～50）。因此，如果我們知道我們要研究《四福音合參》
中的一段經文，有三種工具可以幫助我們找出它的所在：兩個索引
及正文每頁的頁首。

7.5.3 次要平行經文

在下一段〔即「段 7.5.4」〕，我們將看到《四福音合參》可以顯示出各卷福音書作者曾下過的編輯功夫。但這裏我們還得先再說清楚合參本的另外幾個設計特色。在上文探討《四福音合參》的版面設計時，我們注意到正文的經文及經文參照——除粗體字之外——不單單有用普通字體印刷的，甚至有「**給縮小了**」的普通字體。例如，讓我們看看「經段 248」。這經段代表著約翰福音所記述的一個故事：耶穌醫治一個生來就瞎眼的人（約九 1～41）。這段屬於約翰福音的經段，以及其他附近幾段約翰福音經段（頁 206～214；希臘文版《四福音合參》，頁 321～233〕），都只得很少（屬於其他福音書的）平行經文。事實上，「經段 238～250」的主導經文全部都是屬於約翰福音的，當中完全**沒有**屬於其他三部福音書的「主要平行經文」（primary parallels）。但我們發現，於部分經段中，在馬太福音欄、馬可福音欄及路加福音欄的頂端，出現了以細小的普通正文字體標示的經文參照：英文版《四福音合參》有兩段經段（「經段 240」及「經段 248」），希臘文版《四福音合參》則有四段經段（另加上「經段 241」及「經段 247」）；而在各欄之下，我們找到以小字體標示〔譯按：中文版則以「楷體」標示〕的對應經文。事實上，在「經段 248」中，甚至有一個附加的以小字體標示的約翰福音經文。這些附加經文即「**次要**平行經文」。雖然這些經文並不是直接與「主導經文」平行，但因為它們在某些方面會令人聯想到主導經文，所以編輯認為那還是值得點出來的。在我們思考主導經文的意義時，藉著這些「次要平行經文」，我們腦中往往會忽然靈光一閃。花一些時間讀一遍「經段 248」的主導經文，然後讀一下本書編輯亞蘭建議的各段「次要平行經文」——不單單讀符類福音的「次要平行經文」，也讀一下約翰福音的「次要平行經文」。究竟這些「次要平行經文」建議我們怎樣閱讀及理解約翰福音九章的信息？

我們也要留心，每當順序編排的「主導的」福音書經段要中斷
時，每段主導的經段都會標示出該卷書的上一段主導經文「及」/
「或」下一段主導經文在哪裏：即在《四福音合參》中的「地址」。
在那些**不順序編排**的「主要平行經文」的章節數字下，也會列明該
經段**順序編排**時的「地址」。例如，請大家翻到「經段 16」及「經段
17」。最後，我們會看到大部分經段的結束位置以及英文版本《四 154
福音合參》正文每頁的頁底，有兩組註解。上面的一組（若有兩組
的話），標示出一些不同版本的英文譯文；下面的一組（再一次，
若有兩組的話）則會提供其他資料，例如，以各種古代手稿為基礎
的「非傳統讀文」，以及其他可能饒有趣味的經文串珠。在希臘文
版《四福音合參》中，這些旁註（marginal notes）標示出每部福音
書的經文鑑別資料（參本書第二章），以及列出關於引文、旁徵和
福音書以外的平行經文的眾多經文串珠。

7.5.4 彼得的岳母

我們可以引用馬太福音八章 14 至 15 節「彼得岳母得醫治」這故事作為例子，以說明《四福音合參》究竟可以告訴我們甚麼事情。我們既選用這段經文，即意味著：首先，我們在這裏要考查的是馬太福音的信息，而非馬可福音、路加福音或約翰福音的信息；因此，當我們翻開《四福音合參》並找到這個故事，會看到這個故事是以馬太福音的版本作為「主導經文」的。利用「索引一」、「索引二」或者「頁首」（參上文「段 7.5.2」），我們會找到「經段 87」（英文版在頁 75；希臘文版則在頁 117）。我們可以立刻從「經段 87」的編排看到馬可及路加把同一個故事置於其福音書中相對較前的位置（即《四福音合參》「經段 37」），而約翰則完全沒有收錄這件事。總之，我們看到馬可及路加的版本，「不按次序」地排列在這

裏(「經段 87」),讓我們更容易把它們與馬太福音平行參照(而「經段 37」的情況則相反)。

若進一步留意「索引一」,我們就會發現馬太與馬可(從「雙重底本假說」的角度來看)在安排上之主要分別,在於馬太把這個醫治故事推後至差不多緊接著耶穌的講論(登山寶訓)。在馬太筆下,耶穌一下山(太八 1),首先要面對的人,在馬可筆下則是耶穌在馬可福音一章要面對的人——彼得的岳母(可一 29～31)和長大痲瘋的人(可一 40～45)。馬太從馬可福音一章「挑選」了這兩個故事,但在這過程中,馬太把兩個故事的次序倒轉,並篩選掉(刪除)馬可福音兩段安排在這兩個故事中間的經文,並改為插入一個關於醫治羅馬百夫長兒子(παῖς;或「僕人」)的故事(這故事或許來自"Q";參路七 1～10)。這種安排引起的其中一部分效應是:在馬太福音裏,登山寶訓變成一種「計劃宣言」(就如路加福音的「拿撒勒平原寶訓」);而這三個困苦的人,就代表著耶穌積極開展加利利醫治事工時遇到的第一批人。

155 我們對如何**選擇**和**編排**「岳母經段」作出初步觀察後(這全都可以從「索引一」找出來),我們可以轉而留心經文本身的措辭如何被**改寫**。為此,採用圖像的方法來凸顯兩段平行記述的異同,似是在所難免。最簡單的方法,莫過於在工具書本身的書頁上直接作標記——這是供我們**使用**的工具書呢。亞蘭的希臘文版《四福音合參》,比英文版昂貴得多;這一點,也許使一些使用者不願意以這種直接的方式在他們的工具書上做標記。但遇到現在這種情況,使用者至少應該複印相關書頁,然後在**影印本**上做標記吧。但在希臘文版《四福音合參》上做標記,不比在一部新買的昂貴聖經上加底線或作旁註差太遠。一旦你畫下第一個標記,掙扎便成為過去,這就像一輛簇新的汽車被刮上第一道刮痕一樣。

我們採用甚麼標記形式以凸顯這些對比並不重要,只要這種標記形式讓我們能對兩者作出清晰對比，並使我們能看清楚兩者的對比便可。這個方法應該能凸顯：（a）在兩段平行的記述中，有哪些經文的遣詞用字是完全一致的；（b）遣詞用字幾乎完全一致、但某程度上經過改寫的經文；（c）經文保持原貌但經重新編排；（d）平行經文中被刪除掉的經文以及（e）添加了的經文。因此，有些標記方法，一併運用了實心底線、下加虛線、下加點線（以及不加上底線），希望使對比更為突出；另一些則用顏色作對比。但這裏潛在著一個容易令人產生混亂的因素：無論我們是從「雙重底本假說」或「雙重福音假說」入手，我們都需要區分馬太福音與路加福音怎樣各自與馬可福音連繫起來。在代表著三重傳統的經段中（例如，當所有三部符類福音書都把該經段保留在相同的位置——即在一卷書中的相對位置是相同的，就如「經段146」餵飽五千人的記述），為馬太福音與馬可福音所作的標記，可能會干擾到為馬可福音與路加福音所作的標記。後頁「圖7.2」是為「經段87」作標記的圖析（為馬太福音與馬可福音作的標記）。

在「圖7.2」裏，「實心底線」代表馬太從馬可福音逐字搬過來的經文（根據「雙重底本假說」）。「下加虛線」代表馬太從馬可福音借過來的資料，馬太作了某些改寫，而那通常是文法上的改寫。此外，經文中有一處地方，在下加虛線之下再額外加上一條「點線」，這代表馬太把一段經文（原本被置於馬可福音其他位置的）轉移到合乎馬太需要的地方。（他把馬可福音一章31節所用的「扶起來」一語〔ἤγειρεν〕變成被動語態，並移至馬太福音八章15節的「熱」〔πυρετός〕字之後；因此，「扶起來」這個字的底下，便有**兩**條線，一條虛線及一條點線。）沒有下加底線的經文，代表那是被馬太刪掉的馬可福音經文，或者是馬太為故事所加添的。〔中〕英文版的分析也加上了類似的底線，但留意，我們不能再看出經移動了的經文（即再下加「點線」）。

156 太八 14～15	可一 29～31
And when Jesus entered Peter's house, he saw his mother-in-law lying sick with a fever; 15 he touched her hand, and the fever left her, and she rose and served him.	And immediately he left the synagogue, and entered the house of Simon and Andrew, with James and John. 30 Now Simon's mother-in-law lay sick with a fever, and immediately they told him of her. 31 And he came and took her by the hand and lifted her up, and the fever left her; and she served them.
〔就〕 耶穌到了彼得家裏， 見彼得的岳母躺著 害熱病。 15 耶穌一摸她的手， 熱就退了；她就起來 服事耶穌。	〔就〕他們一出會堂， 就 進了西門和安得烈的家， 同著雅各、約翰。 30 西門的岳母正躺著， 害熱病，立刻有人告訴耶穌。 31 耶穌進前拉著她的手，扶她起來， 熱就退了，她就 服事他們。

Καὶ ἐλθὼν ὁ Ἰησοῦς εἰς τὴν οἰκίαν Πέτρου εἶδεν τὴν πενθερὰν αὐτοῦ βεβλημένην καὶ πυρέσσουσαν· καὶ ἥψατο τῆς χειρὸς αὐτῆς, 15 καὶ ἀφῆκεν αὐτὴν ὁ πυρετός, καὶ ἠγέρθη καὶ διηκόνει αὐτῷ.	Καὶ εὐθὺς ἐκ τῆς συναγωγῆς ἐξελθόντες ἦλθον εἰς τὴν οἰκίαν Σίμωνος καὶ Ἀνδρέου μετὰ Ἰακώβου καὶ Ἰωάννου. 30 ἡ δὲ πενθερὰ Σίμωνος κατέκειτο πυρέσσουσα, καὶ εὐθὺς λέγουσιν αὐτῷ περὶ αὐτῆς. 31 καὶ προσελθὼν ἤγειρεν αὐτὴν κρατήσας τῆς χειρός καὶ ἀφῆκεν αὐτὴν ὁ πυρετός, καὶ διηκόνει αὐτοῖς.

圖 7.2：對觀馬太福音八章 14 至 15 節（左欄）及馬可福音一章 29 至 31 節（右欄），並加上編修評鑑學的標記。（對應於 Aland, *Synopsis*, pericope no. 87；另英文譯本參《修訂版標準譯本》，而中譯本則修譯自《新標點和合本》）

藉上表「經段 87」凸顯的經文（使用加底線的方法），我們可以很快挑出被馬太刪掉的馬可福音經文，以及馬太從別處插入的經文。馬太刪除了關於會堂及關於安得烈、雅各及約翰的記述。他也沒有提及有人告訴耶穌一個女人生病並躺在屋子裏，或者是耶穌
157 拉著她的手和扶她起來。馬太反而告訴我們，當耶穌進入彼得（馬

可稱他為「西門」）的屋子時，祂**見到**那女人害熱病躺著。耶穌沒有拉著她的手，扶她起來，而是一**摸**她的手，她就起來——她顯然是靠自己的力量起來的。從這兩個版本，我們得知她的熱退了，並起來開始服事；但在馬可福音，她是起來服事**他們**，而馬太則說她起來服事**祂**——惟獨耶穌。

我們可以從這些編修上的改動得悉馬太的意圖（如果有的話）？首先，馬太在這經段中對馬可福音經文作出改動，他也會在很多其他地方這樣做：除去他看來不切合眼前故事所需的資料。既然安得烈、雅各及約翰在這個場景裏沒有甚麼角色——從馬太的角度看來——那就刪去他們好了。但更為有趣的是，馬太重新編排故事的元素，使之成為一個七部分的交叉配置結構。當他進入房子時：

A　**耶穌**見**那女人**。

　B　她**躺著**。

　　C　她**害熱病**。

　　　D.　耶穌**摸**她的手。

　　C’　**熱**就離開了她。

　B’　她**起來**。

A’　**那女人**服事**耶穌**。

所有這些元素都出現在馬可版本的故事中，但那不是以交叉配置法出現的。事實上，馬太把資料改寫，重新編排。耶穌**見**那女人，而非有人告訴祂關於她的事。祂**摸**（ἥψατο）她的手，而非拉她的手。再者，當她恢復健康後，她服事**祂**一人（αὐτῷ），而非他們所有人（αὐτοῖς）。

接著，下一個要問的問題明顯是：為甚麼馬太要把故事改寫成這樣？他想做甚麼呢？這個問題，將引領我們進到下一章將要討論的課題。

答案

1. 兩個位置：「經段 128」及「經段 209」，頁 119 及頁 188（希臘文版《四福音合參》，頁 181 及頁 294）。
2. 「經段 33」，頁 31（希臘文版《四福音合參》，頁 48）。
3. 「經段 170」（希臘文版《四福音合參》，頁 267）。
4. 只有路加福音的經文章節用上了粗體字。

註釋

1. Kenneth E. Bailey, "Informal Controlled Oral Tradition and the Synoptic Gospels," *Asia Journal of Theology* 5 (1991): 34 ～ 54。雖然我打算在本書把註釋減至最少，但貝利（Kenneth E. Bailey）的文章是如此吸引以及「稱心」，因此我認為值得一提。貝利差不多把畢生精力及職業生涯獻給研究中東的農民文化，並對農民的口述傳統的可信性，有自己的獨特見解。這篇文章很難找得到，但值得我們去把它找出來。重印版見於期刊 *Themelios* 20, no. 2 (1995): 4 ～ 11。
2. K. Aland, ed., *Synopsis Quattuor Evangeliorum*, 13th rev. ed. (Stuttgart: Deutsche Bibelgesellschaft, 1985) 及 K. Aland, ed., Synopsis *of the Four Gospels*, rev. ed. (New York: United Bible Societies, 1982)。

第 8 章

敘事（二）
情節更複雜

天使對婦女說：

「不要害怕！我知道你們是尋找那釘十字架的耶穌。」

（太二十八 5）

前章結束時仍有未完成的事。要分析一位作者（例如馬太）如何處理他手上的來源資料是一回事（這也是一件好事），而藉著那位作者處理來源資料的方法，而洞悉他要說的東西，則是另一回事。其實，我們大部分人在日常生活中都慣於這種分析過程。我的妻子可能會對我說：「垃圾已拿出來一段時間了。」對於這瑣碎的資訊，我的回應可以是感謝她向我更新最新的家務狀況，儘管那是沒甚麼用處的資訊。當然，這完全沒有考慮到**為何**她要費心告訴我這一切呢。在**真實的**日常生活裏，其實我會聽出她說話中的潛台詞：「立刻將那些垃圾拿出去！」她之所以使用較為間接的方式去發出實質的命令，可能反映了一個尖酸的、嘲弄的想法，或者要顧及我的尊嚴問題，或者考量別的。現在就讓我們一起探討存在於福音書經文內的這種動力（dynamic）。

從表面來看，馬太在八章 14 至 15 節這經段，起碼告訴了我們一件事：耶穌醫治彼得岳母的熱病，就正如我們在「段 7.5.4」裏所看到的。這個「簡單的」事實有其自身的價值。這個故事完全有可能作為一件獨立軼事，流傳在最早期的教會羣體中；也許以馬可福音的形式流傳著 —— 並且也許是以亞蘭文的形式流傳。但擺在我們面前的問題是：為何馬太要以上文提說過的一種新的方式來重述這個故事？假設他身邊有馬可福音的版本，那他為甚麼要從中刪去各項細節，重新把經文編排成為交叉配置的架構，並改動某些詞彙及代名詞？為何他要把經段編排到如今的位置？

159 如果要找出這些問題的答案，我們便不能停留在留意故事本身。馬太福音及當中各組成部分及細小的部分（就是我們在本書第三章及第四章討論過的！）的整體融貫性，要求我們有如下假設：任何一段較小的敘事單元，是與其較大的文章脈絡有組織結構上的連繫的。馬太 —— 或其他新約的敘事的作者 —— 在講述故事時，會有其敘事**策略**（strategy），並且他會給我們線索，讓我們如所期望的一樣去閱讀故事。至於當我們抓住這些線索後（或者我們是否能抓住 —— 或者我們是否「抓住」了那些根本不存在的線索），是否能正確地解釋故事，這又是另一個問題了；但若我們真的尊重馬太及他的著作的話，就應該作出這樣的嘗試。即使我們弄錯了，上帝也會給我們恩典，讓我們可以繼續鑽研下去。真正讓人遺憾的，是身為教會教師的我們，因為**害怕**錯誤或害怕找到我們不想找到的東西而拒絕嘗試。關於這一點，回想墳塋前的婦女們是有價值的；他們往錯誤的地方尋找主，但天使卻對她們說：「不要害怕！我知道你們是尋找那釘十字架的耶穌。」（太二十八 5）

那麼，如果我們再看得開闊一點，想一想馬太那個較宏大的計劃，那麼，我們在這篇關於岳母的經文裏，將會發現兩件事。

第一，這是緊接著登山寶訓的三個連續的醫治故事（太八 1～15）中的第三個故事。第二，我們要留意一件事，有一段「總結段落」（summary passages）出現在接著的 16 至 17 節，這總結段落概括地描述耶穌當晚行了更多醫治神蹟（我們會在本章稍後再討論總結段落這課題）。在總結段落之後，馬太講述了幾個「非醫治性」的事件。一邊是登山寶訓，另一邊是一連串非醫治性的故事（nonhealing stories），這使我們的注意力集中在八章 1 至 17 節的三個醫治神蹟及緊接著的總結段落。

當我們分析頭一個醫治故事——那是關於一個長大痲瘋的人的故事（太八 2～4）——我們發現到這個故事也呈交叉配置形態（事實上，馬可的版本也以這種方式呈現）：

A　一個**長大痲瘋的人**來見耶穌。
　B　他說：「主若**祢肯**，必能**叫我潔淨**。」
　　C　耶穌伸**手摸**他。
　B'　耶穌說：「**我肯，你潔淨了吧！**」
A'　**大痲瘋**就離開了他。

因此，馬太在講述一個長大痲瘋的人得醫治的故事，而交叉配置結構裏的中央部分是「耶穌伸手摸（ἥψατο）他」。令人驚訝的是，最起碼，這個故事對應著彼得岳母的故事——馬太故意把馬 160
可的版本重新編排及重述（正如在「段 7.5.4」看到的），使耶穌「**摸女人的手**」置於新組成的交叉配置結構的中央。接著，我們留意中間的那個故事，也就是醫治百夫長僕人的故事（太八 5～13），這個故事也是到目前為止三個故事中最長的一個。而這個故事的部分意思是：耶穌有能力從遠處施行醫治而**不必觸摸**病人！當我們細想這三個與耶穌相遇的人，我們將意識到，根據猶太人傳統，這三個人全部都是「在禮儀上」碰不得的人，而這些「缺乏」的人，卻是馬太筆下的耶穌開始公開醫治事奉時面對的第一批人。如果我們把這個概念放回馬太福音的整體信息來思考，我們便可以瞥見馬太福音的主旨——上帝藉以馬內利、拿撒勒人耶穌回來與祂的子民「同在」——的意思的其中一個面向。不但如此，這個故事也幫助我們明白究竟誰人才是耶穌的「子民」。祂觸摸不該觸摸的人，只為了觸摸他們，此外別無其他原因。事實上，**祂**觸摸他們時，大概會以祂本身的潔淨來「沾染」**他們**，正如大家認為他們的不潔會玷污禮儀的潔淨一樣。

就算是這個短短的段落，也有更多類似的事情要考慮；但上文的分析，已經顯示出新約作者把一部分信息藏在他說故事的方式之中。這五部敍事文獻（四福音及使徒行傳），沒有一部是胡亂堆砌起來的，它們都是經周詳計劃並妥善地執行的。我們要以它們自身的方式了解它們，我們的努力，會得到百倍回報。當然，我們可以理所當然地認為：對一世紀猶太作者有意義的東西，對活於二十一世紀的讀者來說，並不必然有意義。也正因如此，於新約敍事而言，我們在解經上的首要責任是讓經文以它之所是呈現出來，而不是只一心在它裏面尋找我們期望找到的。耶穌已經不在墳塋裏。要找祂，只能往祂所在之處去找。

當我們初步確認了聖經的敍事的本質，現在就可以轉到特別的「副類型」（subtypes）及技巧——作者正是用這些技巧編織起他們那較大的故事的。我們會看看：（1）有情節、角色及背景的故事；（2）典型場景（type-scenes）及平行記述；（3）舊約引文及旁徵；（4）長篇講論及短篇語錄（*logia*）；以及（5）總結段落。

8.1 有情節、角色及背景的故事

關於耶穌所說的比喻，很多優秀的著作及字典中的文章都忠告

我們：要以福音書作者的目的來聆聽及閱讀比喻。同一時間，近這
幾十年湧現一股熱中於**任何**故事（比喻或其他）的浪潮。「敘事評 161
鑑學」（narrative criticism）這門學科，對閱讀聖經帶來了豐饒的新洞見——藉關注角色、背景（setting）、情節（plot）、觀點（point of view）、隱設的作者（implied author）、隱設的讀者（implied reader）、敘述者（narrator）及「被敘述者」（narratee）。我們承認，比喻故事（parabolic stories）與實際事件之報導之間，是有某些區別的，亦因此我們通常都分辨到。然而，若從範疇（categories）的角度思考，兩者也有具意涵的相似之處。只要比喻是指可以帶給我們教訓的故事，那麼比喻就與福音書或使徒行傳中的故事相似。事實上，在聖經的敘事（biblical narratives）中，沒有任何一件事件被記述下來，是我們可以假設為那只不過是要記錄發生過的事而已。因此，許多我們期待在比喻中找到的(要點、邀請、挑戰、警告)，我們都可以在任何福音書的故事中找到。

8.1.1 比喻及事件

當然不是所有比喻都是故事。舊約希伯來文“*māšāl*”——在《七十士譯本》中經常被譯作“παραβολή”（比喻）——這個字可應用在各式各樣的「喻像語言」（figurative language）而不單單只是應用在敘事身上，如箴言（proverbs）、隱喻（metaphors）及明喻（similes）、詩歌、格言和謎語，全都可以算入這種「比喻」的綜合類別之中。下文我們會繼續討論一些較特殊的類型。但現在，我們先把注意力集中在以故事形式表達的比喻。路加福音記載了一些最著名的新約比喻故事，如好撒馬利亞人（路十 29～37）、浪子（路十五 11～32），以及法利賽人與稅吏（路十八 9～14），這些都是著名的例子。這些故事雖然簡短，但一如所有出色的故事一樣，這些故事都有角色、背景及情節。我們很想知道，藉著這些小

故事中各個「角色」之間的相互作用，藉著角色與「背景」之間的相互作用，以及藉著故事的「情節」，耶穌（或路加）究竟要傳達甚麼信息。那裏有多少人物角色？行動的中心，是一人還是多人？當中有些人是邊緣的、甚至是可刪減的角色嗎？他們怎樣互相聯繫？他們有話要說嗎？如果有的話，他們說甚麼、說了多少、何時說、對誰說？當中隱含著弦外的對照和比較嗎？作者「認可」一個角色較諸另一個角色多一些嗎？

關於作者「認可」（這與作者的「觀點」相似）的問題，有一個重要考慮，那就是作者是否認可聽眾所認可的。例如，路加筆下的耶穌，明顯把比喻裏的撒馬利亞人描述成一個「好人」，而祂把祭司及利未人描繪成較不討人歡喜的人。路加告訴我們，這個故事是耶穌對著一個猶太律法專家說的——這人無疑會認為，在猶太律法眼中，任何一個撒馬利亞人都已是全然妥協的了。這一事實，是那包含著比喻的更大的故事的一個重要假設。這個比喻不是要教訓我們怎樣善待鄰舍，而是要重新評價「究竟誰有資格『承受永生』」（路十25），這種重新評價確是令人不安的：即使我們的敵人也可
162 以有這資格。路加以這種方法揭示他的（並耶穌的）「觀點」是與典型的猶太文士截然不同的。

或者，試思想一個極富對比色彩的比喻。在不義的官的比喻裏（路十八1～8），耶穌要凸顯的對比，不是百折不撓的寡婦與不理睬她而又被她苦纏著的官，而是這位無情的官與不用人這樣艱苦追尋的上帝。因此，這個比喻的重點，不是要我們經常乞求上帝去做我們想祂做的事，而是要安靜地並持續地信靠上帝，因為祂是那位真正關心屬祂的人的上帝，祂**有別於其他作審斷的官**；而事實上當路加在比喻的導言中說明這個比喻的重點時，他所指出的，正正就是這一點（路十八1）。以這角度看這個比喻故事，就可以挪走擱在我們肩膀上的沉重擔子——彷彿這個故事在鼓勵我們纏磨上帝——

學習比喻中那位飽受困擾的母親那樣——直至祂投降為止。

我們在約翰福音找不到慣常理解的「比喻」，儘管約翰記載了大量比喻性的隱喻（parabolic metaphors）：上帝的羔羊（約一29）、葡萄樹與枝子（約十五 1～8）、好牧人與羊羣（約十 1～18）等等，儘管如此，在約翰的敘事中，當他敘述耶穌生平的實際事件，我們確實看到比喻故事的運作原則。約翰福音三章 1 至 21 節，記述了敬虔的法利賽人尼哥德慕在夜裏來見耶穌；會面雖是暗中進行，但對談明顯是真誠的。儘管尼哥德慕是大家的老師，但他不是太「領會到」耶穌的話。然後，經過一個短短的中場或幕間休息，記述了施洗約翰的見證（約三 22～36），之後，福音書作者讓我們與耶穌一起前往撒馬利亞。這次故事發生在明朗的白晝（約四 6）。在那裏，耶穌遇到一個為猶太人所輕視的撒馬利亞婦人，而且，她完全感受到這種輕視（約四 9）。她的率性，甚至近乎有點「不合體統的」調情，與尼哥德慕所關注的嚴肅神學，形成強烈對比。然而，同樣與這位焦慮的以色列人老師形成強烈對比的，是這個「受玷污了的」婦人卻「領會到」並且是充分領會到耶穌的話，使得她跑到村子去傳福音。把兩個記載如此緊扣在一起，是約翰敘述策略的一部分；我們在閱讀約翰的故事時，需要小心考量這一點。

即使這樣，事情仍未結束（為何事情應該結束呢？）。約翰福音的前半部分講述一連串七個或八個耶穌所行的「神蹟」（σημεῖον；sign），而在每一個神蹟故事之後，約翰都會藉著其後發生的事件「揭開」前述那較宏大的神蹟故事的意涵。耶穌在迦拿婚筵把水變酒（約二 1～11），是頭一個神蹟；第二個神蹟是醫治迦百農大臣的兒子（約四 46～54；參八 5～13）。尼哥德慕與撒馬利亞婦人這兩個故事，正出現在這頭兩個神蹟中間，彷彿成為第一個神蹟的解釋的一部分。此外，這兩個故事亦緊接著「耶穌潔淨聖殿」（約二

14～22）的記述，作為其補充。既注意到上文下理的編排，尼哥德慕與撒馬利亞婦人的故事，便闡明了耶穌業已把傳統的第二聖殿猶
163 太教轉化成為聖父榮耀的酒。耶穌這瓶「新酒」顛覆了一切 —— 由聖殿的典儀以至進入上帝國度的傳統標準亦然。這很可能就是約翰在約翰福音一章 14 節所說的：「道成了肉身，住在我們中間，充充滿滿的有恩典有真理。我們也見過他的榮光，正是父獨生子的榮光。」在耶穌裏，久別的舍建拿（Shekinah）榮光（即上帝的神聖臨在），在上帝的子民得「潔淨」後，已經回到祂的會幕、祂的聖殿中。在這一點上，約翰福音的主題，其實類似於馬太福音的主旨：上帝藉耶穌「與我們」同在 —— 以馬內利。

8.1.2 那麼，究竟這是誰的故事？

我們可以這樣說，福音書的故事本身，是關乎一個說故事的人的（story-teller）。這是福音書的獨特性質，在本書第七章曾暫時放下這個難題。事實上，福音書的故事，許多都是關乎耶穌在說故事的，而這現象的最佳例子便是比喻。上述這種「雙層的動力」（two-level dynamic），同樣出現於使徒行傳中。路加記載了彼得及保羅的講論。這實在是棘手的問題。歸根結柢，問題是（例如）：耶穌講述好撒馬利亞人的比喻時，祂的原意是否與路加的意思一致？路加與耶穌又是否以同樣的方式用這比喻？並且帶著相同的預期？說得準確一點，耶穌使用比喻的原意，是否與路加「**述說耶穌在述說該比喻**」（telling the story of Jesus telling that parable）的目的一致？筆者唸神學時的其中一位教授（米伊〔R. P. Meye〕）認為，路加刻意把好撒馬利亞人的比喻置於馬大與馬利亞的故事之前。在該記述中，馬大認為妹子馬利亞未能到廚房幫助她，她因而感到十分沮喪（路十 38～42）。米伊認為，路加之所以這樣做，是希望讀者能聚焦於「社會行動」（好撒馬利亞人的例子）和「安靜默觀的呼召」（馬

利亞的例子）兩者間的平衡。姑勿論以這方式來閱讀路加的敘事是否正確（我懷疑這是不正確的），這帶出了一個問題，即耶穌的原意可能與路加的目的（或者任何一位福音書作者）有別；而問這樣的問題，的確是合理的。

這窘境（dilemma；即究竟是耶穌，還是路加？）與另一個問題緊密相連，那就是歷史的耶穌與福音書的耶穌（或其呈現出來的**眾**耶穌〔Jesuses〕）之間的關係。再一次，歸根結柢，我們希望知道，我們在任何一部福音書中看到的耶穌，與我們在其餘任何一部福音書中看到的耶穌，究竟有多相似；或者，四幅耶穌肖像中的任何一幅 —— 或所有四幅 —— 與一世紀行走在巴勒斯坦路上的耶穌，究竟有多相似？把這個問題再推進一步，我們也想問：這裏的任何一種描述，與信仰中的耶穌（即在其各自不同的具體歷史文化背景中，基督徒所設想的以及敬拜的耶穌）又究竟有多相似？而這難題
所體現出來的三維窘境（three-dimensional dilemma），逐漸演化成 164
一極為複雜的學術討論。我們實不能在這裏再加以詳述了。[1]

於此，我們只要意識到這難題便已經足夠。在歷史裏的耶穌與任何一部福音書所描繪的耶穌的關係，是對應著福音書所描繪的耶穌與我們所信仰的基督的關係的。就這意義而言，我們在約翰福音所遇見的耶穌，即約翰所信仰的基督。我們可以認信（是的，我是「相信」）聖靈掌管福音書的寫作，以致四部福音書都是耶穌「實際」的生活與行為的可靠解釋；因此，按現存的形式 —— 即四部福音書確實並存 —— 盡我們所能認識耶穌及其時代的文化，是極為重要的，因它們事實上是並存的。不過，到底，我們是從這四種解釋 —— 被編入正典的福音書所傳遞給我們的 —— 去聆聽祂這個人以及祂的生平。我們要按手上所有的，努力並如實地解釋這些福音書的記述，由此建構我們對耶穌的理解，並在必要時調校我們「所信仰的基督」—— 如果我們因而得悉我們一向所珍視的關於耶

穌的一些特點，原來是沒有福音書支持的，這可以是一個很痛苦的過程。

8.1.3 寓意法及寓意化

有時，按福音書所描述的，耶穌在說比喻時，祂會為門徒的好處，加上解釋。其中一個較著名的例子，是撒種的比喻（可四 1 ～ 20，平行經文可參太十三章及路八章）。講解比喻（可四 13 ～ 20），即對比喻的各個元素提供「寓意解釋」（allegorical interpretation）：撒種之人、種子、四種不同的泥土、飛鳥等等。換言之，這個比喻，是一個正統的聖經寓意（biblical allegory）。當我們檢視比喻中的細節及其相對應的事物時，其結果不甚工整和不合邏輯這一事實，無損這個解釋的寓意性質。保羅也使用寓意法，例如，他在加拉太書論證基督徒從律法中得自由時，他就使用了寓意法（加四 21 ～ 31；特別在 24 節）。

聖經中這些使用寓意法的例子，從古至今，都鼓勵著解釋聖經的人嘗試用寓意法去解釋聖經。其中一個大名鼎鼎而又經常被我
165 們這類書所引用的例子，就是奧古斯丁（Augustine）處理好撒馬利亞人比喻的方式。[2] 奧古斯丁認為被攔路搶劫的受害者，代表了亞當；小偷，代表撒但及其使者；祭司和利未人代表舊約；撒馬利亞人代表耶穌；店子代表教會；店主代表保羅等等。奧古斯丁的進路是**寓意化**（allegorization）的例子，也就是如何把「非寓意的」經文轉化成「寓意的」經文。這種解釋方法沒有探討耶穌原來的聽眾（在這個情況下，祂的聽眾是猶太的律法師）究竟可以怎樣理解這信息。（「保羅？」原來聽眾的反應可能是：「保羅是**誰**呀？」）

事實是，藉著「寓意化」，解釋比喻的人——或者解釋任何故事的人——可以隨他們喜好任意解釋一段經文。因此，在最近的一個世紀，解釋比喻的一貫進路是：堅持每一個比喻有一

個——並只有一個——要點；寓意法被有系統地排除在考慮之外。可是，這是公然過度封殺的例子。因為，正如我們剛才所看到的，在新約聖經中，耶穌及新約作者們創造及使用了寓意法，而這些都是合理地使用寓意法的例子。當然，在加拉太書四章，保羅把夏甲與撒拉的故事**寓意化**；不過，我們也不要忘記，他是保羅；他這樣做，並不代表我們也可以這樣做。身為解釋聖經的人，不使用寓意法來處理經文，是較為明智的——除非有很好的原因，例如當耶穌（或保羅）也這樣做。一般而言，審慎的解經，會避免把故事和比喻**寓意化**。除非我們要處理真真正正的聖經寓意，或者，我們在處理明顯「有多重意義」（multivalent）的經文，否則，我們應該試圖明白故事的主要論題，以及它怎樣配合全書的整體框架。

8.1.4 小結

這一大段的要點是：福音書及使徒行傳的故事，無論那是以比喻還是以敘事的形式出現，我們都要以講述這故事時的特定方式、特定處境、特定原因來理解之。作為信仰羣體，我們要「看到」作者留給我們的，究竟是甚麼；我們要以這種方式去閱讀這些故事，這是我們的特權，也是我們的責任。我們也許期望作者能更清楚表明信息，我們也許想知道我們是否理解得正確；但福音書的作者們那又仔細又含蓄的表達方式，使發現信息的過程更為豐富，甚至更為刺激——較之把真理平鋪直敘地告訴我們，就像放在盤上的餅乾一樣，他們的方法不是好得多嗎？於此，福音書反映了上帝的教學法（God's pedagogy）。古代的羣體、全球的羣體、由聖靈引導的羣體的對談，不單單確保總會有人挑戰我們的結論，也確保總會 166
有別人的結論遭到挑戰——上帝會使用這策略修正我們的路向。要完成解經的任務，我們是彼此需要的。

8.2 典型場景及平行記述

正如賴特所言，[3] 今天，任何人只要看看電視新聞節目，便知道像美國總統這類人物，可以在任何地方發表政策聲明，並預計其聲明幾乎可以立刻進行全國、甚至全球廣播。耶穌當年的說話及其醫治的作為，卻不能進行即日全國報導。因此，我們可以假設耶穌曾在各地多次重複祂所說的故事或所行的神蹟；事實上，我們應該假設祂做了千百次。可是，當研究福音書的學者們，他們傲慢地批評福音書無知地保留了學者們所說的「單一事件的多重描述」(multiple accounts of single event)，就使得大家沒那麼重視這一洞見。可是，在某些情況下，我們其實可能是面對多重事件(multiple events)。事件究竟是「單一的」還是「多重的」? 這樣的歷史性問題是合理的，不過，就算我們把這問題擱在一旁，我們仍然需要考量「重複敘事」(repetitious narratives)在文學上的**解釋**效果(interpretive effect)。我們可以把重複敘事分為平行記述(parallel accounts)和典型場景(type-scenes)。

8.2.1 平行記述

讓我們看看兩個例子。先讓我們看看耶穌餵飽羣眾的神蹟。所有四部福音書都保存了耶穌給五千人吃飽的故事(參可六32～44及其平行經文；馬太福音加上「除了婦女孩子」這句話；參太十四21)。「難題」在於馬可及馬太在稍後又報導了一樁相似事件，那就是耶穌餵飽了**四**千人(可八1～10；馬太再次堅稱，若把女人及孩子都算進去，那裏實際上應該有更多人，參太十五38)。誠然，兩位福音書作者所講的兩個關於餵飽羣眾的故事之間，實在有很多「接合點」(points of contact)。馬可在兩個記載中均提及耶穌憐憫羣眾、門徒疑惑、問有多少餅、羣眾的坐位、為餅祝謝和擘開、門徒分派食物、吃食物並感到滿足、收拾零碎放進筐子、填滿筐子和參與者的數目，而且全部都按相同次序來描述。難怪有些學者假設是馬可攪錯了——接著是馬太（路加沒有）——把實際上同一件事誤以為是兩件獨立事件。

但作出這樣的假設，實在太容易了；而這種假設忽視了馬可及 167
馬太是非常出色的說故事者。反之，在解釋上，我們要問的**解釋性**問題（interpretive question）應是：為何馬可和馬太都各自保留了這兩個故事，並使它們的位置如此接近。答案可能端在經文所身處的故事背景，那包括文學的及地理的。在馬可福音和馬太福音裏，餵飽五千人的事件顯然發生在猶太人的土地上。事件象徵了上帝回到祂的子民中間（這記載充滿著曠野中的嗎哪的暗示：餅不住增加、吃的人完全滿足、收拾零碎放進筐子）。但在馬可福音裏，緊接在餵飽**四**千人的記述之前，我們看到耶穌及祂的跟隨者離開外邦人的地方（推羅及西頓），並繼續從加利利海的東面往下走，並進入同樣是外邦人領土的低加坡里（可七 31）。顯然就是在低加坡里發生了這第二次「餵飽」事件（順道一提，再一次，熟悉及留意耶穌時代巴勒斯坦的地緣政治是重要的；福音書正反映了這一點）。在馬太福音的平行經文中，雖然沒有提及低加坡里，但馬太的給四千人吃飽的版本，卻是緊接著耶穌在推羅及西頓遇見迦南異教婦人之後。

那麼，我們在這兩個故事裏所得到的，與路加所記的兩個五旬節經歷相似：一個發生在耶路撒冷，為了猶太人的教會（徒二章）；而第二個，則發生在哥尼流的家裏，為了外邦人的教會（徒十章）。事實上，路加用了相當多篇幅來強調哥尼流家庭的**外邦**本質以及彼得最初反對跟他們來往（徒九章）。同樣地，對「曠野中的嗎哪」的經歷，馬可和馬太都保留了一個猶太人版本和接下來的一個外邦人版本。上帝的國與祂的彌賽亞，對人類不同種族而言，都具相同的拯救意涵。

在使徒行傳中，我們也看到一個瘸腿的人得醫治的平行記述。彼得在耶路撒冷聖殿門前（徒三 1 ～四 22）以及保羅在路司得這異教地方（徒十四 8～23），同樣遇到生來就瘸腿的人，並且他們使瘸腿的人起來站立。彼得與保羅在他們各自的情境中，對那羣頓感驚懼的羣眾以及他們的敵意，得立刻作出回應。當路加描述兩個瘸腿的人及其得醫治的情境，我們看到有幾處令人驚訝的平行，而這在希臘文原文則較在英文譯本中更為明顯。由於這些平行之處明顯是刻意造成的，我們可以推斷，路加有意把彼得和保羅塑造成具有同等地位和權威的人。他把彼得描述成一位在猶太人教會中被上帝認可的使徒，而保羅就成為外邦人教會的使徒，但他同樣是被上帝
168~169 認可的。彼得與保羅具平等地位這一觀點，在這些記述中，是以文學手法具創意地描繪出來的——藉著兩個平行的醫治記述。

8.2.2 典型場景

想像一個不知名的人，戴上黑帽子，背著日落，在一齣西部電影（B 級片）中，他撥開酒吧的雙開式彈簧門。我們看過這個場面多少遍？或另一個畫面，描寫約翰．韋恩（John Wayne）、奇連．依士活（Clint Eastwood）或賈利．古柏（Gary Cooper），在滿是灰塵的小鎮主街中邁步，與一些暴徒對決的場面。我們看過**那個場面**多少遍？我們稱之為「典型場景」。典型場景像符號（symbols）一樣，在故事裏永遠承載著相同的意義。在典型場景中會出現一些大家都預期會出現的特點（expected features），像長靴在木地板上發出不祥的金屬聲，踢馬刺發出叮叮噹噹的聲音，以及忽然在酒吧內出現的蕭瑟，令正在玩紙牌的顧客畏懼；諸如此類。可能酒吧老闆在櫃檯後倒下，然後，我們近距離看到一隻破杯子在地上沿著長長的半圓形軌道慢慢轉動。試想像一下這個場面在暗示甚麼？假如，戴黑帽子的人突然闖入酒吧，我們聽到長靴的金屬聲和踢馬刺的叮噹聲，儘管沒有人抬頭看看那人是誰，我們會期望或許是唐．諾茨（Don Knotts），或者《義勇三奇俠》（*Three Amigos*）的其中一位，

他能改變整齣電影的氣氛。

典型場景並非好萊塢（Hollywood；或譯「荷里活」）**發明**的。試想想創世記十五章 1 至 6 節、出埃及記三章 1 節至四章 17 節、約書亞記一章 1 至 11 節、耶利米書一章 1 至 10 節、以西結書一章 1 節至三章 15 節、以賽亞書六章和以斯帖記三章 1 節至五章 2 節。所有這些章節都在描寫上帝呼召並任命一個人以某種方式事奉祂（一般都是作祂的代言人）。細心分析這些經文，我們就會發現到一種獨特的模式（即預期會出現的特點）是所有這些經文所共有的。開場白（introductory marker）、神人相遇（divine confrontation）、受者（addressee）總會提出點甚麼異議、任命（commission），以及確認的記號（confirmatory sign），都會先後出現在每一個故事中。當我們檢視前述聖經中的七個場景，這五種文學形式不一定以絕對一致的形態或者以同樣的次序出現——但它們全部都會出現。「圖 8.1」是對這些經文的分析。我們可以在天使向馬利亞報喜的故事中辨別出相同的模式（路一 26～38）。我們可作出結論：基於某些文化因素，猶太傳統特別喜歡以這種獨特的典型場景敘述神聖的呼召。

形式	創十五章	出三、四章	書一章	耶一章	結一～三章	賽六章	斯三～五章
開場白	1a	三 1	1a	1～3	一 1a	1a	三 1～四 7
神人相遇	1b	三 2～6	1b～9	4～5	1b～28a	1b～4	四 1～5?
受者提出異議	2～4	三 11、13，四 1、10、13	5～9（暗示）	6	1b～28b（二 6～8；暗示）	5	四 10～11
任命	4	三 7～10	（參神人相遇）	9～10	二 1～三 11	8～13	四 8
確認的記號	5	三 12、14～22，四 2～9、11～12、14～17	10～11	7～8	三 12～15	?6～7	五 2（參四 10～11、16）

圖 8.1：呼召先知的典型場景

路加在使徒行傳九章描述掃羅/保羅在大馬色路上的經歷時，採用了神聖呼召（divine-call）這一典型場景。我們可以把故事分析如下（當你閱讀本文這一段落，請翻開聖經）：開場白，參使徒行傳九章1至3節a；神人相遇，參使徒行傳九章3b至4節；保羅的異議，參使徒行傳九章5節a；上帝的任命，參使徒行傳九章5b至6節、10至18節；確認的記號，參使徒行傳九章9節、18至19節。路加以這種文學手法把掃羅/保羅與舊約先知連繫起來，從而把他算入上帝的代言人的行列。在這個例子當中，只有一個值得我們留意的變化，那就是受者所面對的聖者（divine confronter），不是上帝，而是復活的耶穌，也就是那位與信徒們——遭掃羅迫害的信徒們——認同的耶穌。此外，主耶穌任命掃羅，要把祂的名傳到「外邦人和君王，並〔其次？〕以色列人面前」（徒九15）。用上呼召先知的典型場景，正好把到外邦人那裏去這一特殊呼召（代表拿撒勒人耶穌）套進了舊約預言的傳統內。路加顯然為了保證讀者明白到這一點，並同時為了使人明白保羅使徒角色的合法性，他刻意把這個故事再重複了**兩次**（徒二十二4～16，二十六9～18）。

在這個呼召保羅的場景的同一個段落裏，使徒行傳九章內藏了一個很有趣的旁支故事，那就是亞拿尼亞接受了類似的「任命」：開場白，參使徒行傳九章10節a；神人相遇，參使徒行傳九章10b至12節；亞拿尼亞的異議，參使徒行傳九章13至14節；對他的任命，參使徒行傳九章11至12節、15至16節；確認的記號，參使徒行傳九章17至19節。於此，申述了一個十分工整的任命故事，而這記述正正被編進了保羅的故事中。熟悉舊約文學形式的人，斷不會誤解路加的意圖——把保羅併列在上帝聖先知之林，或者，暗指拿撒勒人耶穌就是神聖的任命者。

同樣地，關乎婚盟的場景、不同文化間的相遇、甚至是神人間之相遇，經常都發生在社羣共用的水井旁。顯而易見的例子，計有以撒和利百加的故事（亞伯拉罕作為中間人，參創二十四章）、雅各和拉結的故事（創二十九章），以及摩西和西坡拉的故事（出二15～22）。

若能識別出「在井旁相遇」（meeting-at-the-well）是一典型場景，那就使我們更加明白約翰福音四章耶穌與撒馬利亞婦人相遇的 170
故事的意義了。那次相遇，代表了神人的相遇，而事實上那是上帝的顯現（epiphany）。這次相遇也代表了文化的衝突（猶太人—撒馬利亞人；男—女；道德—不道德），以及代表了向「新娘」求愛。但在這裏，本來是新郎的那位，拒絕了婦人的調情；反倒像亞伯拉罕的僕人一樣，祂邀請她與那差祂來的那位訂婚：「父要尋找」那些以心靈和誠實拜祂的人。當然，這個撒馬利亞婦人，像利百加、拉結及西坡拉一樣，跑回「家」，對人訴說這一切事，而家裏的人就出來，邀請耶穌留下。另一方面，識別出這個敍事的藝術性，並不需要意味著懷疑這個敍事的歷史性。其實，我們只是在確認作者講故事的**方式**是有選擇性的，並且正正以作者講故事的方式來「閱讀」文中所隱含的意思罷了。

8.3 舊約引文及旁徵

新約敍事引用典型場景，是其中一種旁徵舊約經文的方法；而福音書作者選擇一些與之產生共鳴的舊約元素並使之編進敍事之中，則是沒那麼格式化的旁徵使用方法。例如，馬可與馬太評論施洗約翰的飲食和衣著的方式，至少使敏銳的讀者（心中內置有經文彙編的讀者）聯想起列王紀下一章 8 節的記述（至於我們其餘的人，在這個情況下，旁註的串珠就顯得極為有用了）。在列王紀下一章的記述裏，撒馬利亞王亞哈謝差遣使者求問他們的神祇巴力之後，使者們帶著使人不安的消息回來。他們說有一個陌生人在路上迎著他們，並說出了諷刺王的信息。他們形容這人身穿毛衣和腰束皮帶。亞哈謝很是困擾並回應道：「這必是提比斯人以利亞。」當馬太描述施洗約翰身穿「駱駝毛的衣服、腰束皮帶」(太三4)時，熟悉舊約故事的讀者就會明白這個約翰是誰；說得更正確一點，是他們明白他的角色是甚麼。他是「提比斯人以利亞」，使以色列歸回上帝的開路者(參瑪三1，四5)。

馬太特別擅長這類手法。對亞伯拉罕的記述和以撒出生典故之
仿傚(echoes)，使馬太福音一章18至25節生動起來。這些仿傚
暗示了這個新生的大衛的子孫耶穌，正像亞伯拉罕的新生兒子以撒
(參太一1)，因而耶穌也是上帝祝福萬族的途徑。在馬太福音二章
出現了大量與出埃及有關的旁徵(例如，埃及這地方本身、屠殺嬰
孩、逃離「要害小孩子性命的人」)，把讀者置於一思考框架之中，
那就是把耶穌當作摩西。這種敘事方式，給讀者作預先準備，使他
171 們把耶穌的事奉理解為一個新的出埃及事件。耶穌在曠野受試探
的故事，仿傚了申命記所載的摩西的最後講話(太四1～11；參申
八3，六16、13)，這暗示著耶穌開始其公開事奉，與以色列人進
入應許地，在某方面而言，是可平行參照的。上帝對約書亞說的鼓
勵說話(書一章)，部分出現在大使命之中(太二十八19～20)，
這讓讀者設想，這攻佔「土地」的呼召現已交付給教會了(新以色
列)，而應許之地實際上就是整個世界。[4]

作者之所以運用這種技巧，意味著他對讀者察覺「仿傚」及「旁徵」的能力有信心。這種信心，正正就是敘事評鑑學者所說的「隱設的讀者」的部分意思，即一段經文的隱設讀者會「領會到」每一個旁徵、理解到每一個影射(innuendo)。當然，根本沒有這樣的人，即使是敘事評鑑學者也辦不到。隱設的讀者這個觀念，只不過是作為「隱設的**作者**」的對應而已。既然我們**實際上**不能鑽進聖經作者的腦袋，就只好從經文所暗示的，推斷作者的目的；就這樣，

在轉眼之間，一位**隱設的**作者便具體出現在我們面前。我們之所以要這樣挖空心思，只因我們意識到——再一次——在某種意義上，我們所有的，就只有手上的經文。隱設的讀者這觀念，無疑能把經文連繫到當下，可是，我們卻**不**可能領悟到經文中隱含著的所有東西，因為這個觀念要幫助的，是我們這些活在二十一世紀的解經者。就以我為例，要不是我注意到希臘文新約聖經馬太福音三章 4 節旁註了列王紀下一章 8 節的經文串珠（並且我查看了一下！），我是不會把施洗約翰的「全套服裝」與他的先祖提比斯人以利亞關聯起來的。我的腦袋裏沒有內置著一部經文彙編。假如馬太給約翰穿上藍色連身衣並給他戴上白色帽子、黑色眼罩並配上銀色子彈以及一匹白馬的話，我可以毫不費力就認出這個旁徵：「那人就是獨行俠！」[5] 可是，我並非在舊約經文的浸淫中成長；而聽我們講道的人，大部分也不是。

然而，我們可以想當然地認為，許多第一代的福音書讀者都熟悉《七十士譯本》（或希伯來聖經），就如在我的年代，許多人都熟悉披頭士樂隊歌曲的歌詞，或者電影《綠野芳蹤》（*The Princess Bride*）的對白（「你好。我的名字叫依尼人蒙托伊〔Inigo Montoya〕。你殺了我的父親。受死吧！」）。波圖克（Chaim Potok）的小說 [6] 指出（更不用說北歐學者如革哈遜〔Birger
Gerhardsson〕的研究成果）[7]，古代及現代的猶太人都有著驚人的記 172
憶力（在其他文化中，我們也看到很多這種例子）。我們既沒有記住大量舊約經文（更別提大量《七十士譯本》的經文），對我們而言，要在福音書及新約聖經其他地方裏發現作者刻意作出仿傚的這些材料，確實是很大的挑戰。但我們並非全然無助的，經文彙編可幫助我們。例如，電子版的《七十士譯本》經文彙編，幫助我們看到馬太福音一章 21 節的希臘文經文，幾乎逐字引用創世記十七章 19 節，因而把耶穌的出生與以撒的出生連繫起來；經文彙編也讓我們看到有另一段經文（馬太福音一章18至25節）與亞伯拉罕的故事連繫著。例如，讓我們看看亞伯拉罕與約瑟相似的地方：他們都在異象或夢境中得到指引，都被告知不用害怕，以及都被稱為「義人」等等。

這也凸顯了新約聖經引用舊約經文的另一個特色。新約作者沒有我們今天所用的那種方便的章節劃分法，因此，如果他們要援引經文（又不能以章節數字來加以表明），他們便需要使用另一些方法。故此，在許多情況下，他們引用一段很簡短的經文，明顯是希望讀者留心舊約聖經中出現該簡短經文的上下文。例如，在屠殺孩子的記述中，馬太（有點不嚴謹地）引用了耶利米書三十一章15節（《七十士譯本》耶利米書三十八章15節）作為叫人感到難受的事件的高潮（太二18）。然而，若我們閱讀耶利米書三十一章這節簡短引文的上下文，我們就會發現整章經文洋溢著歡樂的氣氛：樂觀地盼望著以色列人從巴比倫被擄歸回。事實上，翻遍整章耶利米書三十一章的論述，我們發現惟一真正使人感到難受的按語，就只有三十一章15節。當我們注意到這一點，解經者至少會問兩個問題：（1）被擄歸回這個較宏大的主題，在馬太的故事中扮演了甚麼角色？（2）為甚麼他選擇這句特別不快樂的經文作為連繫？我們深入思考這些問題（也就是馬太編排這些經文時，他希望讀經者能自然地發現到的問題），便可以洞悉馬太（或其他作者）鋪排其材料的視角了。讀經者自然地發現到問題這一事實，能再次使我們確信一件事：因著種種原因，我們可能會弄錯答案，但至少我們嘗試忠於我們手上的經文。「不要害怕！我知道你們是尋找那釘十字架的耶穌。」那是解經的目的。

8.4 講論及語錄

任何人如果詳細讀過或使用過「紅字」版新約聖經，他都會留意到福音書關乎耶穌的話的記載，較諸祂的行事的記述，其所佔的篇幅要多許多。再加上新約聖經的敘事中的其他角色所說的話，我們會立刻發現，不同種類的講話（utterance；“*logia*”，即「語錄」； 173
單數為“*logion*”）及長篇講論成了敘事資料中一個很重要的副類型。雖有點「人工化」，我們還是可以把這樣的經文分為兩個類別：較短的語錄（shorter *logia*）及長篇講論（extended speeches）。但我們在解釋這些經文之前，先得在其語境中審視這些經文。

讓我們再次看看路加福音關於不義的官的比喻（路十八 1～8）。在這個故事中，我們可以聽到那個官因那位固執的寡婦而在心中抱怨：「我雖不懼怕上帝，也不尊重世人，只因這寡婦煩擾我，我就給他伸冤吧，免得他常來纏磨我！」（路十八 4～5）當然，實際上，這些話是耶穌說故事時說出來的，而那個官本身並不在場。那個官的講論是在故事中的講論。這個耶穌所說的比喻故事雖然是關乎一位不義的官的，但它同時與路加所說的關乎耶穌的那個較大的故事相關。換言之，路加福音十八章 4 至 5 節這段講論，是置於一個故事之中的；而這個故事本身，又是置於另一個更大的故事中的另一段更大的講論之中的。以這個文學現象作為基礎，我們會作出幾方面的評論；對解經者來說，這些觀察是具意涵的。除非我們留心類似下述所提出的一些觀點，否則我們會有誤用或濫用福音書的講論的危險，無論那是長篇的還是短篇的講論。

首先，有些故事是在講論中申述其重點的，而有些講論則用故事來申述其重點。一段講論，可以運用辯論（像書信）的形式或講故事（像福音書）的形式，或者兩者兼用，以申述其重點。同樣地，一些書信可以藉著講故事來申述其重點（加一～二章），而一些故事則可以藉著辯論來申述其重點（太二十二 23～33）。就某種意義而言，任何形式都有可能發生。第二，基於差不多的思路，比喻一般都有其重點要申述，亦經常會對其重點或教訓作出總結——把它置放在其中一個角色或講比喻的人（通常是耶穌）的精簡評論之中。在這方面，真實的事件跟比喻一樣，亦可以藉相同的方式發揮作用，正如耶穌與百夫長相遇的記述（太八 5～13）。耶穌與百夫長的對談佔據了故事的中心；而這個安排，事實上幫助讀者把焦點放在馬太藉著重複場景而想申述的重點：上帝接納禮儀上「碰不得」的外邦人的信心，正如接納任何人的信心一樣。第三，不義的官的獨白置放在耶穌所說的比喻之中（路十八 4～5），而這個比喻又置放在路加的「旅程敍事」（travel narrative）之中，這表現出路加的藝術手法。路加不只決定把哪個耶穌故事放在他的福音書裏（即「選擇」），他也決定故事的位置（即「編排」）以及怎樣講述（即「改寫」）。

從上述三個觀察所得，我們了解到，即使是耶穌本身的談話、
174 講論和言訓，**我們都不能忽視其所屬的較大語境**。例如，我們若只引用耶穌那句非常受歡迎的勸告「你們必須重生」（約三 7；「重生」或譯「從上頭生」；參《新修訂標準譯本》；譯按：中譯本可參《呂振中譯本》），而不同時把這句說話和他在午夜對尼哥德慕所說的話連繫起來（約三 1～21），那麼這就沒有解經上的意義了。在解經上，我們不能因為這是耶穌自己所說的話，就隨己意應用；這句話的意義是取決於更大的語境的。

8.4.1 較短的語錄

先交代了這些事情，我們現在可以轉看「較短的講論」了，而這些講論大部分都是耶穌說的話。經典的形式評鑑學會按希羅文學的分類方法把這些福音書材料加以分類，過於按耶穌及祂的聽眾所能識別的方法來分類。在舊約裏，正如我們已看過的，希伯來文“*māšāl*”一語其實可泛指各種喻像語（figurative speeches），那

不單單包括故事形式的比喻故事，也包括一些非常精簡的講論。例如，在馬太福音十三章的一連串比喻中，就包含了「天國好像**甲**」、「天國好像**乙**」這種明快的明喻形式（similes）。雖然這並不是「故事」，但卻是比喻；這些比喻驅使我們探問：天國究竟在哪方面像一點麵酵，或者像一粒芥菜種？在某些情況下，這問題的答案可能是：天國完全不像一粒芥菜種，但天國的運作形式，卻與芥菜成長的生命週期相似。即使經文說天國**好像買賣人**尋找好珠子，但我們明白，經文的真正意思是天國好像「一顆重價的珠子」。買賣人只是比喻的切入點；事實上，買賣人本身正是被天國吸引的人（太十三 45）。換言之，我們不應該堅持這些公式化用語會如我們所期望般精確。我們要處理的是啟迪人心的文學作品，而不是法律文件。

此外，一個故事亦經常會以較短的言訓（short saying）作結，以總結其重點。耶穌與法利賽人辯論在安息日收割麥穗（可二 23～28），這故事亦以耶穌帶挑釁性的宣告作結：「安息日是為人設立的，人不是為安息日設立的。所以，人子也是安息日的主。」（可二 27～28）我們可以想到，由此，馬可告訴讀者耶穌與法利賽人這次相遇究竟帶出了甚麼意義；同時，他也為讀者提供了一個實際的生活例子，以說明語錄所包含的原則。這個故事證明不了一個在薩斯喀徹溫省（Saskatchewan）種植小麥的農夫在星期日開啟收割機是正當的事（但它也沒有禁止）；這個故事只是警告人不要盲目順從刻板的傳統——當我們面對人類的基本需要時；這個故事也提醒我們，上帝對所有受造物之不變主權。

關乎福音書材料內的較短的言訓，可以談論的事其實還多著；
但需要我們緊記的東西，可總結如下：（1）閱讀較短的言訓時，我 175
們必須顧及其語境，和（2）閱讀較短的言訓時，我們必須共鳴同感（sympathy）。當我們需要應用這些較短的言訓時，我們不可以把它們抽離其文學背景（literary settings），彷彿那些較短的言訓是普遍適用於任何處境的。我們不可以堅持要那些較短的言訓運作得像一連串電腦語言一樣。較短的言訓是具創造性的、有動力的、不固定的以及莫測的。較短的言訓要求我們思考，以及要求我們給它們機會去**解釋我們**。

8.4.2 長篇的講論

除了較短的言訓之外——或者甚至除了「故事性的比喻」（story-parables）這類中等長度的講論之外，福音書及使徒行傳包含許多長篇講論。登山寶訓（太五～七章）及其對應的平原寶訓（路六 17～49），便是兩個明顯的例子。馬太福音其餘四個主要「論述」（太十章，十三章，十八章，以及二十三～二十五章）亦然。約翰福音的「離別論述」（farewell discourse；約十四～十七章）亦同樣著名。我們可以再加上彼得、司提反及保羅的講論，這些講論分散在使徒行傳之中。當我們閱讀這些經文時，我們要留意幾件事。

我們要留意的其中一件事是：當我們把馬太的登山寶訓與馬可福音和（尤其是）路加福音的平行經文作比較時，其結果清楚表明馬太把許多各自獨立的片段編排在一起，編出了登山寶訓。馬太的登山寶訓其中只有很少部分出現在馬可福音，而甚或出現了，那也是沒甚麼規則的；但登山寶訓卻有較多的部分在路加福音裏再現，而且，在很大程度上，路加把平原寶訓的次序排列得像登山寶訓一樣。（這引起一個問題，那就是這些寶訓是否來自“Q”？）可是，我們看到在馬太的寶訓中，有大量材料是路加的平原寶訓所沒有的——雖然這些資料在路加福音其他地方「沒有規則地」出現。因此，我們可認為耶穌在不同場合傳講過這些寶訓，或者傳講過其中的一部分，這應是十分持平的見解。但在我們決定是否要藉這一見解以得到任何收穫之前，我們先考量另一個現象。

路加在使徒行傳二十章告訴我們，在一個黃昏的聚會中，保羅講道一直講到半夜，以致一個少年人因打盹從窗口掉了下去。路加把事情歸因於保羅因為要次日起行，因而講道講得異常冗長。即使我們同意路加的解釋，然而，保羅大抵不算是一個言簡意賅的講員，就像我們從他的公開講論的記述所看到的那麼言詞精煉——因其中最長的講論，像亞略巴古的演說（徒十七章）以及他在亞基帕前的辯詞（徒二十六章），大概也只要用上兩、三分鐘，就可朗讀完。要處理這問題，研究使徒行傳的學者們，常常引用雅典將軍和《伯羅奔尼撒戰爭》（*The Peloponnesian War*）的作者修西狄第（Thucydides；約公元前四六〇至四〇〇年）的真誠見證，因他清楚說明了他在記述中如何處理演辭和講論的問題。修西狄第承認 176
（1.22）他不能為講論提供一字不漏的謄本，但他會概述這些講論的要旨，並把要旨編進講員們的口，以傳達這些講論的基本信息；那當然是按他——身為作者——的理解來進行撮要及編排的了（我們也可猜想到，這會配合作者自身的寫作目的）。因此，持平的假設是，對其筆下的主要角色的講論，路加做了相同的事。

第三，基於上述的這些因素，我們再次要面對處境及編修的議題。福音書及使徒行傳的作者已盡了最大努力去講述他們的故事（這是極其重要的），他們對「講論」的資料進行選擇、編排及改寫，希望講論的神學意涵得以保存下來（他們描述事件時也是這樣）。我們可能期望馬太的登山寶訓要謄寫得像「法庭記錄」一般精確，而不像路加福音六章那樣（依上文所述的原則來看，耶穌很大可能在祂的事奉生涯中，多次重複祂的講論——及行為——這完全是可能的）。此外，我們也可能期望作者藉馬太福音五至七章把耶穌神學性地呈現為一個新的摩西，而祂正在發表一套新的「律法」——這樣也就得把馬太福音中耶穌的五篇長篇論述依照摩西五經來加以塑造。無論我們選擇哪一種進路，我們如今都必須按**我**

們現時手上擁有的來解釋經文。當我們分析及解釋福音書及使徒行傳的講論時，我們要注意的事情，實質上與本書第六章所述的一致（即對新約書信作負責任的解釋），當中包括語境和結構、修辭和內容，以及「歷史情境」、文化和讀者 —— 包括原來的「**閱**聽眾」（reading audience）。這些因素可以引導我們，讓我們知悉應該怎樣理解這些講論。

8.5 總結段落

在這章的序言中，我們看到馬太以一個總結段落（summary passage）來結束彼得岳母的故事（太八 16～17）。他這樣做，是跟隨馬可的（可一 32～34），而路加也有跟著這樣做（路四 40～41）。**總結段落**這術語是指一段短短的經文，而這短文以高度概括性的陳述為特點。這就是說，總結段落不會把耶穌的活動與一特定的人或特定的情境拉上關係，相反，總結段落會綜合祂在附近區域或在一段時間之內的活動。總結段落中的動詞，經常以未完成時態的形式（imperfect tense-form）出現，彷彿作者要描繪一典型場景。

讓我們看看馬可福音一章 32 至 34 節：「天晚日落的時候，有
人帶著一切害病的，和被鬼附的，來到耶穌跟前。合城的人都聚
177 集在門前。耶穌治好了許多害各樣病的人，又趕出許多鬼，不許
鬼説話，因為鬼認識他。」時間是特定的（「天晚日落的時候」），
但細節卻是概括的（「有人」帶著「一切」害病的；「合城的人」都
聚集；他治好了「許多」害「各樣」病的人）。當中有幾個動詞是
未完成時態：「帶著」（ἔφερον）、「聚集」（ἦν ἐπισυνηγμένη）、
「〔不〕許」（ἤφιεν）、「不認識」（ᾔδεισαν；實際上是過去完成時態
〔pluperfect〕，但「未完成時態地」〔imperfectly〕使用）。馬太的版
本較多採用過去不定時態（aorist）動詞，但路加在相對的平行經文
中，卻較多用上未完成時態動詞。

這類經文零散地出現在符類福音及使徒行傳的不同地方。一方面，比起那些特別的及詳盡的故事，這些經文是有點不顯眼。我們可能會因為這些經文在本質上較不引人注意和不甚有趣味而容易忽略這些經文。然而，它們在福音書之中卻擔當了重要的角色。不然，我們有理由相信它們應當被完全省掉好了。這些經文有點像高速公路上的休息處，旅客可以駛離公路，喝一杯咖啡，然後再看看地圖；他們在地圖上瞄一眼到過的地方，又匆匆一瞥要朝向的目的地。或許，那裏有很多說明標示出附近地區有不同的觀光點和獨有的野生動植物。當旅客恢復精力並重整方向後，他們再次上路，朝某些較遙遠的目的地走去。

總結段落正要給讀者類似的幫助。而聰明的讀者會對此多加留心。我們一直堅信每個聖經敘事都有其結構和設計，也堅信它們的每一部分都會好好配合其所身處的有組織的語境。如果這是對的話，那麼，我們認為聖經作者把不同的路標加在敘事中以引導讀者，自是理所當然的了。總結段落是非常重要的一種路標形式（其他形式，包括幾種結構性的模式及重複法、連接詞，以及在本書第三章——尤其在「段 3.2.2」——討論過的「標記」）。例如，馬太福音四章 17 節及十六章 21 節，就包含了對**將要**發生的事件的總結陳述（summary statement）：「從那時候，耶穌就傳」天國的道，而稍後祂「開始指示門徒」，祂不久就要上耶路撒冷受死。這兩句（對應的）陳述，表明了馬太福音整體故事的走向；這些陳述，幫助我們看到所有組成部分怎樣好好配合在一起，以建構一融貫的整體。

要理解某卷福音書或使徒行傳的統一性及方向，我們可以把它們從頭到尾讀一遍，一字不漏地把它們讀完，從中識別出及抽出各段總結陳述，這是值得我們下功夫的。然後，我們可以順序把這些陳述開列出來，分析各段總結段落所代表的發展走向。這類分析應該可以直接從經文本身找出重要的證據，從而確立作者的原意。 178

「按文義理解聖經」的重要性，總不會言過其實；而總結段落正是完成這任務的一個有用途徑。

認真思考本章所提出的建議，可能令我們有點不知所措。這裏的重點不是要叫人感到不知所措，而是要使我們更加留神。熟能生巧。我們只能從我們所身處的地方開始並進行實驗。若讀者要開始這一旅程，我有一個建議，就是請讀者用顏色筆或螢光筆，在複印的頁面中作記號，為不同的「路標」、主題、重複詞彙，以及其他模式，配上不同顏色；這樣做，可以使結構及組織鮮明地凸顯出來。這裏沒有「正確的」方法。我們是在自由地（和被鼓勵）進行探索，看看有甚麼發現沒有。當我們真的發現了甚麼，我們應該把這發現帶到「宏大的對談」的桌子上。現在，讓我們轉而探討另一種新約文體，那就是天啟作品（apocalyptic literature）這一陌生的世界。

註釋

1. 賴特（N. T. Wright）的小書 *The Challenge of Jesus: Rediscovering Who Jesus Was and Is*（Downers Grove, Ill: InterVarsity Press, 1999）把這個議題介紹得又清楚又簡潔。該書總結了賴特多卷的鉅著 *Christian Origins and the Question of God* 首兩冊的論點：*The New Testament and the People of God* (Philadelphia: Fortress, 1992) 及 *Jesus and the Victory of God* (Philadelphia: Fortress, 1996)。
2. 彼得．郭德羅（Peter Cotterell）及麥斯．端納（Max Turner）完整地把這個例子展示出來（參 *Linguistics and Biblical Interpretation* [Downers Grove, Ill.: InterVarsity Press, 1989], 311）。原文記於 Augustine, *Quaestiones Evangeliorum* 2.19。
3. Wright, *New Testament and the People of God*, 422～423.
4. 最後這點，見賴特 Wright, *New Testament and the People of God*, 388～389。
5. 比我年輕的讀者，較容易認出的人物，可能是身穿扇形黑色披肩，面具頂端有一雙非常尖的黑耳朵，並駕駛著噴射推進的「蝙蝠車」的。

6. 例如 Chaim Potok, *The Promise* (Greenwich, Conn.: Fawcett, 1969)。
7. 例如 Birger Gerhardsson, *The Reliability of the Gospel Tradition* (Peabody, Mass.: Hendrickson, 2001)。

第 9 章

天啟作品
另類教育

我又看見在天上有異象，大而且奇，
就是七位天使掌管末了的七災，
因為上帝的大怒在這七災中發盡了。
（啟十五 1）

雖然福音書作者聖約翰在異象中看到許多怪獸，
但他沒有看過一種活物，會如評註他的人般野蠻。
（切斯特頓：《正統信仰》〔G. K. Chesterton, *Orthodoxy*〕）

主日崇拜後，我與一位年長的信徒對談。她的父母在挪威出生，並在十九世紀移民到南達科他州（South Dakota）。我問她有否讀過羅爾瓦格（Rølvaag）的《地上偉人》（*Giants in the Earth*），因為這部書生動地描繪了早期北歐拓荒者在大平原奮鬥的艱苦生活。她注視著我，帶著惋惜和厭惡。「我從不讀小說，」她說：「我只花時間讀對靈性有啟迪的書。」噢！

我認為，其中一種最能啟迪靈性的來源，就是出色的小說。不知怎地，我往往對故事情有獨鍾，不論那些故事是否「真實」的。我常常發現自己根據讀過的小說或短篇故事或者看過的電影來思考。例如（大概是錯的！），我會把上帝的審判形象化，使之化成尼克爾貝（Nicholas Nickleby）痛打邪惡的校長沃克弗德（Wackford Squeers）的場面，又或者，使之變成麥克道爾（Roddy McDowell）的舊電影《翡翠谷》（*How Green Was My Valley*）的另一個校長所獲得的免費「拳擊課」。我並不希望作過多的討論，特別是因為我曾
180 經是一位校長。其實我的重點很簡單，那就是我們人類有不同的學習風格。而按聖經所載，上帝亦顯然是透過各種層面來接近我們，並試圖以我們能夠回應得最好的方法來與我們聯繫。我相信，就解釋新約聖經末了這部古怪的著作而言，這是一個有用的視角。這代表了一種另類教育（alternative education）。

9.1 這是甚麼呢？

我們是在討論啟示錄（Revelation）——很多古代手稿給這卷書冠上「神學家約翰的啟示錄」這標題（"the Apocalypse of John the Theologian"；但請讀者不要把此名稱與擁有相似名稱的非正典書卷混淆）。這無疑是一部古怪的著作。我有一位朋友說：有一位男士說自己已經讀完並明白全部新約，「除了結尾那小部分科幻小說外」。對於現代讀者來說，啟示錄真是一部使人氣餒並有點唬嚇人的書卷。原則上，閱讀書信，或者故事，或者講道——即使是先知的宣講，我們都不會感到有太大問題。但出現在啟示錄裏的是甚麼呢？獸與怪物、可怕的騎士像黑暗魔君索倫（Sauron）的手下戒靈（Nazgul）一樣在列隊，恐怖得使華盛頓．歐文（Washington Irving）筆下的無頭騎子都變得可笑。這羣有人頭的蝗蟲或這個坐在七座山上的淫婦，究竟是甚麼？

對這一切的臆測，從來都不缺。我不時都會這樣想像著：當我們——學者及平信徒讀者亦然——拿起啟示錄時，就如曠野的以色列人早晨拿起從天而降的麵包（出十六 15）一樣，他們會問：「這是甚麼呢？」**嗎哪？**當然，他們這樣問，是件好事。無論何時，當我們在聖經裏遇到令我們費解的事，試圖解決之，總是一件好事。但當我們這樣做，我們就要欣然接受任何結論，也就是欣然接受經小心考量所有論據而得的結論。這不是說，我們每個人都要一個人擔起研究所有根據的責任，而是我們要認定自己是這個宏大神學對談的一部分，是整個研究羣體的一部分。在了解古代經文這龐大的工程上我們是一**起**合作的。而這就意味著我們要互相聆聽，並需要以慎重、同感及恩慈的態度，嚴謹地評估彼此的意見。

首先，我們可以假設啟示錄並非**有意**使第一批讀者感到氣餒及被唬嚇的。就正如我們要明白其他聖經書卷一樣，假如我們希望明白這卷書，開始時，我們需要盡我們所能重拾原來的背景。但這的確有點棘手，因為好些非常流行的見解都很少甚至完全沒有注意到這部書的成書環境。很多人接受的教導，都是把啟示錄看成上帝對他們將臨的未來、按著時序發生的事件的一幅詳細藍圖。結果，他
們不求甚解就全盤接受並堅信這等不同解說，而這些解說被非常富 181
想像力的（以及賺到錢的）小說及電影所加以渲染。這些色彩瑰麗的「鏡頭」，當然是基於一個合理的假設，那就是整部聖經——包括啟示錄——與今天仍然是相干的。在這部課本中，我也在作出了相同的假設。但諷刺得很（按我的經驗），有些人，他們從未親自研究過啟示錄，甚至大概還未讀過，但他們卻非常熟悉啟示錄的流行解釋，他們都會滿有信心地拒絕另一些解釋；有時，他們甚至會攻擊提出其他解釋的基督徒。可我卻愧於假設我認同的觀點是惟一「有智慧的」觀點。沒有愚人是比神學上的愚人更名符其實的了。

明顯地，如果我們要受益於這部作為基督教聖經一部分的書

卷，並超越由這卷書引起的衝突及分化，我們必須讓這部書自己說話。又如果我們讓這部書自己說話，我們必須像閱讀所有新約其他書卷那樣，以敏銳於經文與處境的方式（text-and-context-sensitive way）來閱讀這部書。我們當然需要別人幫助，但我們卻不應該因為害怕啟示錄這部特別古怪的書卷，而讓其他人代替我們思考關乎這書卷的**所有事情**。那麼，在這一章，我們會思考如何按天啟作品的特質來閱讀這些作品，特別是啟示錄。接著，我們便會回到剛才的問題，**嗎哪，**「這是甚麼呢？」

9.1.1 啟示錄的文體

在《劍橋大學猶太教歷史》（*Cambridge History of Judaism*）第三冊，羅蘭（Christopher Rowland）令我們注意到米示拿（Mishnah）中一段相關的文字（米示拿於公元三世紀早期編成，是一套關於猶太拉比教導的文集）。[1] 以下為米示拿的〈論節日獻祭〉（*m. Hagigah* 2.1；譯按：論到三個朝聖節日的祭獻，即逾越節、收割節及住棚節）的部分內容：

> 禁止通婚的規則，不能給三個人詳細說明；創造的故事，也不能給兩個人詳細說明；而戰車〔的一章〕也不能給一個人詳細說明，除非他是一位了解他自己知識來源的聖賢。一個人如果潛心思考四個問題，他不生在世上倒好——上面是甚麼？下面是甚麼？往昔是怎樣？以及今後又會怎樣？無論誰忽略了要敬畏他的造物主，他不生在世上倒好。

這段文字潛藏著的焦慮，顯然是出於對莫測高深的上帝之敬畏，因祂所作的超越了人類的知識領域。例如，創世記的創造記述，以及以西結的奧祕「聖戰車」（*merkabah*；holy chariot；參以西結書一章的預言）的經歷，雖然引人入勝，但對那些未能看透那幅給掛在人的世界與上帝的世界之間的幔幕的人，這些經驗則容易使他們生出驕傲來。拉比說，要敬畏造物主，還是別碰那些事。

所有印第安人必須跳舞

所有印第安人都必須跳舞。無論在甚麼地方，都要不斷跳著舞。過不多久，在下一個春季，神靈就會降臨。他會把所有獵物帶回來，所有印第安人的祖先都會回來，他們都會復生。年老的印第安瞎子得看見，並回復年輕，得以享受美好的時光。當神靈這樣來臨之時，所有印第安人會走到山上，遠遠地離開白人。那時，白人再不能傷害印第安人。然後，當印第安人遠遠在上時，大洪水會像雨水般降下，所有白人都會被大水淹死。水退去之後，除了到處都是印第安人和四周充滿著各樣獵物之外，再無其他人了。因此，懂法術之人告訴印第安人，要把這些都轉告其他印第安人；而他們要繼續跳舞，美好的時光就會來到。那些不跳舞、不信這些命令的印第安人，會變小至大約一英尺高，並一直如此。當中有些會變成木頭，被丟在火裏。

沃夫卡（Wovoka, 1854? ～ 1932；**派尤特的鬼魂舞彌賽亞**〔Paiute Ghost Dance Messiah〕；引自Sherman Alexie, *The Lone Ranger and Tonto Fistfight in Heaven* [New York: Atlantic Monthly Press, 1993], 104）。

在左頁的引文中，特別有趣的一點，是拉比禁止研究四件事：「上面」(above)和「下面」(beneath)的事，以及「往昔」(beforetime)和「今後」(hereafter)的事。我們稍後會再回來討論這一點。而現在我們先看看羅蘭及其他人對這段記述的見解：他們視這段記述為新舊紀元之交的三、四個世紀之間流傳的猶太教（或者也包括基督教）天啟作品的參考。啟示錄只是這段時期中**大量**同類著作中的**其中一部**。而這眾多作品——包括啟示錄——一起形成了一種定義有點寬鬆的文體，即今天學者一般稱之為「**天啟作品**」(apocalypse)的文體（在二十世紀末之前的幾十年間，“apocalyptic”這一術語作為一個「名詞」，常常用來描述這種文體。我們在註釋書及其他述著中，很可能讀到“apocalyptic”一語會出現這樣的一種用法：例如“Jewish apocalyptic”。但這個用法在今天已不那麼普遍。）

183 其他較為著名的天啟作品，包括聖經中不同書卷的某些部分：例如，但以理書七章、撒迦利亞書一至八章（以及以不同形式出現的九至十四章）、馬可福音十三章及其平行經文。在正典聖經以外的天啟作品，則包括《以斯拉四書》（*4 Ezra*）、《巴錄二書》（*2 Baruch*）及《巴錄三書》（*3 Baruch*）、各部「以諾書卷」（*Books of Enoch*；譯按：指《以諾一書》、《以諾二書》、《以諾三書》等）中的很大部分、《黑馬牧人書》（*The Shepherd of Hermas*）、《亞伯拉罕遺訓》（*The Testament of Abraham*）、《亞伯拉罕啟示錄》（*The Apocalypse of Abrabam*）、《雅各啟示錄》（*The Apocalypse of James*）及很多其他書卷。天啟作品並不只出現於猶太教和基督教。也有學者研究出現在波斯、巴比倫、羅馬及其他古代地中海文化中的例子。而天啟作品也不只出現在古代世界，我們也有中世紀的例子（但丁的《神曲》〔Dante, *Divine Comedy*〕便有天啟元素）。而即使今天我們也有自己的天啟文體。《末日迷蹤》（*Left Behind*）一系列書籍及電影對啟示錄的流行詮釋，本身就體現出一個當代的天啟觀點。這書系及其他相類似的出版物，都聲稱自己能提供啟示錄預言的準確描述。這些詮釋既曲解了啟示錄的信息（當然，**如果**它們是這樣的話），但它們卻也構成了二十一世紀的新天啟作品。專欄「所有印第安人必須跳舞」（頁223）描述了十九世紀一個美洲印第安人的例子。我們要問：是甚麼令這些天啟作品能被識別為天啟作品？

9.1.2 天啟作品的特色：文體的形態

要在這個問題上達成共識，從來都不容易；而在今天這仍然困難重重。這就是為甚麼我們在上文說天啟文體是「定義有點寬鬆的」

了。試想像，這裏有一千片木塊，當中包括了各種顏色、種類、大小、形狀及有各種裝飾的木塊。你要把相似的木塊歸類。你首先以顏色來分類，例如藍色。但你注意到，除了純粹的藍色木塊外，也有其他帶有紅色圓點花紋和綠色圓點花紋的藍色木塊。不打緊。你把所有藍色木塊，無論有沒有圓點花紋的，都歸類為「類別一」。然後你看到較小的木塊，並把它們從較大的分別出來。啊，但請稍等一下。已經在「類別一」裏的藍色木塊，有些是小的、有些是大的。因此，你把較大的木塊拿出來，使之與其他較大的木塊組成「類別二」。但那樣你就抵觸了你所設定的「類別一」的標準了。

這例子有點像要決定怎樣才算是天啟作品。比方說，有十位文學分析家，我們就很可能會得出十份不同、但局部重疊的作品名單，而這些名單都提出了天啟類別（或文體）的主要特徵。這十位分析家每人都有一套特定標準，以決定哪份作品是否有資格成為天啟作品。一位分析家認為那是不可或缺的準則，另一位分析家卻認為那不是不可或缺的。無論以何種方法來加以定義，某些人喜歡的天啟作品（假設那**是**天啟作品）總會不符合要求。在這一過程中會
出現一種循環（circularity）：我們從特定的作品選集中發展出一系 184
列標準，我們再從一系列標準中決定哪份作品屬於那選集。然而，儘管現在的討論流變不定，我們暫時仍然可以採用下文對天啟作品的常用定義：這個定義出現於柯林斯（John J. Collins）所推動的一個討論會，時為一九七九年。研討會的成果結集出版，題為《天啟作品：文體的語形學》（*Apocalypse: The Morphology of a Genre*）；書中所提出的定義，簡潔地總結了大部分（若不一定要求能總結「全部」）天啟作品的基本要素，因而得到廣泛支持。

> 「天啟」文體是一種啟示作品（revelatory literature），具敘事框架；當中的啟示，藉來自另一個世界的存

> 有（otherworldly being）傳達給領受信息的人（human recipient），以揭示一超越的實在（transcendent reality）；這個超越的實在既是時間性的（在其預視終末的拯救而言〔eschatological salvation〕），也是空間性的（在其涉及另一個超自然的世界而言）。[2]

這個猶太教天啟作品的定義，有五個主要元素，而它們全部都可以用來表達啟示錄的特色。首先，天啟作品是一種**啟示作品**。這種作品與一段羅馬歷史、一個有趣的短故事、一封介紹信或一段福音書記述不一樣，啟示作品有計劃地揭示某些以往被隱藏著的祕密資料；但這些祕密資料的啟示只會臨到被揀選的聽眾當中，而不會臨到一般人身上。因此，這預設著 —— 並強化了 —— 一個由少數有特權的人組成的核心集團。第二，天啟作品揭示的資料是安設在一個**敘事框架**內的；啟示藉一連串事件表達出來。當中有類似主角的一位人物，在他身上，發生了各樣事情（在啟示錄中，這人便是約翰；在《地獄篇》〔*The Inferno*〕中，這人則是但丁自己）；預言者奇妙的經歷以及通常藉這經歷揭示的結構（例如，關於未來的事情的記述），會像情節布局一樣，一個階段緊接另一個階段。

第三及第四個元素涉及其他參與者：包括**來自另一個世界的啟示的中介者**（otherworldly mediator of the revelation），以及**領受信息的人**，即預言者（the seer）。在猶太教天啟作品裏，這位領受者通常都是其中一位以色列往昔的宗教偉人，例如亞當、亞伯拉罕、以諾、以斯拉或巴錄。這意味著有一點是柯林斯沒有提到的，那就是典型的天啟作品是**託名寫作**（pseudonymous），也就是說，錯誤地以為該書卷（說「杜撰」或許更佳？）是一位去世已久的著名古人所寫的。啟示錄裏的領受者是約翰，即一位在一世紀末受人尊敬的亞細亞教會
185 領袖。大部分基督教世界（包括很多學者）都認為這位啟示錄的「約

翰」(無論他是誰)是為他自己講話；因此，大部分人並不認為他的天啟作品像其他天啟作品般，是託名寫作。究竟他真的是西庇太的兒子約翰，還是另外兩位或三位與古代以弗所教會有關連的、同樣叫約翰的人？這就不易説清楚了。另一種在天啟作品裏出現的標準人物——來自另一個世界的啟示的引導者及中介者——經常是上帝所差派的天使，這位天使會給預言者解釋一切事。在啟示錄裏，其中一位中介者，當然就是在首章就被提及的那位曾死過、現在又活了、並一直活到永永遠遠的「存活」者(啟一 18)，就是復活主自己；而祂也是「來自另一個世界的」。圍繞上帝寶座的「長老中的一位」，是約翰的另一位中介者(啟五 5)；而不時出現的一位天使，也是另一位中介者(啟一 1，十 9，十七 7，十九 9；參二十二 6、16)。

“Semeia”(譯按：“Semeia”叢書是由“Society of Biblical Literature”〔SBL〕出版的一系列期刊及專著，柯林斯的著作即為其中一本，參本章「註釋 2」)所提及的第五個元素是關乎天啟作品的內容的：天啟作品揭示了**超越的實在**(transcendent reality)。這一實在可以藉兩種視角中的其中一種來呈現(有時由兩個視角來呈現)：這實在可能呈現為一**時間性的**實在(temporal reality)。預言者可能會得悉身處列國中的以色列的未來發展進程；而書中這關乎未來的預言，在該部天啟作品的讀者眼中，實際上便是以色列的歷史。書中描述的未來歷史進程，一般會「劃分」成各個連續時代，而這又通常會按當代及將來統治世界的列強來加以劃分，如亞述、巴比倫、波斯、希臘或羅馬。但以理書正是這類天啟作品的好例子。如天使一般的中介者(在但以理書中則是神聖的「侍立者」；參但七 10、16)幫助預言者明白上帝的權能如何引導著整個歷史進程。天啟的中介者向預言者保證上帝會一直引導歷史進程，直至祂對其子民的旨意再一次顯明——並且，這經常都是永久性的，而往往也會伴隨著(及藉著)以色列得以伸冤及被高舉。

但被揭示的超越的實在也可以從**空間性的**(spatial)視角來呈現。預言者也許被引進一趟遊歷(journey)之中，離開人間而進到天上上帝的住處，他也可能被領到陰間，就像但丁一樣。《以諾二書》(也被稱為《斯拉夫文以諾啟示錄》〔*Slavonic Apocalypse of Enoch*〕)一至六十八章，就是「升天」天啟作品(ascent apocalypse)的好例子，書中記述以諾遊歷了七重天。無論怎樣，像天使一樣的引導者會告訴預言者所看到的事究竟有甚麼意思。一些天啟作品結合了時間性及空間性兩種類型，而啟示錄就是其中之一。約翰除了聽到「必要快成的事」(啟一1，二十二6)之外，他也被帶到天上的寶座前(啟四1)，後來又可一瞥無底坑(例如啟九1)。我們現在也許會想起米示拿所說的，也就是那些沒有資格
186 的人不應窺探超越今世的事，不管是空間性的(上面的或下面的)還是時間性的(往昔的或今後的)。

根據"Semeia"的定義，這五項元素組成了猶太教天啟作品的要素。雖然天啟作品變化多端(我們確實可以個別一一指陳出來)，但當中大部分都具備這五項特徵。那麼，關於天啟作品，我們還可以討論些甚麼呢？我們可以從天啟作品的功能及方法這兩個進路再思想這問題。

9.1.3 天啟作品的功能及方法

有人把"Semeia"的定義作出修訂，得出了關乎天啟作品的用途(purpose)及功能(function)的陳述。有人主張天啟作品是「企圖按超自然世界及未來的角度來詮釋現在地上的境況，並藉神聖的權威影響聽眾的想法及行為。」[3] 但顯然不是所有天啟作品都具備這種功能，但有些卻較以上所用的字眼——「影響」(influence)——來得更加迫切，因此，范德坎普(James VanderKam)以「勸勉」(exhort)一語，或者，至少用「鼓勵」(encourage)一語來代替「影響」

這個詞語。此外，因著擴充了天啟作品的「功能」，使得這亦可以輕易套用在其他宗教作品的定義之上（例如保羅書信），因而使這新修訂的定義，較原先的，得到更少認可。[4] 范德坎普對新修訂的附加陳述的兩處保留，不管怎樣，某程度上是可以理解的。但即使我們認為這修訂是有點過分渲染，但這些新觀點亦可以幫助我們思考天啟作品的這一獨特層面。讓我們先討論其功能，或者用途，然後再討論其方法（method）。

功能

按著對"Semeia"所作出的附加陳述看來，天啟作品部分的功能或用途，正如上文所述，就是「藉神聖的權威影響聽眾的想法及行為。」范德坎普認為這定義也適用於其他宗教作品，因而不太可以帶出天啟作品的特徵。但他提出的這一點，只有用於分辨天啟作品與其他宗教作品時，才會成為一個問題。如果，在某種意義上，這定義是天啟作品的用途的正確陳述的話，那麼，這陳述就說明了 187
天啟作品與保羅書信、舊約預言或符類福音均有著相同的基本用途及功能了。我們可以這樣說：所有這些文體都旨在引導讀者，讓他們無論身處何種境況，都可以忠心並意無反顧地順服上帝。無疑，一些天啟作品的讀者，比起保羅那些身處哥林多的讀者們，確實是處身於較為絕望的政治困境之中。這些困境，可能包括當前的逼迫所引起的痛苦（就但以理書及啟示錄而言），或者隨著某些特別事件而來（就《以斯拉四書》而言，是公元七十年的事件）的對上帝的不公義而產生的持續的神學掙扎。教會面對被「這個世界」（worldly）的文化同化的威脅，也許是天啟作品背後的寫作動力；啟示錄中寫給亞細亞七教會的書信（啟二～三章），正充滿著禁止屈從這類世界文化的同化之告誡。

可是，不是所有天啟作品都表現出這種迫切性；描繪另一個世界的遊歷的天啟作品，有些可能會較少關心如何支持身處政治迫害或面對被同化的試探的讀者，而只會追逐滿足人類對其知識範圍以外的事物的自然好奇心（《亞當遺訓》〔*The Testament of Adam*〕可能是其中之一）。另一方面，對馬太福音或彼得前書的讀者來說，嚴峻的政治迫害所扮演的角色（絕對有可能與啟示錄的讀者一樣），是十分重要的。例如，馬太福音中耶穌變像的故事，可能旨在鼓勵猶太基督徒不要為了回到更具文化安全感的「摩西」而放棄效忠耶穌（太十七 1～8）。事實上，所有聖經文體在處理讀者所身處的危機時，都會以某些方式訴諸於上帝的權威，並會根據上帝的世界來詮釋讀者的世界；作者之所以這樣做，旨在讓讀者清楚看到生命中究竟甚麼才是有價值的，也就是可引發行動的神學遠景。在這一點上，啟示錄與聖經其他作品並沒有分別。[5]

那種神學觀點——無論是空間上的超越性（關乎另一個世界的實在）還是時間上的超越性（將來終末的審判是無可避免的）——試圖給予**當時代的**讀者必要的資源，使他們能作出合上帝心意的選擇，並採用合上帝心意的原則，即使要面對死亡的威脅。這就是說，聖經作品的焦點——無論是何種文體——都是**著眼於當前的**。聖經作品首要關注的，是其原來的讀者們的福祉。即使是天
188 啟作品，首要的關注也是作者的寫作對象。即使天啟作品常常談及未來，但作者的腦袋也是專注於原來的讀者的，就如羅馬書或馬可福音那樣。我們今天這些解釋啟示錄的人，如果希望忠於經文，就要牢記這一點。如果我們的解經結果與原來的讀者不相干，這解經結果就可以立刻被人懷疑了。馬太關心的，（可能）是敍利亞的安提阿的信徒；保羅關心羅馬、哥林多及別處的信徒；預言者約翰則關心羅馬亞細亞省的信徒。這樣看來，范德坎普雖正確地點出問題所在，但這卻非關乎天啟作品的功能，而是在於用甚麼方式揭示超自然世界及未來。

方法

福音書藉著拿撒勒人耶穌的敍事來啟示超越的世界。藉著耶穌的所言所行，福音書的作者表明，上帝的國藉耶穌自己業已來到世人「中間」(例如路十七 21)。同樣地，使徒行傳(路加作品的第二冊)也帶出了相同的主題，但至此那超越的臨在者(transcendent Present)卻藉聖靈的工作與祂所創造的教會而彰顯出來。新約的書信與講章則代表了較講究修辭技巧的表達方法，像保羅或希伯來書的作者，他們通常在某些獨特的難題上鋪排出一種倫理性的綱要，並以論證與信念來建立其神學基礎。

但天啟作品卻訴諸想像力(imagination)。[6] 其目的與福音書或書信一樣，但天啟作品所運用的，卻不是耶穌在地上的言行記述或修辭性辯論，而是天上的遊歷及對歷史具創意的解釋——並再把這解釋投射到將來。這些經歷及預言常常隱藏在奇幻的意象裏，也就是隱喻性及象徵性的意象裏。天啟作品的內容不會直接提及已知的人、地、事，反而會使讀者看到駭人的獸、嗜殺的淫婦，以及邪惡的勢力與上帝的軍隊之間的大規模戰爭。出現在我們面前的，不是有系統的邏輯論證，而是一層層的屬天領域、隱祕的數字、天上的大預兆、強烈的地震，以及巨大的火球給扔在海裏並使海變成血。

天啟作品之所以藉這種方式傳達信息的其中一個可能原因，簡 189
單來說，就是天啟作品的作者通常一心要描寫一超越人類經驗的實在；這一實在不得**不**依賴想像力去表達。保羅自己完全拒絕描述他在「第三層天」的經歷。他辯稱他不被允許說更多的話(林後十二 4)。但天啟作品的作者沒有這種顧忌。他們描述那難以描述的，以及表達那難以表達的。天啟作品用上大量隱喻與象徵的另一個原因，可能是出於對國家權力機器的顧忌，因此，作者希望隱藏掌權者會視之為煽動性言論的那些教導。約翰以舊約對巴比倫及其他城市(包括耶路撒冷)的毀滅及荒涼的預言作為外衣，以掩飾對羅馬帝國將遭毀滅的大膽預言（比較啟十八 2 與賽二十一 9、賽三十四 11 ～ 15、耶五十 39）。然而，我們實在很難想像一位機敏的羅馬讀者會認不出大淫婦坐在**七座山**上（啟十七 9），正象徵著羅馬帝國。

在天啟作品裏，很多具想像力的意象，都是出自一龐大的標準意象形式之庫存（a great reservoir of standard forms）。舉幾個例子：約翰生動地描寫復活者的聲音如同「眾水的聲音」（啟一 15，十四 2），這與「以斯拉」聽到宣告世界終結時「豐厚的、響亮的聲音」的描述是一致的；對以斯拉來說，這聲音也像眾水的聲音（《以斯拉四書》六章 17 節）。由上帝差派到「亞伯拉罕」的天使耶珥（Iaoel），啟示關於上帝的真理；這天使被描繪成有「像藍寶石」般的身體，以及「他的樣子像黃璧璽，以及他頭上的頭髮像雪」（《亞伯拉罕啟示錄》十一章 2 節；參啟一 14）。生命樹經常出現（例如，《以諾一書》二十四章 4 節至二十五章 7 節；《以斯拉四書》八章 52 節；《以利亞啟示錄》五章 6 節），正如我們在啟示錄二章 7 節，二十二章 2、14、19 節看到的。

獸、熊、牛、獅子、鷹及豹的形象——常常誇耀的七頭、十角、六個翅膀、冠冕及遍了眼睛——一般代表歷史上強大的國家或圍繞上帝寶座的活物（例如，但七；結一 10，十 14；《以斯拉四書》十一章；參啟四 7，十三 1 ～ 2）。我們這裏所說的標準形式和意象之庫存，無異於今天政治漫畫家在其作品中處理圖像的手法。美國的黨派政治經常以象及驢的形態出現。在冷戰期間，一隻在腰窩帶著鐮刀與槌子的熊則代表蘇聯。那層掩蓋著啟示錄（及其他天啟作品）的神祕面紗，部分源於我們並不熟悉古代的意象庫存。

縱觀舊約歷史，可以為這許許多多形象提供豐富資源。從創世
190
到洪水一直到出埃及、征服時期、王國時期及耶路撒冷被巴比倫人攻陷等，天啟作品在聖書的書頁之中考掘出富想像力的術語。啟示

錄並不例外。麥子格計算出在啟示錄中有超過三分二的節數會以某些方式隱約提及舊約。[7] 除了提及生命樹(啟二 7，二十二 2)之外，我們聽到隱藏的「嗎哪」(啟二 17)、以色列眾支派(啟七 4～8)、一卷在口中甘甜在肚裏卻苦味的書卷(啟十 9；參結三 1～3)、把只能歸給上帝的歸給第一隻獸(這是褻瀆的話：「誰能比這獸，誰能與他交戰呢？」〔啟十三 4〕；參出十五 11；詩一一三 5)、火從天降在地上(啟十三 13；參王上十八 38)、審判的災(啟十六章；參出七～十二章)，以及其他眾多例子。當我們快速檢視NA[27] 的旁註參照及斜體字，就會看到大量這類旁徵。

剛才的講述是要說明一件事，即當我們縱覽古代猶太天啟作品時，啟示錄其實表現出相同的意象。如果我們要明白這卷書，我們必須讓啟示錄成為天啟作品的一員，以及學習天啟作品的特點；只有這樣，我們才能按啟示錄的主旨來解釋它。我們稍後會列舉幾個例子，以展示如何解釋新約的天啟作品；但在此之前，我們需要再多考量一個天啟文體的特徵：其「未來觀」的本質。我們需要談及終末論(eschatology)及天啟主義(apocalypticism)兩者之間的關係。

9.1.4 天啟式的終末論

我們在這章已幾次用上**終末的**(或**終末論**)這字眼。但這字究竟有甚麼意思？這個詞語由希臘文形容詞「末後」(ἔσχατος；*eschatos*；英文則為“last”)組成，典型的定義(例如，按照《韋氏世界大學字典》〔*Webster's New World College Dictionary*〕)[8] 為「神學或教義的分科，處理死亡、復活、審判、不朽等課題」；也就是說，終末論處理「末後的事情」(the last things)，這包括我們所知道的世界的終局。但這並不必然等同「未來」(the future)或天啟主義。因為這些詞彙及其背後的概念是很容易混淆的，所以值得我們花少許力氣查考一下以確定其意義：查考一部好的聖經字典；我們要視這種查考的工夫為解經任務中的重要元素。[9]

191 奧納（David Aune）喚起大家對先知式的終末論（prophetic eschatology）與天啟式的終末論的分別的注意。[10] 先知式的終末論基本上是樂觀的，他們期待當下的危機會因著如今歷史發展的走向而邁向上帝的應許，也就是在未來一切會得到解決；例如，他們期待以色列在彌賽亞君王（如大衛）的帶領下，領導世界列強。另一方面，天啟式的終末論基本上卻是悲觀的，期待著未來會以巨變的方式闖入現在（cataclysmic invasion），摧毀或徹底地改變現世，以及以新的創造替代現世。柯林斯以類似的方式，區分了四種聖經終末論（biblical eschatology）。[11] **政治**終末論（political eschatology）期待在現世出現最後的君王及國度；有一天，以色列的彌賽亞會回來並使以色列從外族的統治中得釋放。相較於個體的命運（individual fate），政治終末論較關注更大的羣體（以色列、猶太教、教會）的共同命運。**實現**終末論（realized eschatology）也一樣，它更多把焦點集中於以現世作為拯救的場景；這種論調出現在約翰福音（例如約五 24），也出現於昆蘭作品及諾斯底主義中。但實現終末論對個體的命運的興趣，卻常常高於對羣體的命運的興趣。輪到**宇宙**終末論（cosmic eschatology）及**個人**終末論（personal eschatology），它們以超越今生作為方向。個人終末論關注個體死後的生命。（假設靈魂尚存）靈魂將居於何處？個體之復活或審判的本質，又是甚麼？個人終末論並不必然帶來一個新的創造，但宇宙終末論在這一點上，卻是十分肯定的。後者假設，緊接著現世的巨大毀滅及最後的審判之後，上帝會重新創造天地，讓這新的天地成為祂贖回的人的住處。

如果我們把「天啟式的終末論」和個人性的及宇宙性的終末論這兩個類別聯合起來——如果這是基於它們均涉及死後的審判以及認為世界會徹底終結的話——那麼，我們得承認，一些我們歸類為天啟作品的著作，事實上並不是終末性的。它們沒多大興趣或者沒有興趣描述最後審判或世界的終結。《巴錄三書》（也稱為《希臘文巴錄啟示錄》〔*The Greek Apocalypse of Baruch*〕）正屬於這類別，而《亞伯拉罕遺訓》可能亦然。當然，這困局之所以形成，因為我們已為天啟作品及終末論兩者下了定義，並以此作為前設，但這又會帶我們回到木塊的比喻的難題了〔參「段 9.1.2」〕。然而，再一次，無論我們怎樣定義，留心這些區別是重要的，因為這會幫助我們還啟示錄及其他新約天啟作品原來的面貌。

9.2 現在就閱讀天啟作品：避免偏激 192

或許，對於今天閱讀啟示錄的讀者來説，最困難的問題，就是究竟這卷書是否合理地對著自己的世代及文化説話；又假如答案是肯定的話，那它又怎樣説話？儘管我們必須承認啟示錄背後的原來環境佔了首要的位置，但我確信此書卷的相關性並不**局限**於其古代的聽眾，這就如保羅書信或福音書的相關性並不局限於其古代的聽眾一樣。我們當然不用再面對羅馬皇帝的狂暴——羅馬皇帝堅持所有國民都要視他們為神明並敬拜他們，違者以死論處。但今天我們即使活在西方社會，我們也有很多機會可以屈從於文化的壓力，出賣我們在基督裏對上帝的委身。而在世界的其他地方，今天的光景並不亞於基督教歷史中的其他時期；人們必須在以下兩者中作出取捨：（a）遵奉政治或宗教，無視他們在耶穌基督裏的信仰；以及（b）為了委身於基督而面對死亡威脅。我們沒有百分百的理由相信這種挑戰不會在某天席捲西方。在某程度上，我們今天只是僥倖地活著。

今天，啟示錄的基本信息對我們是非常有影響力的，就如對二千年前古代的亞細亞教會那樣。這信息就是在這個世界之上有另一個世界——上帝的世界——以及上帝的審判就要來到，使上帝的百姓從欺壓他們的人手中得釋放。但對於我們基督徒和解經

者來說，定義誰是被欺壓的上帝百姓以及誰是施壓者，卻極其重
要。我們對這問題的理解，不應順應當前政治或宗教的氛圍，而應
按啟示錄及聖經其他書卷所表達的價值觀。啟示錄十七至十八章
描述了大淫婦以及對她的刑罰，這些記述聽起來就像對西方基督教
世界的描述一樣，這確實令人不安。我們當中的一些啟示錄的北
美讀者（較大年紀的！），還記得在不久以前，前「蘇聯」（Soviet
Union）被認為是會在哈米吉多頓帶領邪惡勢力對抗上帝及祂的軍
隊的。一九八九年以後，我們也許對這解釋一笑置之，並學會了謹
慎的功課。但我們必須同樣小心避免以任何方式把上帝的軍隊等同
西方——不管是英國、加拿大、美國（或「美洲」）或任何其他歐
洲國家。不管作為民主西方國家的我們，多麼渴望於人權問題上，
把我們與其他國家加以比較；但不要忘記我們也有非常巨大的消費
慾望，以致我們同樣可以很容易地就被視之為啟示錄十七章的大
193 淫婦。無論上述的解釋實際上是否適切——這是解經及詮釋的問
題，但因為「這是適切的」之可能性猶存，所以在我們思想（及宣
講！）這段經文時，應該停下來思考一下。

或許，當我們為了當代聽眾的好處而閱讀啟示錄時，我們要避免的最大危機——除了假設這卷書是不相關的或不可測之外——就是亟亟在象徵及隱喻裏尋找信息，就像啟示錄的信息不能在於書中所指向的現實，而非要隱藏在象徵及隱喻中不可。我們必須避免極端：一方面，我們要丟掉不必要的恐懼與被唬嚇的感覺，或乾脆逃避了事；另一方面，則是過度沉迷於不適當的臆測。天啟作品並非以實際的敍述或修辭論證來帶出信息；它要描繪的，實際上是一種氣氛。天啟作品藉使用原始的意象與聖經的旁徵，以及藉標準庫存中的符號、人物及文學圖像，以激發讀者的想像力。天啟作品把這些原始資料創意地結合起來，道出了一種難以形容、難以言喻的意識，即關乎上帝以及祂終極掌管著人類事情的真理意識。上

帝不變的審判和復興的計劃能牽出一份內在的信心，也就是在任何情況下，不管環境有多嚴峻，我們都要忠於上帝。基於這原因，人亟亟追求明確地把對應的事物連結於啟示錄一眾象徵及隱喻的細節——尤其這些對應的東西只出現在二十或二十一世紀——就是把像啟示錄般的天啟作品，變成它不打算變成的東西。對於目擊朋友安提帕殉道（啟二 13）的別加摩弟兄姊妹來說，有一天，一隊休伊（Huey）或阿帕奇（Apache）直升機參與末日大戰爭，究竟有甚麼意義？然而，這就是一些二十世紀晚期的詮釋者對啟示錄九章 3 及 7 節的那大羣蝗蟲的解讀了。那怕他們的解讀有對的可能性，然而，先前提出的問題，還是值得深思的。

閱讀啟示錄及其他聖經天啟作品時，應該有三條底線。第一，我們必須強調其相關性：它並非只遙遠地抓住過去，而今天沒有話要跟我們說；然而，它也並非全神貫注於對現代現象作密碼式預告，而與一世紀的讀者毫不相干。第二，我們必須願意聆聽它及解讀它，即使起初時我們似乎未能理解其古怪的特性。雖然古代天啟作品有很多地方使我們感到困惑，但到目前為止，我們同樣從它學習到很多。對那些仍未能企及的事情，我們也許確實感到被唬嚇；但我們不難找到合用的工具，讓我們可以了解古代的背景及了解天啟作品的手法。第三，我們必須還這類作品以它們本來的面貌，並
按其自身的特點來聆聽之，以及堅定地抗拒張冠李戴的試探。我們應 194
該努力避免作臆測性的解釋，並試圖把古代的象徵，套用在任何與古代讀者不相干的當代人物、國家或事物身上。如果我們把筆者上述這些建議都應用於新約的解釋上，結果會是怎樣的呢？

9.3 看看新約聖經中的一些天啟作品

我們現在可以從新約中選出幾段天啟經文，看看如何實踐上述所提出的這些指引。我們選用的經文是哥林多後書十二章、帖撒

羅尼迦前書及帖撒羅尼迦後書、馬太福音二十三至二十五章，以及啟示錄十三章。

9.3.1 哥林多後書十二章

我們藉一段天啟經文開始，而這段經文可說是「從來沒有好好發展過的」。保羅身處哥林多那些誹謗他的人當中。當他激烈自辯時，他提到十四年前「被提到第三層天上去」(林後十二 1～4)的經歷。他在「樂園裏」聽到「人不可說的」事情。這種經歷，正像天啟作品作者所說的「遊歷」類別。但保羅並未如一部遊歷的天啟作品所作的，試圖揭示他在上帝的世界裏所聽到的奧祕。他只是被動地談及這件事，以證明他實在有可誇之處，即使他的反對者否認他有可誇之處，即使他在這些年日裏已有一根刺加在他的肉體上，免他過於自高(林後十二 5～10)。換言之，這段經文本身可能不是天啟經文；但假如保羅沒被禁止的話，這段經文的確可以演化成一段天啟經文。

9.3.2 帖撒羅尼迦前書、帖撒羅尼迦後書

同樣地，假如保羅在遊歷第三層天時沒有被禁止的話，我們可能會想：在他寫作哥林多後書之前幾年，他可能已經對帖撒羅尼迦的信徒透露了他的一些不尋常經歷了。假如保羅有任何現存的書信可以被視為天啟作品的話，那這就一定是帖撒羅尼迦前書和帖撒羅尼迦後書了。[12]這兩封書信的背景，明顯是關於壓迫及逼迫的(例如，帖前二 2、14，三 4；帖後一 4～5)。因著保羅曾被迫逃離馬
195 其頓(帖撒羅尼迦所處之地)，如今，他對這個新的信徒羣體能否在患難中保持信心，實在感到有點焦慮。因此他打發提摩太回去看望教會的情況(帖前三 1～3)，而提摩太則帶回了好消息(帖前三 6)。雖然保羅感到非常安慰和高興，但他並沒有就此把事情擱

下；他寫信給帖撒羅尼迦教會並重申倫理的教導，那是保羅在他們那裏時吩咐他們要遵守的（帖前四 1～12）。

然後，在帖撒羅尼迦前書四章 13 節，他轉到了提摩太帶回來的問題。自保羅離開後，他們當中顯然有人過世了（或許是因為逼迫的緣故），而在生的信徒對業已「睡了」的人的結局感到困惑。保羅的回應，漸漸轉向天啟性；他正式宣告「照主的話」（帖前四 15）：那在基督裏死了的人，以及那在基督回來時還活著的人，必一同被提到雲裏，在空中與主永遠同在。他又額外增添精彩的細節，那就是主降臨時會有呼喊的聲音相伴，[13] 並天使長及角聲伴隨（帖前四 16）。但他拒絕透露任何更明確的資料，他認為他們只需要知道這些事就足夠了（帖前五 1）。但他卻強調一個事實，那就是他們所期待的「主的日子」的實際時間，是不能預計的；那是會突然來到，「好像夜間的賊一樣」。惟一的預備方法，就是在日常生活中勤於公平正直的順服（帖前五 12～22）。保羅明顯有意藉這一將會實現的宣告，使困惑的信徒得安慰 —— 即使於目前看來，他所期盼的是超越了人類的經驗的。

事情確實如他所願（帖後一 3）。然而，雖然第一封信為帖撒羅尼迦信徒帶來了安慰，但也為他們帶來了新的憂慮（帖後二 1～2）：「主的日子**已經**到了嗎？」保羅為了補充他較早時的論點，在第二封信，他再重申主從天降臨的形象，但此時他加上了報仇的烈火這新的元素，以說明上帝公義的審判終將臨到那些逼迫上帝子民的人身上（帖後一 5～10）。保羅訴諸於天啟性的「形象」，也就是那些甚至他在他們當中時業已告訴他們的形象，以安慰充滿憂慮的羊羣。主的日子還**未**來到。事實上，除非有一連串「叛逆」的事發生，就是大罪人或沉淪之子（參《七十士譯本》詩篇八十八篇 23 節）自稱為上帝，並把很多人引入歧途，否則，這日子不會來臨（帖後二 3～12）。目前，有些東西使這發展受到牽制，而帖撒羅尼迦

196 人會想得起那是甚麼，因為保羅「還在〔他們那裏〕的時候」(帖後二 5～7) 已經把事情告訴他們。我們今天讀這段經文，常常會因為保羅未對此事詳加說明，感到有點苦惱；但我們的苦惱，卻並不是我們任意填補空白的藉口！接著，他說到一旦這不法的人顯露出來，回來的「主耶穌要用口中的氣滅絕他」(帖後二 8)。這個說法聽起來與啟示錄十九章 11 節對騎白馬的人的形容 (有利劍從這位騎白馬的人口中出來，可以擊殺列國；參啟十九 15)，以及與其他天啟或「前」天啟 (pre-apocalyptic) 經文驚人地相似 (例如，詩五十二 2；賽十一 4；《所羅門詩篇》〔*Psalms of Solomon*〕十七章 24 節；《所羅門智訓》〔*Book of Wisdom*〕十八章 15 至 16 節；《以斯拉四書》十三章 8 至 11 節)。換言之，保羅再一次以他可以用到的猶太天啟傳統的資源庫存中的天啟意象，安慰帖撒羅尼迦信徒並使他們得以安心。他最關注的是，即使在困難的時刻，如何確保教會成員仍然能對他們的主有信心；他直接把事情訴諸於將來的審判，以及訴諸於天啟式的終末論，以強化他的命令。

9.3.3 馬太福音二十三至二十五章

在帖撒羅尼迦書信中，保羅正在處理一種常見的張力。一方面，他鼓勵受苦的信徒要盼望主的日子，因這是終極的解決方法。另一方面，他必須緩和對主的日子的不適當的期待，因而他在書中譴責一些拒絕工作的「懶人」(也許是因為他們期待末日會隨時來到；參帖前四 11，五 18；帖後三 11～13)，以及於書中重申他們不會被丟下。同樣的張力亦明顯出現在符類福音的天啟部分當中。我們可以簡要地看看這種張力在馬太福音裏怎樣產生效果。

馬太福音包含五篇主要論述：(1) 國度的義 (登山寶訓；太五～七章)；(2) 國度的宣告 (太十章)；(3) 國度的奧祕 (從前是隱藏的；太十三章的比喻)；(4) 國度內的家庭關係 (太十八章)

以及（5）國度的宇宙性危機（橄欖山〔終末論的〕論述；太二十三～二十五章）。這個結構暗示馬太福音的主要目的是要向其聽眾宣告他們應當知道的一切事，那就是藉著拿撒勒人耶穌看到上帝國度的面貌。馬太福音的這一主旨，特別指向猶太信徒——或許是在一世紀最後二十年的敍利亞安提阿的信徒——因猶太信徒一方面不大情願地成了日益壯大的外邦人運動裏的一員，另一方面他們又陷入了與猶太社羣分離的焦慮之中，因猶太社羣指他們為叛徒及 197
賣國賊。自從公元七十年耶路撒冷被毀後，他們當中很多人很可能就成了難民。而且基督徒及猶太人很可能在猶太戰爭前夕一同遭外邦人逼迫。那麼，在某程度上，馬太福音的讀者所身處的境況，使得他們對天啟性的鼓勵信息頗為受落。

在馬太福音二十三章，耶穌嚴厲批判猶太教偽善的形式，而這種偽善的宗教形式卻為好些文士和法利賽人所秉持著；這些批判的信息包括著名的「災禍」清單（太二十三 13～36；參太五章「八福」的平行經文）。耶穌的評論反映了第二聖殿猶太教的虛空。現在，馬太向他的讀者重複這些災禍，這意味著，他留意到在安提阿（假設是安提阿）的猶太基督徒領袖中間，亦出現了類似的虛空及偽善。馬太福音二十三章充滿著強烈的反聖職（anticlerical）語調（不是反猶太人〔anit-Semitic〕），這為接下來的信息埋下伏筆——耶穌在馬太福音二十四章 1 至 2 節預言耶路撒冷聖殿被毀；而按二十四章 3 節所載，門徒後來在橄欖山向耶穌提問，正是因這個預言的緣故。門徒希望知道三件事：（a）聖殿何時會被毀，（b）耶穌以君王來臨的記號是甚麼，以及（c）時代終結的記號又是甚麼。把這些問題綜合起來，我們得到如下印象：對於門徒來說，聖殿被毀與時代終結會同時出現；因為對他們而言，沒有聖殿的生活是不能想像的。

耶穌的回答，出現在馬太福音二十四至二十五章；而這回答分為兩個大部分：一個結構不太嚴謹的部分，充滿著警告及進一步的預告（further predictions；太二十四 4～36）；另一個部分則是輔助性及補充性的，當中包括了各種比喻，而且有些相當長（太二十四37～二十五 46）。值得我們注意的是，耶穌的話包含了大量關乎未來的大災禍的資料，也包含了**壓抑**天啟狂熱的大量講論。

於是，混在這個論述裏的，是**兩種表述**，而這兩種表述必須從較大的語境來思考。第一種表述，由預告及描述組成，主要內容為災難及天啟性的「最終解決方法」。馬太福音二十四章 5 至 14 節發出了警告：將會出現戰爭與造謠者、假彌賽亞、國際危機、逼迫與出賣；而馬太福音二十四章 15 至 28 節繼續著這幅使人痛苦的前景：預期會看到荒涼與褻瀆、逃亡的預兆，以及警告會出現假彌賽亞和假先知。以上種種，大部分都可以被理解為（從馬太的角度看來）指向最近發生在耶路撒冷及其四周的事件（公元六十六至七十年）。但貫穿當中的，是出現在馬太福音二十四章 29 至 31 節的一個宇宙性主題（cosmic theme）：我們得聞人子的降臨及眾兆頭——太陽和月亮、號筒的響聲和極大的哀哭。

198 而即使是在第一組經文裏，馬太福音的讀者顯然會有一種感覺，那就是耶穌是同時在討論兩件事。一方面，他們聽到（a）一些當下非常熟悉的大災禍，那是大約十至十五年前發生於耶路撒冷的。而他們當時明白到即使沒有聖殿，他們畢竟還是可以繼續生活下去的。另一方面，他們接著聽到（b）仍然期待著的「世界的末了」——藉人子從天駕雲而來而顯明、並伴隨著天體的具大變遷——令人想到創造將遭毀滅（太二十四 29）。兩件事都是巨變。前一件事，於當下是「真實的」歷史；另一件事，較為遙遠，仍未發生。而第一件事是第二件事的原型。[14]

這類強調「日子時辰」的陳述十分嚴肅，而第二類陳述將可以發揮到平衡作用。後者顯然是用以安定人心的，以阻止大家因這些天啟性資料引發狂熱——可卻做出一些不負責任的事。因此，第二類經文警告我們不要受迷惑（太二十四 4）。人子將要降臨是確切無誤的（太二十四 27），但同時也是不能預測的，因為那終結的來臨的日子時辰，沒有人知道——連子自己也不知道（太二十四 36）。經文鼓勵讀者要忍耐及警醒到底（太二十四 13）。馬太福音二十四章結束時所載的比喻，以及馬太福音二十五章的三個長篇比喻故事，內容均提及我們需要頭腦冷靜，並需要存信心忍耐等候，堅定不移。這段時期可能非常可怕和十分痛苦，但當主還在等待著重新創造萬物，於這段時期，我們還是有工作要做的。

因此，在這個論述裏，我們要留意三件事，而這三件事都是彼此交織著的：（1）歷史性的指涉，（2）天啟性的指涉，以及（3）延緩性的段落（delay passages；為了淡化狂熱的天啟主義，並鼓勵面對患難時堅定不移）。我們在帖撒羅尼迦書信看到同樣的張力。馬太像保羅一樣，希望他的讀者在精神上及靈性上作好準備，預備好面對任何將要發生的事情；但對任何意味著末日將臨的事情，則要保持冷靜。他們仍然有工作要做，而主會記念他們。這裏的重點是：在這段延緩的居間時期中，人應該忠於上帝給予的工作、倫理要求及使命。

9.3.4 啟示錄十三章 199

解釋聖經的人，有時會區分研讀啟示錄的四個主要進路。第一個進路，即所謂「預言已實現的觀點」（preterist view；也就是說，那是關乎過去的），認為啟示錄只涉及古代背景。另一個進路是「未來派觀點」（futurist view），這觀點認為，以背景而言，啟示錄差不多只與現代讀者及其未來相關——起碼啟示錄四章以後的篇幅應作如是觀。第三個進路視漸進顯露（progressive unfolding）的啟示為「對漸進顯露的歷史（而往往是西方的歷史）所作出的預告」；

而歷史之漸進顯露，通常顯露至當代讀者那段時期為止；這個進路稱為「歷史派的進路」(historicist approach；當然，未來派及歷史派的進路所產生的結果，會隨時間而改變，並視乎讀者而定)。解釋啟示錄的第四個進路是「唯心式」(idealist)的進路。持這一進路的人，對另外三種進路感到失望，因而視啟示錄為沒有歷史特殊性的；而這一進路關心上帝真理的普遍原理，而非真實的歷史現象。

這四個進路皆有其強處及弱點。本書建議對當中至少三種進路作審慎的融合。要解釋新約天啟作品，先要對古代經文背後的原來境況作仔細分析，但也要為著解釋者當下的境況對經文進行深邃的解讀。該過程能否讓古代的符號符應現代的人物、國家或事件，又或者該過程能否導向生命中較普遍的原則，這是我們無法肯定的；但該過程至少應該使當代基督徒確信他們的上帝仍然掌管宇宙。祂現在仍然密切關懷人類的行為及結局，祂仍然堅持某些倫理及社會價值，正如在一世紀末那樣；我們怎樣彼此相待，我們怎樣看祂，對祂來說，這都是重要的。祂不會永遠被輕慢。既有這些想法，我們就可以用啟示錄十三章完結本章。

天啟作品的「預言已實現的觀點」——完全端乎書卷作者的當代境況——視第一隻獸(啟十三1)為羅馬帝國，視有六六六記號(啟十三18)的第二隻獸為「尼祿再生」(參啟十三11；拉丁文是“*Nero Redivivus*”，意為「尼祿從死裏復活」；這就像一些人對貓王皮禮士利〔Elvis Presley〕及甘迺迪〔John Fitzgerald Kennedy〕的期望一樣。譯按：「尼祿再生」是流行於公元一世紀末的傳說)。[15] 那
200 麼，到了公元五世紀，隨著羅馬的沒落，啟示錄的信息便得到完全實現。

這個進路的強處是使書卷適切原來的讀者，他們面對正在興起的君王敬拜及隨之而來因拒絕妥協而要面對的逼迫。而啟示錄向讀者作出保證：逼迫的勢力終必失敗，並且鼓勵他們對耶穌基督保持

信心。但這進路的弱點則是啟示錄的整體信息仍未真正實現；撒旦（龍；啟十三 2）及邪惡（很清楚的描繪）的最終傾覆，實際上亦沒有在原來讀者有生之年發生，也沒有在三至四世紀後帝國瓦解時發生。以嚴格的「預言已實現」的進路來看啟示錄，就意味作者為了達到目的 —— 至少某程度上 —— 在不實地或錯誤地安慰他那些遭受逼迫的讀者。

在我們的時代，「未來派進路」經常視第一隻獸為「歐洲經濟共同體」（European Economic Community；即「歐盟」前身）的國家；而視第二隻獸為歐洲經濟共同體所支持的那位將來的世界統治者。而啟示錄接著的章節所形容的衝突及戰火，則是對「大災難」（Great Tribulation）的描繪，這會於哈米吉多頓大戰達到高潮，而此前教會將會被提。時代主義者（dispensationalists）普遍以這個方式解釋啟示錄。

以這方式閱讀啟示錄，其強處當然就是能夠讓焦點集中在所有事情的結局身上。這個方法認真地處理了**世界層面的事情**，而邪惡的問題也得到**最後**解答。「預言已實現」的進路沒有解決撒旦的最終結局這一問題 —— 因為撒旦沒有隨著羅馬的沒落而消失；而「未來派進路」則承認終結仍未來到。但其弱點是：即使它與約翰的原來讀者相關，其相關性也極低。例如，知悉歐洲經濟共同體的未來 —— 或者莫斯科、或者一隊直昇機 —— 如何安慰在多米田（Domitian；或者尼祿）手底下受苦的基督徒？這假設了一世紀的信徒能以某種方式知悉歐洲經濟共同體的重要性。那麼，在一九八九年蘇聯解體前，我們又如何使未來派的解釋流行起來？

正如我們在前述所看到的，坊間流行的對啟示錄的「未來派式」解讀，其本身也是新的時空下的天啟作品。在東西方冷戰時期，蘇聯共產主義被理解為對西方生活方式的主要威脅；這時，未來派對啟示錄所作出的解釋，傾向以「莫斯科—華盛頓／倫敦」這兩極來定位。一九八九年之後，以及尤其是九一一事件之後，其定位業已經變成「倫敦/華盛頓—近東恐怖主義」了。換言之，西方很多基督徒本身成了不斷發展的天啟作品的主要消費羣，他們看到自己的政治關懷可以在古代的經文中——寫給一世紀小亞細亞地區的古
201 代經文——給直接反映出來。因著這種解讀，這些活在二十一世紀的基督徒得到鼓勵，在未來能繼續信靠上帝（雖然我們可以懷疑這種進路會否激發他們的消極情緒）；為此，我們當然可以因而感到歡欣。然而，我們還得十分小心，不要假設這種解釋必然地代表了經文的真正意思及恰當的**解經**。

「歷史派的進路」視啟示錄為西方歷史事件的預告，而歷史的進程可以一直延伸至解釋者的時代。那麼，為甚麼這只限於**西方**的歷史？按這進路本身的解釋向度，這是一個謎。但無論如何，繼承宗教改革運動觀點的教會，或許會視第一隻獸為羅馬天主教，第二隻獸則是教皇。

當然，這個進路的強處是：啟示錄能對隨後的基督教歷史作出真確的預言，亦因而與隨後時代的基督徒直接相關。但與「未來派進路」一樣，其弱點是容易流於主觀，而其應用也要不時改變。十六世紀羅馬天主教的支持者可以把第一隻獸視為新教的宗教改革運動，而第二隻獸則是路德或加爾文（John Calvin）。又或者，第二隻獸是一隻由路德、加爾文、慈運理（Huldreich Zwingli）、墨蘭頓（Philipp Melanchthon）及其他眾多人物所組成的多頭混合怪物，那個時代的宣傳漫畫普遍充斥著這類描寫。無論如何，為甚麼啟示者約翰認為要告訴當時的一世紀亞細亞基督教會關乎將來歐洲宗教改革運動鬥爭的事情？或者，為甚麼這個對啟示錄的觀點只適用於西方基督教？為甚麼那不可以是論到七世紀非洲教會與伊斯蘭教的衝突？

對前三種進路感到失望的人，可以轉向第四種進路。這個進路巧妙地避開其他進路的缺點。根據唯心式（或「無時間性的」

〔timeless〕）的進路來閱讀啟示錄，啟示錄十三章的第一隻獸大概代表了墮落的人類本性，而第二隻獸則代表人類的自我中心。

這道德化的解釋方式，其明顯的優點是它的倫理原則能適用於任何處境下的任何讀者。這個進路不會如其他進路那樣引起諸多疑問，因它不會嘗試把符號連繫於實際的歷史事件與重要人物——無論是過去的還是未來的。但這種進路有兩個主要弱點。首先，把道德觀念與經文獨特的隱喻性形象作出對比，容易出現解釋上的濫用；這就正如我們在本書第八章所討論過的：以寓意化的方法處理福音書的比喻。例如，根本沒有可靠的方法讓我們可以得悉，當約翰談及啟示錄十三章的獸，他腦海裏究竟正想著甚麼觀念或原
則。第二，即使能正確地找出這種信息，但他與原來讀者所大概 202
要面對的叫人感到絕望的歷史處境，還是過分脫節。這一進路亦不擔保萬事最終能得到完滿結束。在一典型的天啟作品的寫作情境中（例如，不承認凱撒是主會面對死亡的威脅），一個像約翰的「先知」，會否以一篇充滿象徵的道德化文章（例如，關於自我中心的）來安慰他的子民？當然，如果我們喜歡唯心主義進路，我們總是可以放棄這一假設，即假設啟示錄是寫給一羣處於天啟式苦痛的人。但這樣做的話，又會引起一堆新的解經問題。

當我們解釋啟示錄，至少有四種不同的進路；而這一事實意味著我們對哪一種進路是最可取的還沒有達成嚴格的共識。或許，最好的進路是擷取所有進路的強處而努力避免其弱點。你現在手執的這部解經指南，其解經的觀點是高度肯定經文原來背景的優先性。這一處境成為合理解經的起點。在理解經文的過程中，若輕視這一處境的價值，我們就很容易會以一己所想望的方式來操縱經文的意思。另一方面，我們若把信息的應用只局限於一世紀，就肯定不能徹底呈現啟示錄的信息；啟示錄的視野與壯闊，肯定超越古代的情境。

為了在原來的相關性及後來的應用性之間取得合理平衡，解釋新約天啟經文的最「好」進路，大概是訴諸預表（type）與「預表的回應」（antitype；或譯「對範」；譯按：「預表的回應」指對應著「預表」的人、事、物）：約翰把羅馬說成是上帝所關注的終末的獸的「預表」。耶穌（或馬太）在橄欖山論述（太二十四）中把耶路撒冷的淪陷說成為一個「預表」；同時間，藉橄欖山論述中，上帝對將來的讀者表示，在世界的末了，「預表的回應」將會實現。事實上，從解經的觀點去識別以隱喻來呈現的歷史性「預表」——在啟示錄或橄欖山論述原來的背景中——如羅馬、多米田、耶路撒冷的淪陷，是十分重要的；但我們沒有理由堅持、或者我們根本不需要堅持，在此後的一些情境中隱含著的「預表的回應」，確實代表這個或那個**特別**事件、制度或人物，而這些人、事、物又能夠在我們自身的背景中被指認出來（例如，教皇或新教或歐洲經濟共同體）。

在任何時代世上任何地方的任何的歷史背景裏，各種特定的人、事、物，都可以成為啟示錄所隱含的「預表的回應」，正如啟示錄的原來背景下羅馬及凱撒（Caesar）所扮演的角色一樣。但**最後**一個是誰？——他們何時出現更不消說——則仍然向我們隱藏
203 著：藏在上帝未來要成就的旨意之中。我們身為新約天啟作品的解經者，可以說的，我們一定要說；但卻不能說多於我們所能說的。我想，保羅在帖撒羅尼迦前書五章 1 至 2 節所說的話的意思，正就是這樣：「弟兄們，論到時候、日期，不用寫信給你們；因為你們自己明明曉得，主的日子來到，好像夜間的賊一樣。」渴望知道多於已揭示的，或許就是米示拿〈論節日獻祭〉提出的警告了。我們不需要知道細節，我們只需要時刻都作好準備。

9.4 總結

於此，筆者會總結本章的基本信息，以結束本章。猶太基督徒

的天啟作品，給教會提供了一種另類的傳播風格。於本章開始時，我提到一位年長的朋友，如果她願意對小說開放，小說會對她有益——讀這種另類作品，情況也一樣。天啟作品作為一種另類的聖經傳播風格，只不過是使用了另類的形式及方法去傳遞聖經的信息罷了；而這信息與整部聖經的信息無異：「上帝活著，掌管祂的創造及其終局；儘管現在看起來事實並非如此，但這卻是真實的。因此，我們仍然要對祂滿懷信心，時候到了，祂自會糾正所有錯誤。」與其說解釋啟示錄是在推敲關乎未來的藍圖，倒不如說這是以上帝的掌權來理解現在（無論我們把上帝掌權理解為既濟的還是未濟的，或者兩者皆然），以及學習怎樣閱讀那些描述上帝掌權的象徵性及隱喻性「語言」。

註釋

1. C. C. Rowland, "Apocalyptic: The Disclosure of Heavenly Knowledge," in *The Cambridge History of Judaism*, ed. W. Horbury et al. (Cambridge: Cambridge University Press, 1999), 3:784.
2. J. J. Collins, "Introduction: Towards the Morphology of a Genre," in *Apocalypse: The Morphology of a Genre,* Semeia 14 (Chico, Calif.: Scholars, 1979), 9.
3. A. Yarbro Collins, "Introduction: Early Christian Apocalyptism," in *Early Christian Apocalypticism: Genre and Social Setting,* Semeia 36 (Decatur, Ga.: Scholars, 1986), 7.
4. J. VanderKam, "Apocalyptic Literature," in *The Cambridge Companion to Biblical Interpretation,* ed. J. Barton, Cambridge Companions to Religion (Cambridge: Cambridge University Press, 1998), 311.
5. 我們能夠中肯地說，天啟思想遍及整部新約聖經，而不只限於啟示錄。參考 M. E. Boring, *Revelation,* Interpretation (Louisville: John Knox, 1989), 44。
6. 像柯林斯（J. J. Collins）在 *The Apocalyptic Imagination: An Introduction to*

Jewish Apocalyptic Literature, 2nd ed. (Grand Rapids: Eerdmans, 1988) 要表明的一樣。本章的重點，端在想像力之運用，而這是傳遞異象的一種方法；但這並不意味著約翰所見的異象並不是真實的；反而，運用想像力的意思是：啟示錄應該不是約翰經歷的逐字筆錄謄抄，而是一部盡用其文體特色的文學作品。對我來說，我並不懷疑這部書如實保存了約翰這位預言者所看到的事情及異象。

7. *The New Oxford Annotated Bible with the Apocryphal/Deuterocanonical Books,* New Revised Standard Version, ed. B. M. Metzger and R. E. Murphy (New York: Oxford University Press, 1991, 1994), 364.
8. " Eschatology " in *Webster's New World College Dictionary*, 3rd ed. (New York: Macmillan, 1996).
9. 例如在 *Dictionary of New Testament Background* [DNTB], ed. Craig A. Evans and Stanley E. Porter (Downers Grove, Ill.: InterVarsity Press, 2000) 的文章中指出了幾處有用的區別。
10. D. E. Aune et al., " Apocalypticism, " *DNTB,* 45～58; see 47.
11. J. J. Collins, " Eschatologies of Late Antiquity, " *DNTB,* 330～337.
12. 就目前要討論的要點，我們可以暫且不理會學者們所提出的問題，例如哥林多後書原來整封書信的整體性的問題，以及帖撒羅尼迦後書作者身分的問題。
13. C. A. Evans, *Noncanonical Writings and New Testament Interpretation* (Peabody, Mass.: Hendrickson, 1992), 186～188 看到與詩篇四十七篇 5 節的有趣關連。
14. 當然，如果認為類似日頭和月亮的徵兆意象，以及人子從天駕雲降臨從四方招聚祂的選民（太二十四 31）之記述，只是以隱喻的方法表達時人對公元七十年事件的深刻情緒，這也並非沒有可能的。在這一處境下，我對這一層次的「約化性」(reduced) 解釋，並非接受不了。只是至少到目前為止，我認為這是有點過分曲解——或貶抑了。參 N. T. Wright, *Jesus and the Victory of God* (Philadelphia: Fortress, 1996), chap. 8, esp. 339～368。
15. 另一個觀點是：第一隻獸被視為尼祿，第二隻獸是尼祿的黨派，他們慫恿基督徒（及其他人）推翻羅馬政權——把希望寄予由「尼祿再生」所領導的帕提亞（Parthia）軍隊。參 A. J. P. Garrow, *Revelation* (London: Routledge, 1997), 88～92。

第 10 章

繼續前進
我們現在要做甚麼？

Τί οὖν ἐροῦμεν πρὸς ταῦτα;

既是這樣，還有甚麼說的呢？

（羅八 31）

那麼，我們現在**要做**甚麼？在這個階段，這是一個合理的問 204
題；但我們不要因而得出錯誤的觀念，也是同樣重要的。問這條問題——以及現在問這條問題——並不表示我們之前甚麼也不能「做」。為了討論這部書所涵蓋的解經程序，我們需要把這些程序以合邏輯的方法加以組織，逐步處理，逐步分析。然而，在我們每天的真實生活裏，我們不常可以這樣奢侈，以如此有系統的方法去實踐解經。理論上，選擇一段經文，把它從希臘文（或希伯來文）翻譯過來，考量經文的傳統、結構分析、文學形式、歷史背景、敍述及修辭策略等等，當然是好事——並大概以這一次序並在某程度上徹底執行這一程序。在這一理論的世界中，只有這樣做，我們才可以開始以經文為基礎並有系統地去表達適切當代的信息。對於那些得天獨厚的少數聖經學者來說，事情就是以這種方式處理的。但對我們其他人而言，我們要面對電話的鈴聲響起，要帶孩子去練習足球，熱水器又可能突然出現漏縫。然後，我們聽說克立佛（Cleaver）家的沃德（Ward）和瓊（June）要鬧離婚，需要我們即時介入並給予輔導。到我們有空坐下來預備主日講道，已經是星期五下午了。要以理想的方式完成工作？缺乏時間的日子，實在遠多於有足夠時間的日子。

此外，在某程度上這是真實的，是因為只要我們有足夠的時間，我們**可以**做的事，是沒完沒了的：總有別的註釋書要看，總有另一個古代一手資料可供參考，或者總有多一個字需要分析。可是，我們的工作實際上卻是要去琢磨一些已存在我們裏面良久的靈
205 感，多於從零開始地去鍛造甚麼全新的東西。因此，我們必須避免一個試探，那就是因未能把解經的工作做得盡善盡美，或者未能做到「我們認為教授期望我們要做到的」，就難為自己；不然，我們就會開始相信一件事，那就是：恆常的解經功夫，實在太艱鉅、太嚴苛、太不切實際了！這會使我們慣於盡可能「忽視」而非「從事」解經的任務。但對於那些被上帝呼召去餵養祂的羊羣的人以及對於羊羣本身而言，對解經的這種忽略，完全是一樁悲劇，因為不吃可果腹及有營養的食物，身體必然衰弱。

我要說的是：解經是**一生的**而非一週的工作。這有點像要令皮球保持滾動，就要經常推它一把，而非每次都待它完全停頓後，才重新來過。這一「推」，有時只是輕輕一拍，有時卻是一下猛撞，那麼，皮球就幾乎會自動保持滾動，除非你停止了所有的推、拍及撞。這個粗糙的類比或許可以幫助我們當中的一些人得著釋放——因不必要的罪疚，使我們生出了無謂的擔子；而我們的不足，又使我們產生無能感。每次我們或許只可以處理某段經文，但隨著經驗增加，我們會逐漸累積起洞見、理解力及自信心。我

們的呼召，不是去做每件我們**應該**做的事；（好了，究竟誰可以決定應該做的是甚麼事？）而是在多變的環境中，做我們**能**做的事。祕訣是：永不要讓皮球完全停下來，即使有時——甚至即使很多時——我們都只能輕輕推一下、拍一下。

既作出了這一告誡，現在，就讓本書這最後的一章嘗試作出結論：究竟負責任的新約解經能帶給我們甚麼好處。解經本身並非其目標在所。即使有些人是這樣理解解經，這大概、或者至少是他們的工作吧！但我們大部分蒙召傳講上帝話語的人，都明白到解經及其成果在上帝子民的生命中以及在世界中，佔極重要角色——但不幸地，忽視解經，其影響力同樣深遠。

10.1 處境化的解經

雖然我在這部書中集中討論「解經」，然而，我非常看重解釋（interpretation）所包含的一體兩面：「解經」及「詮釋」，或者「意思」及「意涵」，或者「經文本身的意思是甚麼」及「經文今天對我們有甚麼意義」。其中隱含著一主要假設，或者認信，那就是成文的聖經替人類保存了上帝的權威的話語，而這不單單是為了聖經不同部分的原來的聽眾們，也是為了所有歷史背景中、所有文化中的所有人（我們看到使徒保羅在羅馬書四章 23 至 24 節也表達了類近的觀點）。

如果我們把處境擴大，我們會發現解經可以引導我們不斷形塑與 206
重塑我們對聖經啟示的理解。而這一過程又涉及生命、信仰及踐行（practice）。個人轉化、人際關係、教導與宣講、領導、價值觀評估及訂定優先次序，上述這種種事情，都涉及小心經營的解經成果以及深邃的、有耐心的對話——這對話關乎這些解經成果對當代情境的意涵。按第一章的「大圖畫」所示（以及請緊記剛提出的「告誡」），我現在由討論解經，轉到討論詮釋了。我們已「準備好」（或許，盡上我們目前所能盡上的最大努力）把「經解經重構」（exegetically

reconstructed）的古代信息，置放於「詮釋的圍欄」裏，使古代處境與一些當代處境連繫起來。這樣，我們就能夠盡可能把這一古代的信息重新改造，使之適切身處當代處境的聽眾。有些人把這個階段稱為「應用」（application）。只要我們小心定義，**應用**也是個合用的詞語。

10.1.1 我們所說的應用到底是甚麼意思

事實上，在這裏用上**應用**這一術語，要避免一些危險。在我肯定使用這個術語的合法性時，我並不認為應用只是單單演繹聖經的「原則」並使之「應用」到我們的生活之中。上帝的旨意並非一套電腦程式，藉此幫助我們分析自身境況的數據，從而使我們得悉如果遇上某些特殊情況，我們該怎樣做。鮑勃牧師（Pastor Bob）或你的媽媽也不是替我們執行這個程式的電腦技術員——可以在主日告訴我們「基督徒成功禱告的七個原則」，或如何作好管家或如何養育孩子。

在我看來，我們要追求的，倒應該是：按上帝向我們之自我啟示，我們要**對上帝的位格作全面性的理解**。這一啟示主要藉上帝的生命及話語臨到——藉著道成肉身的耶穌基督；其次，啟示藉上帝在歷史中與人類之交往臨到（尤其是與以色列和早期教會交往），以及藉祂的先知及使徒的話臨到。基本的問題（我再一次承認，這是我的看法），往往都關乎如下的問題：即假如耶穌處身於我們的情境，祂將如何處理、祂會有甚麼想法、祂會採取甚麼行為、祂會有何表現以及會說甚麼話？雖然這也會有潛在的「危機」，但這正就是我所說的把聖經信息「應用」在當代的情境的意思了——而當中的危機就是我們要面對一種試探，那就是基於「我們會怎樣做」而決定
207 「耶穌會怎樣做」。但這也就正好重申解經為何如此重要。耶穌——上帝以人類的樣式彰顯自己的那一位——來到我們中間，祂並非帶著一系列原則及程序，而是帶著生命及一顆心。而解經嘗試要告訴我們的，就是在古代的背景中，那生命及那顆心到底是怎樣的。

而詮釋嘗試要告訴我們的，卻是怎樣把那生命及那顆心「應用」到我們的處境中，以及在我們此時此地，那生命及那顆心大概會怎樣彰顯。上帝非常關心我們努力追求所取得的成果，以致祂把祂的聖靈賜給教會，引導我們，使我們能理解祂的心意。可是，儘管我們以這一狹窄的定義來討論應用，但應用並不必然等同**權威性的**應用（authoritative application）。我們先要花點時間思想這一點。

10.1.2 權威性的應用：個人順服與作僕人

這部書的讀者，當中很多都已經——或者有一天將會——在會眾中享有具權威性的地位。他們也許要負責講道、帶領聖經班、參與委員會的事務並且擁有明確的職銜。如果我們的謙虛是適度的話（這就是說，如果我們有一個**健康的**自我形象的話），當會驚訝於大家常常指望**我們**在生命及教義的問題上可以給出具權威性的答案。這可以、也應該令人感到恐懼，因為這責任是巨大的。幸好，這同一羣人，也會傾向不理會我們所給出的答案。我們在教會當領袖、有權威，但這斷不應是輕率的，也必定不能讓這變成舒緩我們一己之缺乏安全感的方法。為了使我們在上帝的子民中間真箇能當一位「具權威」的領袖，並且當得更有效及更有信心，我們需要考量兩件事。

作僕人（servanthood）。我們蒙召去關懷我們受託要照管的人的福祉（這包括——首先是——我們自己的家庭），多於關心我們自己的福祉。這就是說，我們可以肯定，倘若我們以基督捨己的榜樣（太十六 24；腓二）來指導我們的生活方式，這不單單不會威脅到我們的存在，反而會使我們得著所應許的永不動搖的獎賞。當我們接納這種想法，並身體力行，大家便會逐漸信任我們。

順服（obedience）。我們當牢記我們是耶穌基督的代表。我們是基督的化身——至少是基督的化身的一員。當我們談及福音，當我們探望病人，當我們譴責或寬恕罪惡，我們是帶著以及代表著世界的創造主的權威的。在悔改中順服，是首要的，這是真實的義及真真正正的倚靠上帝。如果我們為此受苦，我們就像保羅一樣，在補滿基督患難的缺欠（參西一 24）。

總的來說，我們最大的**詮釋**努力反映在我們的言行上。解經為我們提供原料，讓我們思考種種議題。同樣地，解經潛藏著巨大的力量，這種「道成肉身」的模式，可轉化我們生活的每一層面。
208 事實上，道成肉身正正體現了上帝決意把祂的信息**透過**人類傳遞給人類。假如我們受託要照管的人要聆聽上帝的這些信息，他們將要透過我們去聆聽，或者，透過與我們這些有一樣性情的人去聆聽。於某些十分重要的意義而言，即使是聖經本身，也是透過人的努力而給寫下來和得以保存的。因此，如果我們希望我們受託要照管的人能清楚並準確地聆聽上帝的信息 —— 即「具權威的」—— 沒有方法比得上我們心口如一、言行一致地活出解經的結果更有效的了。解經、詮釋和領導如出一轍：即誠信，即以基督為中心的誠信（Christ-centered integrity）。

10.2 解經與更遼闊的神學語境

即使解經本身含有較廣泛的一面，但解經仍然與（尤其是）事奉的「文字」或「學術」面向相關。而其中一個面向，是對一幅較宏大的聖經神學圖畫（the larger biblical-theological picture）發展出較全面的理解。可是，對於是否存在一幅「融貫統一」（coherent unity）的大圖畫（也不管它看上去是怎樣的，如果真有這樣的一幅大圖畫存在的話），我們還沒有普遍的共識。但上帝的默示和「正典」這等概念，暗示了這種融貫性是存在的；而如果我們假設它是存在的話，我們就可以在這裏稍為停下來，想一想，全面的（至少在理論上是全面的）聖經神學與解經的任務兩者的關係究竟是怎樣的。

10.2.1 語境與相互作用

我們已經指出，在不同的語境層次裏，較小的與較大的單元之間，有著循環的或相互性的（reciprocal）語意關係。例如，一個字詞的意義，某程度上，是由其所出現的句子決定的；但若我們要充分明白該句子的意思，相互地，我們得知道當中的字詞的意思。我們在本書第三章已看過，這一原則可以一直「上溯」至整部書的層次。我們甚至把這一原則應用到更遼闊的部分，例如，保羅書信或保羅「文集」。我們現在要把這一原則應用在「正典的層面」上。這就是說，這種相互作用，甚至適用於個別經卷與整部新約（或整部聖經）之間的關係。

基督教的聖經神學，整體上由蘊含在個別經卷的各種不同神學思想建構而成；而這些個別經卷均按其自身之歷史處境而斷定其特殊之關注與重點。而相互地，要明白正典內個別經卷的神學思想，則不能抽離整部正典的神學。當然，這假設了基督教的聖經正典——包括其內容及其編纂（而成為一整體）——都是上帝的靈的靈感（inspiration）的結果。當然，不是每一位聖經學者都確信這一點，但我卻深信不疑，而你則要知道自己的想法。

10.2.2 按文義理解聖經 209

但我們在此需要嚴格區分以下兩者的分別：（a）在正典中統一的神學（unified theology）的**真貌究竟是怎樣的**（再一次，我們假設存在著這種統一的神學），以及（b）我們自己的觀點及傳統，即我們**認為甚麼是**正典中的統一的神學。基督教神學有很多不同系統，而某些系統——其實是全部系統——在塑造某些聖經教義時，業已證明是錯誤的。就是為了這個原因，我們必須**繼續聆聽及重新聆聽**個別經卷的信息。我們太容易基於我們自己對它們的觀念，（作為基督教的著作，總應該這樣說嘛！）把它們曲解成我們期望它們要說的（或別人告訴我們應該期望它們要說的）。可是，它們該說些甚麼，其實得取決於它們實際上說了甚麼。例如，如果我們讀啟示錄時，是透過近年流行的《末日迷蹤》叢書或電影的系統來作出解說，對未來我們就會得到一幅非常清晰的藍圖。如果我們沒有透過這一系統來解讀啟示錄，情況會截然不同。我們的問題是：我們永遠不能不透過一些系統、一些範式、一些疑問、一些對現實的謀算來閱讀聖經。無論如何，這也不全然是一件壞事，否則，我們根本無從入手。但我們的任務，是要讓**聖經**常常**修正**我們的觀念——即修正我們對「聖經究竟在說甚麼」的想法。

10.2.3 聆聽正典整體的聲音

讓個別經卷的個別觀點帶領我們形塑（及重塑）我們的神學系統，這是極其重要的。與此同時，同樣重要的是，讓基督教神學——從正典整體（canon as a whole）而得的和教會整體所了解的神學——去試驗及緩和對個別聖經段落的極端解釋。我們大概可以放心作出假設：新約書卷的作者寫作的時候，都是身處於信徒的羣體的處境之中，以及身處於傳統之內的（由耶穌地上事奉的日子所傳承下來的傳統）。而每位作者，都有他（她？）自己獨特的貢獻。然而，這裏有一種羣體的「良心」（conscience；福音派〔evangelicals〕是這樣認信的），即一種初期教會的信仰準則（*regula fidei*）——我們視之等同於聖靈的工作——以防止不順從的人或異端神學出現，而同時又允許我們可以對各種「人為」的傳統解釋作出先知式的批判。

因此，我們在（a）個別作者及經卷的**個別神學思想**和（b）基督教聖經正典中的**統一聲音**之間，看到一種張力或平衡。我們決不能重這個、輕那個。我們必須讓每一個思想批判及調整我們對另一個思想的觀念。周而復始，正典整體及正典內的個別書卷之間的平衡產生相互作用，使教會繼續得以健康發展、靈性成熟及領受教誨。當我們忽視這些事情，教會的某部分就會遭害：在約翰羣體裏的諾斯底主義者和幻影說的支持者、保羅羣體裏的猶太律法主義者和外邦人的反律法主義者。今天將會是誰？我們是沒有免疫能力的。

那麼，我們需要找出一個好方法，使得這議題能對「日常的」解經產生影響力。事實上，這裏要關注兩方面：其一是我們要盡力 —— 要親力親為 —— 決定聖經實際在教導我們甚麼事情，特別是我們感興趣的課題，例如「敵基督」。此外，在某些層面上，我們要加入古代及全球對該課題的討論，即業已在教會內進行了很多個世紀的討論。

10.2.4 敵基督的觀念

讓我們以敵基督這一主題作為例子。這一陣子，集中在「末日」這課題的基督教出版物及電影，都希望能忠於聖經。到底它們能達至怎樣程度的「忠於聖經」，實有待商榷；但事實上，其他基督教出版物或電影 —— 無論關乎這個主題的或者關乎任何其他主題 —— 也會出現相似情況。即使是我們近日聽到的關於基督會在千禧年的某年某日回來的這類牽強預言，也屬老生常談。無疑，討論中的每一種見解，都值得被某人在某處至少聆聽一次 —— 即使發表那些意見的人，本身拒絕聆聽其他聲音；與此同時，沒有一個人能聽到所有議題的所有意見。對於我們大部分人而言，甚至不可能聽到一個議題的所有意見。反之，我們必須設想我們在面對著一個討論和「對談網」，那幾乎是無限複雜、延遍整個歷史和世界的。我們確實沒有方法可以掌握到全部內容。但如果我們希望忠於聖靈的帶領，那麼，我們必須投身其中 —— 按我們的程度。

有關「末日」（the end times）的流行解說，把擁有世界權力的邪惡角色描寫得異常突出，即大家所說的敵基督（the anitchrist；

或者索性使用「大寫的敵基督」(Anitchrist),彷彿這就是他〔她?!〕的專名)。這個角色有時會被描繪成等同啟示錄十三章的終末的獸,並在大審判之前的日子裏,擁有全地的絕對主權。當我們讀過這種解説,我們或許希望親自查考聖經,以決定這樣的描繪有多可信。我們透過經文彙編,可以查到新約共出現了四次「敵基督」(ἀντίχριστος):約翰一書二章18、22節,四章3節;約翰二書7節。經文彙編也告訴我們,這一字詞並沒有出現在聖經別處地方,甚至不曾出現在啟示錄。

211 我們查考這個字詞在約翰一書和約翰二書中的用法,至少得出以下幾個重點:(a)信徒所接受的教導是預期敵基督將會成為「末時」的標記(約壹二18)。(b)信徒知道其名稱是**敵基督**。(c)但事實上敵基督在約翰的日子已經出現,因而約翰可以説那時就是末時了(也就是説,在一世紀!參約壹二18,四3)。(d)世上許多迷惑人的出來了(約壹二18;約貳7節),就表明敵基督的來臨。(e)敵基督和這許多的人,也被稱為「那迷惑人的」(約貳7節)。(f)他(們)的主要特點就是拒絕承認耶穌這人就是神性的基督(在約翰的眼中,這等於不認父與子;參約壹二22),以及拒絕承認具神性的基督具有人性(humanity)和成了肉身(約壹四2~3;約貳7節)。(g)這最後的一個重點,可歸因於敵基督的**靈**(約壹四2~3);這解釋了為何可以有**許多**敵基督/和迷惑人的。

我們可以從這些資料提供的線索繼續追蹤約翰書信裏「迷惑」這觀念究竟有甚麼意思:(a)約翰一書四章6節指「謬妄的靈」(即「迷惑的靈」,大概相當於敵基督的靈;參約壹四3)拒絕聽從健全的教義。(b)約翰一書二章26至27節暗示,「那迷惑」羣體的表示他們從上帝得到特別的恩膏(原始諾斯底主義的?)。(c)約翰一書三章7至8節似乎暗示,這些迷惑人的也教導人過自由放任的生活,以致約翰把其等同於罪和魔鬼的作為;毫無疑問,約翰所説的「誠心所愛」（約貳 1 節），與這一點形成鮮明對比。最後，（d）書中提到世上假先知出來了（約壹四 1）；這論述也歸於這一範疇，因為這節經文領銜著整段談及敵基督的靈的部分。

我們於上文對聖經惟一出現**敵基督**這字眼的記述作出了簡短分析，我們得到一個印象：這些經文所指向的，乃關於反對拿撒勒人耶穌是擁有神性的。這也可能暗示一種經諾斯底化了的基督的觀念，即由巴勒斯坦猶太教所理解的、地上的彌賽亞角色，變成符合原始諾斯底主義所期望的、屬天的神性角色。原始諾斯底主義之所以有這種期望，因為他們認為任何物質或俗世事物都無分於神性或屬靈的東西，因而他們把人性與神性完全區分。對約翰來說，把「人性耶穌」與「以肉身體現的永恆上帝基督」分開，正破壞了福音的核心。在約翰身處的歷史及社會處境下，他認為這種區分，也許正代表了他們對上帝及祂的旨意的終極的反對。對於後來的解經者而言，不需要太牽強附會，就能把「敵基督」與啟示錄所描述的上帝的終極對抗者連繫起來——尤其如果我們假設約翰書信的作者與啟示錄的作者是同一人。

聖經字典內有關「敵基督」的文章，可以使我們看到聖經對諸 212
如敵基督這類角色的其他處理手法，而這也是這種文章對我們的主要貢獻。因此，除了涉及啟示錄十三章之外，我們可以找到關乎以西結書三十八至三十九章（瑪各的歌革）或但以理書的「荒涼可憎」的討論（但九 27）。我們可以找到馬可福音十三章和馬太福音二十四章的「假先知和假基督」，或者保羅在帖撒羅尼迦後書二章所說的「大罪人／沉淪之子」；我們同樣也可以找到大量與經外傳統相關的資料（包括基督教及猶太教）。這些文章亦會藉著考察基督教神學的發展史追溯這個觀念。所有這些資料都讓我們看到，關乎這一終末角色（eschatological figures）的線索，可說是相當一致的：抗拒上帝或基督再來（即敵基督），或者，以上帝或基督自居（即假基督）。這兩個角色的區別，可能源自啟示錄十三章的兩隻獸。無論如何，這些角色都可以被看成為終末角色。

對約翰書信的作者而言，敵基督也是預期於「末時」出現的終末角色，但他卻認為末時已經來臨。他認為——尤其當這種異端成功損害他的會眾時——任何傲慢的人若否認道成肉身，並因而把上帝與人性分割開來，那他就是敵基督。事實上，他認為敵基督的靈出現在敵基督的追隨者中間，其情況與基督的靈臨在於基督徒中間，是一樣的（參約壹二 27 的「恩膏」〔anointing〕；或許作者在這裏要將基督徒的恩膏與原始諾斯底主義所說的「領受恩膏」作對比）。於此，約翰好比打電話到電台清談節目的聽眾，他認為州警應該多花精力在追捕超級超速駕駛者以及在行車道上來回超車的駕駛者，而不應把精力花在票控那些在五十五英里車道上把車開至六十英里的人。最後，我們發現，這位來電的聽眾原來最近因輕微超速而遭三次票控。我們經常認為，我們個人的問題普遍來說都是重要的。有趣的是，那位啟示的靈卻對這位約翰的挫敗感予以肯定，並向我們發出挑戰：他「迸發之情感」，怎樣最終成為上帝靈感的道，並在我們的情境下向我們話語。

那麼，我們看到，對於約翰來說，雖然**最厲害的**敵基督會在末日出現，但這個邪惡角色已出現在一些人的靈中，也就是出現在那些反對健全的基督論和倫理觀的人中。在這一意義下，我們這些活在後復活節時代（post-Easter era）的人，就已經是活在末日的了。因此，我們要辨別今天在我們當中的敵基督的靈，顯然是有經文支持的。但我在這裏要說的是：在我們把某些「局部性」的解經結果絕對化之前，我們需要拓寬我們的論據基礎；並找出論到相同或類似議題的經文，把前述的解經結果與這些經文相比較；又參考有關該課題的視野更遼闊的「對談」。聖靈把自己啟示給教會，而不僅僅啟示給個別的人。

10.3 解經、講道及教導

我們除了要對更遼闊的聖經神學語境培養出更敏鋭的觸覺外，我們也要肯定解經的工夫對宣講和教導尤其關鍵，因此，關乎解釋聖經的這一向度，我們花一些篇幅加以探討是十分重要的。為此，我們會給讀者提供一些建議，讓大家明白如何透過宣講和教導去傳達解經的結果。

10.3.1 為你們受託要照管的人尋找上帝的道

上帝希望你——即祂的發言人——代表祂向祂的子民宣講甚麼信息？要弄明白上帝的心意，最首先和最重要的基礎是操練禱告、默想、虛心及安靜；換言之，**不要怕尋問**。另一方面，這不一定代表你不能花（比方説）緊接著的六個月，「有系統地」研讀馬太福音或羅馬書——總是要令解經的皮球保持滾動就是。

第二，**好好選擇經文**。為何我們要好好選擇經文？宣講經文是重要的，因為在教會的場景下，人們需要聽到**上帝**的道，而不只是其他人的文思（musing）。當然，在某種意義下，宣講與教導是一種文思，但那是一種經過操練的文思，旨在明白**上帝**在聖經裏要説的話。在選擇經文一事上，至少有三種常見的方法。

1. 留心你受託要照管的人的**特別需要**，並惦記著這個問題，以之成為你的**講題**，並**搜尋合適的經文**。但這一定**不**可以是「有的放矢」的一種責難性的講題，即希望就著會眾中某人或某羣人明顯的可責難之處，作出譴責。這樣做將會是一場災難。我們應當談及影響整個羣體的生活與呼召的一些又普遍又重要的議題。例如，婚姻與家庭關係、罪與羞恥、自尊心與世界飢荒等題目，都是很好的選擇。避免長篇大論地向會眾談及令你惱怒的事，或者進一步煽動大家的集體偏見（像過去幾十年的反共產主義講道，或者較近期的反世俗人文主義講道）。

但請不要誤會，這不是一件容易的事。要選擇一段**適切你講題**的經文，不如你想像般容易。我們要面對的挑戰是：盡可能選擇一些直接的、切題的經文，在不得已的情況下，才選擇那些只能在更深層的意義上有直接關係的經文。倘若經文只能間接地觸及該題目的話，就**永**不要使用。或者，更惡劣的情況是，經文根本完全不切題，經文中只包含使你想起該課題的某方面的隻言片語。你的信息
214 必須定焦在經文本身所定焦的事上！可是，要傳講這樣的信息或者一系列的信息，我們需要作既仔細又長遠的規劃。

2. 設計一系列關乎一**整卷書卷**的講道。這是磨練技巧的好機會，因為這逼使你**整全地**研讀並宣講上帝的道（至少能整全地處理該經卷）。但其中一個主要的問題是：這不容易配合教會年（church year）——假如對你來說教會年是重要的話。而且，這也不總能適切會眾的需要——儘管典型的會眾必然有很多需要。此外，假如我們處理得不好的話，這將會是很沉悶的。然而，把經卷講一遍，能使牧者/教師免於因循，年復年，月復月地說著相同的信息。而最重要的是：這能使聖徒得以成長，而不只是停留在歸信的地步。

3. 傳承給我們的**經課集**（lectionaries；通常是三年一個循環的），是一個豐富和優美的敬拜傳統，這與教會年互相應合；但不幸地，福音派教會常常忽視了這優良傳統。經課集每星期選取的經文包括福音書、書信、舊約和詩篇（特別的日子會額外選取經文），每星期都有統一的主題，大家可以藉此好好計劃整個崇拜。經課集配合節期，卻不經常切合會眾的需要（但每星期有四段經文可供我們選擇）。有紀律地使用經課集，可以逼使我們處理一些經常被我們忽略的經文。例如，為甚麼我們甚少聽到基督教的講道會以馬太福音二章16至18節屠殺嬰兒的事件為題？另一方面，我必須承認，我用的幾部信義宗傳統的經課集，都沒有一部包含馬太福音二

章 16 至 18 節！經課集也不一定用上所有福音書的平行經文。儘管如此，用經課集可以免去周而復始地問：「這個星期要講甚麼？」這個問題，確實可以耗盡一個人在牧職生涯中的寶貴研究時間。你可以有紀律地堅持頭一年選福音書、下一年用書信，如此類推。

10.3.2 小心地應用你的解經結果

一旦你選好經文，就要著手進行解經，以決定經文**原來的意義**；而這部書討論過的紮實的和仔細的解經方法，是對「應用」的不可或缺的調控；而現在你要處理的，就是要使這些解經成果切合信徒的需要。

1. 首先，**要確定你的解經結果怎樣超越文化（culture-transcendent），又怎樣受文化限制（culture-bound）**。要確定某一元素或某一特點是屬於哪一範疇，或者至怎樣的程度，往往足以引發爭論。但議題諸如人性、上帝的性情和上帝拯救世界的計劃，則可說是超越文化的。但保羅所關注的外衣和皮卷（提後四 13），對奴隸問題的指引，他對哥林多婦女的地位問題的看法和他 215
認為婦女在聚會時要蒙頭等，或許要被視為較受文化限制的了。當保羅在哥林多前書十一章 16 節提到，他和教會「沒有這樣的規矩」（no other practice）時，我們假設這是指到**文化的**規矩而言，這應是合理的推論。我們認清這種區別是重要的，因為那些清晰介定為超越文化的，大概不用做甚麼調適（adaptation），就可以應用在不同的文化中。而那些清晰定性為受文化限制的，就需要作出調適了 —— 假如這真的能適用於其他文化的話。在某程度上，我們或許會同意「聖經⋯⋯於教訓、督責、使人歸正、教導人學義都是有益的」（提後三 16），但這不必然指所有經文均以相同的方式使我們得益，或者所得的益處可達至相同的程度；此外，當那些文字最初被寫下時，大概只是指我們現在所說的舊約聖經罷了。但這不表示新約聖經於上述各等事情，**不能使人得**益處；這裏只是想指出，我們實在要留心我們究竟怎樣理解自己從聖經上讀到的經文。

2. 第二，找尋**經文的重點**，然後教導或傳講這一重點。好撒馬利亞人的比喻（路十 29～37）的重點在於「鄰舍」的定義及其上下文的主旨：「做甚麼才可以承受永生」，而不是在於一個人該怎樣對待鄰舍，即使撒馬利亞人是好鄰舍的模範。經文的要點，也可能是隱含在受時間限制的文化變數中的一個原則。例如，保羅之所以限制婦女擔當教導的角色，其原意可能是希望消除任何不必要的文化障礙，讓福音得以廣傳；或許，當時有一些婦女因重拾自由，便在較大的社會羣體之中不自覺地做出一些衝擊當時文化的事。大概在今天（眾多）的西方文化裏，這情況完全不同。若我們遇到這情況，我們宣講的重點應是：我們履行教會的使命時，應避免不必要的文化障礙，不論這問題本身影響到的是男是女；而不是教會對於女性作領導的某些特別規則或條例。只定焦在經文本身所定焦的事。假如經文不是定焦在你想要說的事情，那就請你另找一段適合的經文，或者，改變**你的**焦點好了。

3. 了解你受託要照管的人。在某種意義上，請同樣「以解經的方式」去分析你的聽眾。敏銳於你受託要照管的人與原來的聽眾和作者彼此間共通的人性。他們皆會經歷恐懼、不安、驕傲、性慾、憤怒、貪婪、盼望、愛、夢想等等事情。另一方面，也要同樣敏感於文化背景的差異。電視、核戰、海上鑽探、自殺式炸彈襲擊、工人罷工、抽煙、生態破壞等等，都不是一世紀的世界的議題，就算是，這對於今天的基督徒而言，其意涵又已然不同了。要記住，你
216 受託要照管的人像你一樣；要記住，你需要對**他們**生活上遇到的實際議題說話，因此，你需要**了解**他們。不要以為你總把自己關在象牙塔內做研究是合理的；可另一方面，若你**沒有**定期把自己關在象

牙塔內做研究，你就不能期望可以餵養你受託要照管的人。這詮釋任務的兩面，你要好好平衡；但這的確不是易事，但卻非不可能，而這對教會的健康是不可或缺的。

4. 把上帝的道應用在**你受託要照管的人和你自己正在面對的情境中**。一方面，要避免只鋪陳解經上的研究成果，而不讓解經的成果關涉到聽眾的需要；另一方面，也要避免只談到大家的需要而沒有就解經的結果提出負責任的應用建議。我們需要信息，但我們需要從**上帝**而來的信息。當我完成神學院訓練以後的第一次講道，我是宣講路加福音一章 1 至 4 節；我發表了一篇明顯不相干和極為沉悶的演說，內容關乎作者是誰、寫作日期、史料編纂、符類福音問題等導論性議題。那是一場巨大的災難。此外，我們要留心「撫慰困苦者，指責安逸者」。一些傳統稱之為「律法」(也就是要求、判罪，沒有盼望)與「福音」(也就是饒恕、復活和只有盼望)的區別。避免撫慰安逸者而指責困苦者——那是來自地獄的方法論。要公正無私，讓你受託要照管的人看到你也是一個罪人。這可驅使他們承認**自己的**罪與缺失。「如果牧者並不完美，我為何還要假裝完美呢？」其中一個影響事奉果效的最厲害的殺手，就是牧者一心追求完美。表現你自己軟弱之處，並開誠布公，讓你受託要照管的人確信，他們不需要像你那樣虔誠，也可以得到上帝的恩典——而你也不例外。

10.3.3 有效地包裝你的講道

當代教會其中一個較可悲的現況，就是把可靠堅實的聖經註解和教導，包裝成沉悶、惟理、命題式、說教式、三大點九小點式的講道。是的，你可以藉這種表達方式逐漸影響到人們的「頭腦」，這也不是件壞事。但宣講旨在激勵聽眾，使他們於「心思意念」上作出回應。要達到這一目的，說故事往往是較有效的方法。因此，以下我將建議一些可行的方法，幫助大家組織一篇講章。

1. 以一個鋪排得宜的關乎你個人的小故事作開場白，尤其是一些有趣的小故事，你可以用這故事來說明你講道的重點（講道的重點本身應該符合經文的重點），但你的故事與經文之間，並不一定要有十分明顯的連繫。但選用故事時也要小心謹慎，你可以凸顯你的人性和軟弱，但卻要避免使任何聽眾感到尷尬（例如，你的配偶和孩子）。

217 **2.** 解釋經文時，或多或少都要訴諸於釋經方法。但要避免太過技術性，也不要嘗試覆蓋每一方面。從原來讀者的角度來發展重點，以經文核心的「精華」作為結束 —— 即以一句具邏輯性而趣味盎然的語句總結你的重點（見本書第六章）。描述方式要富想像力（耶穌的棕色眼睛，祂滿是灰塵的衣服）。在說明的時候，把經文「再神話化」（re-mythologize），往往可以給人留下深刻印象，例如，可以把彼拉多形容為一天抽三包香煙的人，而他在上班途中，從他的豪華轎車的後座位吐出裊裊輕煙（引用比克納〔Frederick Buechner〕的例子）。[1] 把聖經「再神話化」，就像文學技巧裏的「轉換」（switching；有如伯恩斯坦〔Bernstein〕把《羅密歐與茱麗葉》〔*Romeo and Juliet*〕改編成《西城故事》〔*Westside Story*〕；或者《大鼻子情聖》〔*Cyrano de Bergerac*〕以史提夫．馬丁（Steve Martin）的《愛上羅珊》〔*Roxanne*〕重現）。若聽眾領會到新的「神話」是與他們的生活相關的，而你又沒有忽略論題的嚴肅性，又沒有做得過了頭，這一定可以給人留下深刻印象。切記，要像比利時奶蛋格子餅上的楓蜜（maple syrup）一樣 —— 要使用得宜。

3. 把經文的教導「應用」到會眾實際生活情境的不同場景之中，使之與開始時的喻道例子接軌，並要求會眾作出回應（或者，至少暗示他們要作出回應）。這種「呼召」，可能只是鼓勵人對上帝那無條件的白白恩典滿懷信心，但又可以是鼓勵人獻身的「呼召」。

4. 給你的講章設計一個引人注目並能使人提起興趣的講題。可以一直吸引聽眾注意力的其中一種方法，是讓他們猜測一陣子，直到你為他們「解懸」，使他們得到「滿足」為止。以講題開始。像「笨蛋先生」、「『真正』一事無成的人」、「向地獄的天使歌唱」、「我的情人乘坐一九四〇帕卡克來到（“1940 Packard”；譯按：敞篷式老爺車型號）」和「高舉美國北達科他州」；這等講題可以引起人的好奇心和使他們產生期望。其中一個我最喜愛的講題（不是我的！），其信息是關乎在格拉森被鬼附的人的：標題為「給豬羣揮手永別」。假如講題與信息的關係在某程度上是清楚的話，聽眾僅從標題便可以得到一定程度的滿足。請緊記，生動、真誠、幽默感和大家注意的事，遠較刻板的、說教式的演講，更能有效地與人聯繫。耶穌講道亦充滿著個人風格，就讓我們以此作為榜樣吧。

10.4 終生解經

來到結束這一章和這部書的時間了。於此，我將就畢生能恒常地、負責任地解經——終生使解經的皮球保持轉動——給予一些「實際的」意見。而當中的「竅門」是：保持理想與現實、期望與能 218
力之間的平衡。我們可能計劃要好好認真研究一下並分析希伯來書二至六章的結構，但教會一連串不幸事故，卻使你不可能在當月就開始這個計劃；你又要等到下個月了。我們生活的實況，也許不能常常（或許「永不」）讓我們能夠達到我們立志要做到的解經功夫。我們在自己的某發展階段中的解經能力，也許未能滿足**別人**對我們的期許。但這就是我們之所是了。我們不要老為著我們不是自己想望中的自己，或者為著做不到別人期望中的自己而感到苦惱。這種苦惱會傷害我們，甚至阻止我們完成我們原本可以做到的事。我們要因著能夠做到任何對你來說是現實的事而感到滿足。使解經的皮球保持轉動。現在拍一下，下週推一下，若幸運的話，兩週後真正的猛力推一下——使皮球保持轉動就已經很好了。下列十個建議的排序，沒先後之分，只希望在這方面給大家一些指引。盡量採納對你有用的建議；若你發現到任何新方法，加進去就好了。最重要是保持堅持與現實之間的平衡。當你堅持的時候——無論你持守怎樣的標準——你將發現，你自己的能力和技巧都會大有進境，並在賜生命的道中生命得到豐富，並把這生命的道傳遞給你受託要照管的人。解經，畢竟是為了生命。

1. 你要永遠保持「正在」研讀一些經卷，也許花六個月研究加拉太書。定下時限，在定下的時限中研究整卷書，或者盡能力仔細端詳；但一旦時限到了，就要停止。

2. 嘗試每年選一、兩部重要的經外作品通讀一遍，也許，在一些特別的時刻閱讀，例如大齋期或你的生日。當你能繼續涉獵於聖經的古代世界，那麼，你會對古代世界的重要性保持警覺，並日益熟悉它的特點。你會驚訝於即使接觸得「那麼少」，也會開始使你對經文的理解得到啟迪。

3. 假如你不能達到目標，請不要氣餒。只需要接受現實，重新定下目標，再重新上路。你可以「重新開始」的次數，是沒有上限的。

4. 假如你學過聖經原文，請你每星期或者至少每個月閱讀一點希臘文或希伯來文。你大概花了大量精力和時間（不必提及金錢了吧）學習原文。你的教授要教導原文，肯定也要這樣做。很多經文結構的標記以及該段經文與其他經文間的相互關係，都隱含在原文所表現出來的特點之中，而這又往往不容易被翻譯成英文（或其他語言）。至少讓自己對原文保持某程度的熟悉度。

219 **5.** 每一、兩年閱讀一部重要的（大部頭的）解經書。賴特的幾部關於基督教起源和上帝的問題的重要著作，都是這種優秀的解經書的好例子。[2] 或者，可以閱讀一部處理新約神學的權威藉作，例如賴德（George Eldon Ladd）的作品。[3]

6. 你使用註釋書時，務要謹慎，除非你特別喜歡這類書。按我個人的經驗（可能是十分「非典型」的），閱讀註釋書不多久，我就會感到沒趣乏味，繼而降低我的解經動力——這甚於因我自己的惰性使然。可是，另一方面，要了解一個解經問題的「對談」，沒有其他東西可以比一部優秀的註釋書對某段經文的評論做得更好的了，也沒有其他地方可以這麼容易取得所需的資源。但無論如何，在你求教於註釋書之前，**永遠**都要先給自己機會去了解經文。假如你有相關的工具書與常識，你是有能力明白經文的——正如坊間的註釋書作者那樣。

7. 隨意瀏覽聖經字典。必要時坐下來閱讀一小時，到處翻閱關於「迦百農」或「龍」或「社區水井的隱喻」的文章。我們手頭上的字典的資料，豐富得令人驚訝。請養成查看字典的習慣，即使只是用來消遣。

8. 參加研經小組。這可能是一小羣希望讀希臘文或希伯來文的人。這可以是由教會平信徒組成，他們可以每星期在「鮑勃大男孩餐廳」(Bob's Big Boy) 共晉早餐，討論下星期教會講道用的經文。這也可以由不同教會的牧者組成，大家協議每星期宣講相同的經文。又可以考慮成立一個網上小組聚會，探討同一個主題，由不同教會的牧者組成。類似的情況，無論是以哪種形式出現，基督的身體的肢體間能互相聆聽，一起為賜生命的道努力，確實有益於具體彰顯基督的身體。

9. 假如負擔得起，你可以購買一套優秀的聖經研究軟件，這可以是本書第二章所提到三款軟件中的其中一款（參「段 2.3」介紹「經文彙編」的一段）。當你埋首於解經的工作時，可保持電腦程式開啟及運作，因假如你突然遇到甚麼問題，你可以立刻尋求解決方法。我們會驚訝於只要按幾個鍵就能學習到這等知識。其中一款軟件的宣傳廣告這樣說：新約學者埃文斯表示，他的電子聖經，是

220 每天早上首先開啟的東西，也是一天最後關上的東西。

10. 上課進修。附近的神學院也許為當地教會的牧者提供特別學費優惠。考慮每隔幾年就到遠處參加解經會議或研討會，也許就參加你母校主辦的聚會。即使會議中所談論的解經進路，使你感到不太愜意，但也要為此歡欣，因你的腦袋得到伸張的機會。無論如何，這些新的意念總會激發你作進一步思考；由此，可以每隔一段時間，便更新你的召命——解釋上帝的道這終身呼召。

請記著，不要負荷過重，只要使皮球保持轉動——即使它轉動得有多慢。每星期為自己劃分少許的「解經」時間——即使時間有多短，並持之以行。我們不是在追求完美，乃是追求毅力。我可以保證，無論你如何定義完美，完美都不會臨到。無論你怎樣定義完美，只要你有毅力，便會愈接近完美。我把「沒有更崇高的呼召」這陳腔應用在解經的任務上。這個說法，確實迴避了許多問題，例如「沒有更崇高的？那是對誰而言？」然而，我深深認定，教會仍在世上，至少還在未到天家之前，就得忠心地解釋聖經。假如受過訓練的解經者不承擔這工作，誰來承擔？——或者說得更準確一點：那誰**正在**承擔這工作呢？這是一條令人不安的問題。「**更**崇高的呼召」可能存在，也可能不存在，但忠心地解經的呼召已經夠高了。假如上帝呼召你作一個解經者，請你終生都努力學習當一個解經者吧。

註釋

1. Frederick Buechner, *Telling the Truth: The Gospel as Tragedy, Comedy, and Fairy Tale* (New York: Harper & Row, 1977), 9.
2. N. T. Wright, *The New Testament and the People of God* (Minneapolis: Fortress, 1992)；*Jesus and the Victory of God* (Minneapolis: Fortress, 1996); *The Ressurrection of the Son of God* (Minneapolis: Fortress, 2003).

3. George Eldon Ladd, *A Theology of the New Testament*, rev. ed. (Grand Rapids: Eerdmans, 1993).

詞彙表

allegorization　寓意化。把非寓意轉化成寓意。

allegory　寓意法、寓意。對故事的一種解釋方法，認為故事中的各種元素可表達其字面以外的意義。

alternative variant　非傳統讀文。編輯因選擇了「選取讀文」，因而放棄了另一些經文形式，而後者就稱為「非傳統讀文」。

annotated outline　附評註的大綱。一個大綱的每一章節及小章節，都附有簡短的「評註」。

autographs　親筆手稿。聖經原稿（現已失傳）。

chiasm　交叉配置法。一種文學手法，把經文組織成一系列對稱的元素；例如，A、B、C、C'、B'、A'；一種文學性的回文（palindrome；譯按：即順讀和倒讀都一樣）。

clause　子句。一融貫的語句並以動詞的元素為其核心。

cluster　組合、組集。在一特定的層次之中，一個或多個語言學的單元以有意義的方式連接起來。

coherence　融貫性。經文內部的一致性和統一性。

comment　說明。見"predicate"。

complex sentence　複合句。一句句子，當中包括至少一「獨立子句」和一「從屬子句」，並往往由「從屬連接詞」連接起來。

compound sentence　並列句。一句單一句子，當中由至少兩句「獨立子句」，以及一個「並列連接詞」組織而成。

context　上下文，語境，處境。一個現象（例如文本）出現在較大的框架及環境之中，這更大的框架及環境即上下文、語境或處境。

contextualization　處境化。對一個信息加以調適，使之能對一特定處境產生意義。

coordinating conjunction　並列連接詞。以一個字作為句法上的標記，把兩個或更多相同層次、相同文法功能的元素連結起來。

criticism　評鑑學、鑑別學、評經法。進行分析時的辨別過程。

cultural determinedness　受文化處境影響。信息和經文經處境化後所生出的影響。

222 **culture-bound　受文化限制**。只適用於一特定的文化。

culture-transcendent　超越文化。能跨越文化界限而又適用的。

dependent clause　從屬子句。一段文字，必須與額外的文字關連，才能得到文法上的完整性；又稱「從屬」子句。

discourse　論述。任何完整、獨立的傳播行為。

etymology　詞源學。研究字詞歷史的學科。

exegesis　解經。一門「學科」，發掘一個信息（例如一段聖經經文）於原作者以及對原讀者的意義。

extratextual　經外。與特定經文以外的現象相關的，就稱為「經外」。

form criticism　形式評鑑學。分析早期教會的經文的歷史、形式及功能。

genre　文體。一種文學「類型」（或「副類型」），往往需要一特定的解釋進路。

gloss　解釋。把「語言甲」的一個字或片語，簡單取代「語言乙」的一個字或片語。

govern　主導。一個「語言學單元」的功能：這單元控制或決定著在其「規管下」的其他單元應擔當甚麼角色。

grammatically complete　文法上的完整性。描述一段有意義的獨立說話，而其核心包含一獨立子句。

hermeneutics　詮釋學。一份文本，原本為某些受眾而寫；而詮釋學這門學科則旨在探究這份文本對新的受眾具有甚麼意涵。

historical criticism　歷史評鑑學。分析經文的普遍處境及特殊處境。

inclusio　首尾呼應。使文本開始與結束彼此呼應的一種文學技巧。

independent clause　獨立子句。一段「文法上完整」的文字，也稱作「主要子句」。

interpretation　解釋。發現經文意義的一種過程，這包括解經性及詮釋性的分析。

leading Gospel　主導的福音書。在福音書合參本裏的一卷福音書；在某一點或某一經段上，這卷福音書用以與其他平行經文作比較。

***logion* (pl., *logia*)　語錄**。耶穌的言訓，給保存在福音書或其他地方。

macrostructure　宏觀結構。某一特定經文出現時所身處的一較大的文學語境。

main clause　主要子句。見“independent clause”。

meaning　意思，意義。經文的信息——不論是發信息者的意圖，還是接收者的理解。

microstructure　微觀結構。某段特定經文的內在結構。

multivalent　有多重意義。有多重價值或意思。

noun clause, phrase　名詞子句，名詞片語。任何子句或片語，在另一句句子中發揮名詞的作用。

occasion　歷史情境。特別的歷史情境；於其中產生了文本，或者其為文本所 223
談及。

pericope　經段。給訂定出來的一段融貫性經文，往往是一個段落。

phrase　片語。一句融貫的語句，當中卻沒有動詞的元素。

predicate　謂語，陳述。句子裏的一部分，用以說明主語或論題，也稱為「說明」（comment）。

preferred reading　選取讀文。就富爭議性的經文，編輯最後選取的經文形式。

prepositional phrase　介詞片語。以介詞作為開頭的名詞片語，具副詞或形容詞功能。

Q。一個假設性的來源底本，包含馬太福音和路加福音的資料，但缺少了從馬可福音而來的資料（這個名稱是德文「來源」〔Quelle〕一語的縮寫）。

Reciprocal, reciprocity　相互的，相互性。具有彼此間相互影響的持性，如「甲」影響「乙」，「乙」也影響「甲」。

recursive　遞推。在愈趨複雜的層次中，有可重複或重複的特性。

redaction criticism　編修評鑑學。分析一段經文的作者或編輯的編輯活動。

rhetorical criticism　修辭評鑑學。根據古代修辭習慣分析一段經文。

rhetorical question　具修辭作用的問題。發問者——既知道答案——發出的疑問句；而發問者之所以提出問題，是為了達到發問問題所能達到的果效。

second-temple Judaism　第二聖殿猶太教。猶太歷史中「後被擄時期」的其中一段時間，大概是從公元前五世紀到公元七十年。

semantic domain　意域。一個羣集（或一個領域），當中的概念和意思是相關的，一種語言組織其詞彙的方式往往可以把意域反映出來。

sentence　句子。最低限度具完整思想的句語，由至少一個獨立子句組成。

Sitz im Leben　生活情境。德文片語，指一段經文背後的實際歷史情境。

source criticism　來源評鑑學。對經文的來源（一段經文發展自這些來源）加以分析。

structure　結構。經文的形態（shape），包括其組成部分之間的關係。

subject　主語。句子中的一部分，這部分的作用是宣告句子將要說明的主題，也稱為「論題」（topic）。

subordinate clause　從屬句。見“dependent clause”。

subordinating conjunction　從屬連接詞。以一個字作為句法上的標記，使其介紹的子句變成「從屬子句」。

switching　轉換。以一個新的場景重述故事。

synopsis, Gospel　福音書合參本。一種工具書，書中以平行的欄目展示各部福音書的經文，使之較容易作出比較。

224 **syntactical signals　句法記號**。一種語言顯示其句法關係的方法（連接詞、語法格詞尾〔case endings〕、動詞形式等等）。

syntax　句法。一種語言編排其句子內各種元素的方式，即把句子內各個元素，以有意義的方式編排起來。

task-oriented theology　以目標定向的神學。因回應一特定「歷史情境」而發展出來和引申討論的神學。

textual apparatus　經文校勘欄。一種「註腳」資料。載於一個重構的經文版本中，以此顯示編輯重構經文時所持的各種論據。

textual criticism　經文鑑別學。一門「學科」，從互相抵觸的抄本中，復原原來文獻的用字。

textual problem　經文問題。經文中的用字出現兩個或以上互相抵觸的異文。

textual variant　經文異文。在一段經文中的兩個或以上互相抵觸的讀文中的其中一個。

topic　論題。見“subject”。

utterance　講話。說出來的任何的一段說話，無論是口述的還是書面的。

variant reading　異文。見“textual variant”。

witness　證據。在經文鑑別學中，一份文獻保存了新約經文的某些形式，因而「證明」(witnessing)了這經文之可能來源。

附評註書目

以下附評註的書目列出了少數精選的新約聖經解經資源，並會按兩個大方向把他們分類。首先，這些資料是按解經工作的範疇來加以分類的（這無可避免會有重疊的地方）。然後，各範疇內的資源，則按**初學解經者**的水平適切為地分為必要的（E：essential），非必要但有用的（U：nonessential but useful），以及非必要的和進階的並超越初學階段的（A：nonessential and advanced）。當然，當一位初學者的技巧不住加強並達到新的能力水平時，這裏被標示為「非必要的」一些參考材料，就會慢慢變為必要的了。關於解經與解釋聖經的作品（包括實踐所需的專業工具書），愈來愈多，英文著作尤甚。因此，在這裏列出來的參考材料，只算是對「坊間」材料的提示；但無論如何，對筆者而言，下列的參考材料在初學階段是非常管用的。可惜，當中有些作品已經絕版，但這些絕版的材料通常都可以在圖書館找到。

一般性的導引

Carson, D. A. *Exegetical Fallacies.* Grand Rapids: Baker, 1984. [A] 雖然這部小書採取「反面」的進路，卻載滿了解經中常見的錯誤的適時警告。這是關乎「甚麼是不可做的」的一部手冊。

Danker, F. W. *Multipurpose Tools for Bible Study*. 4th ed. Minneapolis: Fortress, 1993. [U] 概覽我們可以找到的工具書及其最有價值之處。

Fee, Gordon D. *New Testament Exegesis: A Handbook for Students and Pastors*. 3rd ed. Louisville: Westminster John Knox, 2002. [A] 這部著作也許是你超越初學階段後第一部要購買和使用的書。其參考資源名單既新且廣。

Fee, Gordon D., and Douglas Stuart. *How to Read the Bible for All Its Worth.* 2nd ed. Grand Rapids: Zondervan, 1993. [U] 針對一般受過教育的讀者；對聖經研究作出了非常有趣又易於理解的討論，而且涵蓋兩約。

226 Hagner, Donald A. *New Testament Exegesis and Research: A Guide for Seminarians*. N.c.: n.p., 1993. [U] 其主旨堪比費依的《新約解經手冊》，而且與費依一樣，對如何寫作解經論文，給讀者詳細建議。

Kümmel, W. G. *The New Testament: The History of the Investigation of Its Problems*. Nashville: Abingdon, 1972. [A] 對新約研究的學術發展（以德文為主）的經典陳述。為當代的解經提供歷史的處境。

Neill, Stephen, and N. T. Wright. *The Interpretation of the New Testament 1861~1986.* 2nd ed. New York/Oxford: Oxford University Press, 1988. [A] 對古默爾（W. G. Kümmel）研究的課題，所出了更廣闊和更晚近的探討。

Tate, W. Randolph. *Biblical Interpretation: An Integrated Approach*. Peabody, Mass.: Hendrickson, 1991. [A] 從三個角度看解釋活動——經文背後、經文裏面和經文前面——給我們很大幫助。

字典

以下七個條目各自的書名（這七個條目是從眾多選擇中精選出來的），已詳細說明了該書所涵蓋的範圍。**至少**有一部能覆蓋整部新約聖經的「單冊」字典〔E〕，或者（更好的是）有「一套」覆蓋同樣範圍但詳盡得多的字典。

Achtemeier, P. J., ed. *The HarperCollins Bible Dictionary.* San Francisco: HarperSanFrancisco, 1996. [E]

Evans, Craig A., and Stanley E. Porter, eds. *Dictionary of New Testament Background.* Downers Grove, Ill.: InterVarsity Press, 2000. [U]

Freedman, David N., ed. *Anchor Bible Dictionary*. 6 vols. New York: Doubleday, 1992. [U]

Green, Joel B., et al., eds. *Dictionary of Jesus and the Gospels.* Downers Grove, Ill.: InterVarsity Press, 1992. [E]

Hawthorne, Gerald F., et al., eds. *Dictionary of Paul and His Letters*. Downers Grove, Ill.: InterVarsity Press, 1993. [E]

Martin, Ralph P., and Peter H. Davids, eds. *Dictionary of the Later New Testament and Its Developments.* Downers Grove, Ill.: InterVarsity Press, 1997. [E]

Reid, Daniel G., ed. *The IVP Dictionary of the New Testament: A One-Volume Compendium of Contemporary Biblical Scholarship.* Downers Grove, Ill.: InterVarsity Press, 2004. [E] 從前面三個條目挑選出文章，並把它們編輯成這部單卷的「概略」(compendium)。

經文

Novum Testamentum Graece: post Eberhard et Erwin Nestle. Revised by K. Aland
et al. 27th ed. Stuttgart: Deutsche Bibelgesellschaft, 1993. [E] 通稱為NA^{27}。 227
這部新約聖經以及接下來的一部，都是解經所必要的，正如割草要有草坪一樣。

The Greek New Testament. Edited by B. Aland et al. 4th ed. Stuttgart: United Bible Societies, 1993. [E] 稱為UBS^{4}。見前項。

Rahlfs, A., ed. *Septuaginta: id est Vetus Testamentum graece iuxta LXX interpretes.* Two vols. Stuttgart: Württembergische Bibelanstalt, 1935. [U] 希臘文舊約聖經的標準版本，是新約作者們使用的「聖經」。

Aland, K., ed. *Synopsis of the Four Gospels.* Rev. ed.. New York: United Bible Societies, 1982. [E] 以對觀的方式排列福音書經文，採用《修訂標準譯本》經文。

Aland, K., ed. *Synopsis Quattuor Evangeliorum.* 13th rev. ed. Stuttgart: Deutsche Bibelgesellschaft, 1985. [E] 以對觀的方式排列福音書希臘文經文。對從事負責任的福音書解經，一部福音書合參本是必要的。

原文詞典

Bauer, W. *A Greek-English Lexicon of the New Testament and Other Early Christian Literature.* Edited by F. W. Danker. 3rd ed. Chicago: University of Chicago Press, 2000. [E] 做新約的解經功夫，絕對需要的一部優秀的詞典；這部詞典雖然昂貴，但卻是不可替代和歷久彌新的。

Louw, J. P., and E. A. Nida. *Greek-English Lexicon of the New Testament Based on Semantic Domains*. 2 vols. 2nd ed. New York: UBS, 1989. [U] 對新約詞彙作另類編排，非常吸引人和具啟發性。

經文彙編

一部希臘文新約聖經的經文彙編，無論是印刷版還是電子版，在解經上都是必要的〔E〕，因為經文彙編讓我們可以搜尋到詞彙、某些經文的模式、不完全記得的經文等等。英文經文彙編通常涵蓋整部聖經。自從個人電腦出現，用電子版經文彙編讓搜尋經文幾乎變成一瞬間可以完成的事 —— 雖然資料還是常常出錯（像印刷版一樣）。無論如何，初學解經者需要有這類搜尋工具。

Bachmann, H., and H. Slaby, eds. *Computer-Konkordanz zum Novum Testamentum Graece von Nestle-Aland, 26. Auflage, und zum Greek New Testament.* 3rd ed. Berlin: Walter de Gruyter, 1980. 非常昂貴。

Hatch, E., and H. A. Redpath. *A Concordance to the Septuagint and the Other Greek Versions of the Old Testament (Including the Apocryphal Books).* 3 vols. in 2. Grand Rapids: Baker, 1983; original: Oxford, 1897. [U]《七十士譯本》的標準印刷版工具。

Kohlenberger, John R., III. *The NRSV Concordance Unabridged: Including Apocryphal/Deuterocanonical Books.* Grand Rapids: Zondervan, 1991.

Moulton, W. F., and A. S. Geden. *A Concordance to the Greek New Testament According to the Texts of Westcott and Hort, Tischendorf and the English Revisers*. Edited by I. Howard Marshall. 6th rev. ed. Edinburgh: T. & T. Clark, 2002. 這部早期的標準著作，可能較巴赫曼及史拉彼（Bachmann and Slaby）的編著更容易找到，但仍然非常實用。

三個可以相互比較的電子經文彙編程式：Gramcord®、Logos®及BibleWorks®。〔E〕這三個程式都十分昂貴，但三者均包含非常有用的工具，可以讓我們快速搜尋希伯來文及希臘文舊約聖經及希臘文新約聖經，此外，也包含很多現代譯本及其他古代經文。Gramcord® 與蘋果電腦配合得最好；對視窗（Windows）作業系統來說，另外兩個程式是較合適的選擇。可以從互聯網找到更詳細的資料：〈www.gramcord.com〉、〈www.logos.com〉、〈www.bibleworks.com〉。

經文鑑別學

Aland, K., and B. Aland. *The Text of the New Testament*. 2nd ed. Grand Rapids: Eerdmans, 1989. [A] 對重構新約經文作出徹底和綜合性的處理。

Black, David Alan. *New Testament Textual Criticism: A Concise Guide*. Grand Rapids: Baker, 1994. [U]「簡要」(concise)是形容這部小書最適合的詞彙，而這本小書對這議題提出了方便易讀的指引。

Metzger, B. M., and B. D. Ehrman *The Text of the New Testament: Its Transmission, Corruption, and Restoration*. 4th ed. New York/Oxford: Oxford University Press, 2005. [A] 經典著作，較亞蘭—亞蘭（Aland and Aland, *The Text of the New Testament*）的著作更易讀，而且寫得頗為有趣。

Metzger, B. M. *A Textual Commentary on the Greek New Testament*. 2nd ed. Stuttgart: Deutsche Bibelgesellschaft, 1994. [E] 大力推薦。即使是初學者，也可一窺 UBS^4 的編輯過程。這是「學習」經文鑑別學的最好方法。

聖經語言學及語意學

Barr, James. *The Semantics of Biblical Language*. Oxford: Oxford University

Press, 1961. [A] 這部著作是一轉捩點，打破了當年大家在語意學上的弊端及陋習；書中包括徹底批判著名的基特爾（Gerhard Kittel）神學詞典。雖然有點陳舊和嚴厲，但仍然值得閱讀。

Beekman, John, and John Callow. *Translating the Word of God*. Grand Rapids: Zondervan, 1974. [A] 這部著作對新約的文法及其他語言學上的特色，均作
229 出了又出色又實用的處理。主要為譯者而寫，但對解經者同樣有用——譯者亦是解經者的一員。

Black, David Alan. *Linguistics for Students of New Testament Greek: A Survey of Basic Concepts and Applications:* Grand Rapids: Baker, 1988. [U] 把語言學基礎的裏裏外外，都帶到新約的學生的家中，十分管用。

Cotterell, Peter, and Max Turner. *Linguistics and Biblical Interpretation*. Downers Grove, Ill.: InterVarsity Press, 1989. [A] 從語言學的科學研究所得的啟迪，應用到經文上，是十分有益處的。

Silva, Moisés. *Biblical Words and Their Meaning*. Rev. and expanded ed. Grand Rapids: Zondervan, 1994. [A] 其中一部處理聖經「字詞研究」處理得最好的專著。

Wallace, Daniel B. *Greek Grammar Beyond the Basics: An Exegetical Syntax of the New Testament*. Grand Rapids: Zondervan, 1997. [E] 今天二年級新約希臘文文法的「標準」課本。負責任的解經者不能再依賴初級文法，就正如進步中的解經者不能再依賴筆者的這本書（導論性的課本）明白解經方法一樣！

結構和論述

Beekman, J., J. Callow and M. Kopesec. *The Semantic Structure of Written Communication*. Dallas: SIL, 1981. [A] 描述「論述分析」這一複雜系統，而這種論述分析隱藏在「語意結構分析」（SSAs；對特定經卷作「語意結構分析」）的背後；主要為聖經譯者而設，由暑期語言學院（Summer Institute of Linguistics）出版。有點技術性，但很有啟發性。

Black, David Alan et al., eds. *Linguistics and New Testament Interpretation: Essays on Discourse Analysis*. Nashville: Broadman, 1992. [A] 這部書與下列的里德—波特（Reed and Porter, eds., *Discourse Analysis and the New*

Testament）的著作一樣，收納了有用的文章（有時有點艱澀），以闡明經文的「論述分析」的應用。

Louw, J. P. *Semantics of New Testament Greek.* Philadelphia: Fortress, 1982. [A] 以「論述分析」的進路從事解經的工作。具創意和啟發性。

Reed, J. T., and S. E. Porter, eds. *Discourse Analysis and the New Testament: Approaches and Results.* Sheffield: Sheffield Academic, 1999. [A] 見上文：Black et al., *Linguistics and New Testament Interpretation.*

歷史背景

Achtemeier, Paul J., Joel B. Green and Marianne Meye Thompson. *Introducing the New Testament: Its Literature and Theology*. Grand Rapids: Eerdmans, 2001. [E] 新近出版的新約文學「導論」。在必要的解經工具中，我們至少要有一部優秀的新約導論。這是一部極出色的作品。 230

Barrett, C. K. *The New Testament Background: Writings from Ancient Greece and the Roman Empire That Illumine Christian Origins.* Rev. ed. New York: HarperSan-Francisco, 1987. [U] 摘錄了與新約世界相關的古代文學中的一些引人入勝的記述。

Bruce, F. F. *New Testament History*. Garden City, N.Y.: Doubleday, 1969. [A] 這部書闡述新約聖經產生的歷史背境，是一部極易讀的著作。

Charlesworth, James H., ed. *The Old Testament Pseudepigrapha.* 2 vols. Garden City, N.Y.: Doubleday, 1983 ～ 1985. [A] 厚厚的兩大冊。當中載滿了第二聖殿猶太教最重要的非聖經宗教文獻的全譯本和註釋。但不包括昆蘭作品。

Collins, J. J. *The Apocalyptic Imagination: An Introduction to Jewish Apocalyptic Literature.* Rev. ed. Grand Rapids: Eerdmans, 1998. [A] 對古代猶太天啟作品的特質，討論得十分精彩。

Esler, P. F. *The First Christians in Their Social Worlds: Social-Scientific Approaches to New Testament Interpretation.* London/New York: Routledge, 1994. [A] 以社會學的方法與貢獻讀新約，這是一部簡短有用的指南。

Evans, Craig A. *Noncanonical Writings and New Testament Interpretation.* Peabody, Mass.: Hendrickson, 1992. [U] 一部極方便的指南，載有大量與新

約研究相關的古代作品。

Hanson, K. C., and Douglas Oakman. *Palestine in the Time of Jesus: Social Structures and Social Conflicts.* Minneapolis: Fortress, 1998. [U] 以具啟發性的向度，探討隱藏在新約福音書中的社會文化議題（家庭、經濟、宗教、權力）。

Helyer, Larry R. *Exploring Jewish Literature of the Second Temple Period: A Guide for New Testament Students.* Downers Grove, Ill.: InterVarsity Press, 2002. [U] 這部書與上述埃文斯的作品（Evans, *Noncanonical Writings and New Testament Interpretation*）類似，但專門探討猶太文學，而且更加詳盡。

Hennecke, E., and W. Schneemelcher, eds. *The NT Apocrypha.* 2 vols. Philadelphia: Westminster, 1963 ～ 1964. [A] 翻譯和評註於教會頭幾個世紀不時出現的奇特作品。

Kennedy, G. A. *New Testament Interpretation Through Rhetorical Criticism.* Chapel Hill: University of North Carolina Press, 1986. [A] 根據一世紀的修辭學閱讀新約作品，這是一部非常好的導引。

May, Herbert G., ed., with assistance of G. N. S. Hunt and in consultation with R. W. Hamilton. *Oxford Bible Atlas.* 3rd ed. New York: Oxford University Press,
231 1984. [U] 大多數聖經版本的書末均會附有古代巴勒斯坦和羅馬世界的地圖，但一本詳盡的地圖集，能給我們提供更多資料。

Marshall, I. Howard, Steven Travis and Ian Paul. *Exploring the New Testament: A Guide to the Letters and Revelation.* Downers Grove, Ill.: InterVarsity Press, 2002. [E] 介紹新約聖經（另參下一條目）的兩冊著作中的第二冊，是亞德邁耶—格林—湯瑪恩的作品（Achtemeier, Green and Thompson, *Introducing the New Testament*）以外的最好選擇。

Wenham, David, and Steve Walton. *Exploring the New Testament: A Guide to the Gospels and Acts.* Downers Grove, Ill.: InterVarsity Press, 2001. [E] 介紹新約聖經（參上一條目）的兩冊著作中的第一冊，是亞德邁耶—格林—湯瑪恩以外的最好選擇。

Witherington, Ben, III. *New Testament History: A Narrative Account.* Grand Rapids: Baker, 2003. [A] 雖然不及上述布魯斯（Bruce, *New Testament*

History）的作品般易讀，但也是可讀性高和較新近的作品。這部書講述新約時代（從馬加比戰爭開始）一些引人入勝的「故事」。對當中幾個重要角色的古怪性格的分析很有洞見。

Wright, N. T. *The New Testament and the People of God.* Minneapolis: Fortress, 1992. [A] 這部書與以下兩個條目一樣，是多卷的叢書中的頭幾冊；書中重新評估新約故事的歷史環境，並使之置於較大的故事之中——即上帝與人類交往的故事，以及「上帝的子民」在這故事中的角色。

________. *Jesus and the Victory of God.* Minneapolis: Fortress, 1996. [A]

________. *The Resurrection of the Son of God.* Minneapolis: Fortress, 2003. [A]

文學議題

Alter, Robert. *The Art of Biblical Narrative.* New York: Basic Books, 1981. [A] 這部書探討舊約敍事，內容十分有創意（和易讀！），叫人驚喜；這同樣可應用於新約的敍事中。

Caird, G. B. *The Language and Imagery of the Bible*. Philadelphia: Fortress, 1980. [A] 對古代著作的文學資源（特別是當它們出現在聖經中）作出了豐富並有價值的處理。

Longman, Tremper, III. *Literary Approaches to Biblical Interpretation.* Grand Rapids: Zondervan, 1987. [A] 一部簡短的作品，但同時能對這課題作出富啟發性的概述。

Powell, M. A. *What Is Narrative Criticism?* Guides to Biblical Scholarship. Minneapolis: Fortress, 1991. [A] 一部出色的導論，把新約的敍事當成故事來唸。

新約神學

新約作者們的「神學思想」摘要，可以幫助解經者看到更遼闊的觀念的圖 232
畫：關乎上帝、基督論、人類、拯救的性質等等——就如它們在新約聖經所呈現的，或者新約聖經視之為理所當然的。以下是可以找到的很多作品中的其中兩部。為了要看到較遼闊的圖畫，擁有至少一部這類摘要性的作品是必要的〔E〕。

Caird, G. B., and L. D. Hurst. *New Testament Theology.* Oxford: Oxford University Press: 1994. [E]

Ladd, George Eldon. *A Theology of the New Testament.* Edited by Donald A. Hagner. Rev. ed. Grand Rapids: Eerdmans, 1993. [E]

詮釋理論

Green, Joel B., ed. *Hearing the New Testament: Strategies for Interpretation.* Grand Rapids: Eerdmans, 1995. [A] 一本論文結集，包含解釋新約聖經的眾多不同進路。質量與可讀性有點參差。但整體而言，這是一部資料翔實的文集。

Noll, Mark A. *Between Faith and Criticism: Evangelicals, Scholarship, and the Bible in America.* 2nd ed. Grand Rapids: Baker, 1991. [A] 本書對「信仰」與「聖經學術分析」之間的明顯衝突，作出了有見地和對讀者有裨益的討論。

Thiselton, A. C. *The Two Horizons: New Testament Hermeneutics and Philosophical Description.* Grand Rapids: Eerdmans, 1980. [A] 本書對解釋新約聖經既有的哲學議題，作出了重要——往往也是難以駕馭的——討論。

Walsh, Brian J., and Sylvia C. Keesmaat. *Colossians Remixed: Subverting the Empire.* Downers Grove, Ill.: InterVarsity Press, 2004. [A] 研究歌羅西書經文的一個具創意的進路。以古羅馬文化處境和當代西方文化處境來閱讀歌羅西書。對一世紀的經文進行負責任的解經，並以此作為基礎，使之成為二十一世紀信息——格古通今，這本書便是一個好例子。這是一本卓越的詮釋作品。

頁碼為英文原書頁碼，而原書頁碼已標於本書正文外白邊。

主題索引

注意：本索引以一種經改良的「彙編」（concordance）的形式來運作；索引列出的主題，出現在本書中相關的頁數中（頁碼列在索引旁邊）；這些主題成為一個標記，標示出曾提及或討論過該相關主題的地方。某些獨特的討論，卻可以延續至其他地方，而後者的頁碼並沒有列出來；但索引列出的頁碼，應該可以把讀者帶到離後者不遠之處。

一劃

二劃

三劃

四劃

五劃

六劃

七劃

八劃

九劃

十劃

十一劃

十二劃

十三劃

十四劃

十五劃

十六劃

十七劃

十八劃

十九劃

二十劃

二十一劃

二十二劃

二十三劃

二十五劃

其他

頁碼為英文原書頁碼，而原書頁碼已標於本書正文外白邊。

經文索引

以西結書

但以理書

撒迦利亞書

瑪拉基書

馬太福音

馬可福音

路加福音

約翰福音

使徒行傳

羅馬書

哥林多前書

哥林多後書

加拉太書

以弗所書

腓立比書

歌羅西書

帖撒羅尼迦前書

帖撒羅尼迦後書

腓利門書

希伯來書

彼得前書

彼得後書

約翰一書

約翰二書

約翰三書

啟示錄

聖經研究叢書 探索與鑽研神的話語，傳承真理。

基道釋經手冊
Introduction to Biblical Interpretation
(Revised and Expanded)
威廉．克萊因(William W. Klein)、克雷格．布魯姆伯格(Craig L. Blomberg)、羅伯特．哈伯德(Robert L. Hubbard, Jr.)合著／邵樟平 學術顧問／蔡錦圖 主編／HK$258

聖經中的自由——由從基督教觀點反思當代社會的自由危機
God and the Crisis of Freedom: Biblical and Contemporary Perspectives
包衡(Richard Bauckham)著／陳永財 譯／HK$118

雅各書註釋
張略 著／HK$148

記號—— 耶穌的先知式和預示式行動
The Signs of a Prophet: The Prophetic Actions of Jesus
何蒙娜(Morna D. Hooker)著／郭靈飛 譯／HK$58

序章—— 開啟福音書的鑰匙
Beginnings: Keys that Open the Gospels
何蒙娜(Morna D. Hooker)著／郭靈飛 譯／HK$38

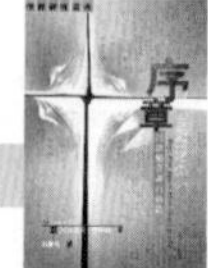

不是一個人走的路—— 路得記研讀(附閱讀指引)
Ruth and Naomi
愛倫．沃爾德(Ellen van Wolde)著／張淑儀 譯／HK$73

跨界福音—— 後現代世界裏的基督徒見證
The Bible and Mission: Christian Witness in a Postmodern World
包衡(Richard Bauckham)著／李金好 譯／HK$48

政治中的聖經—— 從政治角度閱讀聖經的原則與範例
The Bible in Politics: How to Read the Bible Politically
包衡(Richard Bauckham)著／廖惠堂 譯／HK$83

緊扣時代 服事教會

以文字傳揚基督真道

讀者意見表

衷心多謝你購買本社書籍。本社一直致力以出版事工服事教會，幫助信徒扎根於神的話語，促進靈命增長。為使我們的出版更能滿足你的需要，請填寫下列各項資料，並寄回或傳真予本社。

所購書籍：________________

本書最吸引你的地方：
☐作者 ☐適切性 ☐文筆 ☐設計 ☐實用性
☐其他：________________

購買本書地點：
☐基道書樓 ☐基督教書店 ☐非基督教書店

性別：☐男 ☐女 職業：________________

信仰：☐基督徒 ☐非基督徒

年齡：☐ 16 歲或以下 ☐ 17～25 歲 ☐ 26～35 歲
☐ 36～55 歲 ☐ 56 歲或以上

學歷：☐中三或以下 ☐中五 ☐預科
☐大學 ☐研究院

☐我欲更多了解基道出版社的事工及考慮支持，請寄給我下列資料：
☐機構簡介 ☐新書資料 ☐基道會員通訊
☐《基道文字事工通訊》

姓名：________________電話：________________

地址：________________

____

傳真：________________ 電子郵件：________________

其他意見：________________

____

多謝賜教！

意見表可以傳真（2687-0281）或直接郵寄以下地址：
香港沙田火炭坳背灣街26號富騰工業中心1011室
基道出版社編輯部收